2023
SEGUNDA EDIÇÃO

JÚLIA COSTA DE OLIVEIRA COELHO

DIREITO AO ESQUECIMENTO
E SEUS MECANISMOS DE TUTELA NA INTERNET

COMO ALCANÇAR UMA PROTEÇÃO REAL NO UNIVERSO VIRTUAL?

2023 © Editora Foco
Autora: Júlia Costa de Oliveira Coelho
Diretor Acadêmico: Leonardo Pereira
Editor: Roberta Densa
Assistente Editorial: Paula Morishita
Revisora Sênior: Georgia Renata Dias
Capa Criação: Leonardo Hermano
Diagramação: Ladislau Lima
Impressão miolo e capa: FORMA CERTA GRÁFICA DIGITAL

Dados Internacionais de Catalogação na Publicação (CIP) de acordo com ISBD

L799m   Coelho, Júlia Costa de Oliveira
Direito ao esquecimento e seus mecanismos de tutela na internet: como alcançar uma proteção real no universo virtual? / Júlia Costa de Oliveira Coelho. - 2. ed. - Indaiatuba, SP : Editora Foco, 2023.

184 p. ; 17cm x 24cm.

Inclui índice e bibliografia.
ISBN: 978-65-5515-671-3

1. Direito digital. 2. Mídias. 3. Internet. I. Título.

2022-3561   CDD 340.004.678   CDU 34:004

Elaborado por Odilio Hilario Moreira Junior - CRB-8/9949

Índices para Catálogo Sistemático:

1. Direito Digital 340.004.678
2. Direito Digital 34:004

DIREITOS AUTORAIS: É proibida a reprodução parcial ou total desta publicação, por qualquer forma ou meio, sem a prévia autorização da Editora FOCO, com exceção do teor das questões de concursos públicos que, por serem atos oficiais, não são protegidas como Direitos Autorais, na forma do Artigo 8º, IV, da Lei 9.610/1998. Referida vedação se estende às características gráficas da obra e sua editoração. A punição para a violação dos Direitos Autorais é crime previsto no Artigo 184 do Código Penal e as sanções civis às violações dos Direitos Autorais estão previstas nos Artigos 101 a 110 da Lei 9.610/1998. Os comentários das questões são de responsabilidade dos autores.

NOTAS DA EDITORA:

Atualizações e erratas: A presente obra é vendida como está, atualizada até a data do seu fechamento, informação que consta na página II do livro. Havendo a publicação de legislação de suma relevância, a editora, de forma discricionária, se empenhará em disponibilizar atualização futura.

Erratas: A Editora se compromete a disponibilizar no site www.editorafoco.com.br, na seção Atualizações, eventuais erratas por razões de erros técnicos ou de conteúdo. Solicitamos, outrossim, que o leitor faça a gentileza de colaborar com a perfeição da obra, comunicando eventual erro encontrado por meio de mensagem para contato@editorafoco.com.br. O acesso será disponibilizado durante a vigência da edição da obra.

Impresso no Brasil (11.2022) – Data de Fechamento (11.2022)

2023
Todos os direitos reservados à
Editora Foco Jurídico Ltda.
Avenida Itororó, 348 – Sala 05 – Cidade Nova
CEP 13334-050 – Indaiatuba – SP
E-mail: contato@editorafoco.com.br
www.editorafoco.com.br

Para Laura.

Prefácio

Já se tornou truísmo dizer que a internet alterou a relação entre memória e esquecimento.[1] Motores de busca e outros instrumentos que facilitam imensamente nossas vidas, ao permitir o acesso à informação em um oceano quase infindável de dados, também se converteram, por força dos novos hábitos, em uma espécie de catálogo universal, no qual o nome de cada pessoa corresponde a um conjunto de notícias e ocorrências que acaba por defini-la perante a sociedade. Desde um início de namoro até uma entrevista de emprego, as pessoas estão sendo cotidianamente avaliadas com base nos primeiros resultados que a busca por seu nome oferece na internet.

O modo como tais resultados são selecionados e organizados permanece, em regra, imune ao controle e até ao conhecimento do público. O sigilo costuma ser defendido com base em diferentes razões – que vão desde o direito ao segredo industrial até uma alegada ausência de racionalidade apriorística que derivaria do emprego de algoritmos que se baseiam no próprio comportamento dos usuários da rede, passando, não sem intenso debate, por argumentos ligados à necessidade de preservação da liberdade de expressão na internet. Independentemente das razões apresentadas, parece inegável, neste contexto, o risco de que uma pessoa venha a ser retratada de modo equivocado. E um dos equívocos mais frequentes – que resulta da própria perenidade das informações na internet – é a retratação desatualizada do indivíduo, que pode passar a ser visto pela sociedade com base em um fato ou característica pretérita que sua própria trajetória de vida já tenha, há muito, superado.

Tornou-se célebre em todo o mundo o caso de Mario Costeja, cidadão espanhol que, em 2010, propôs ação judicial contra uma editora espanhola e um conhecido motor de busca na internet. Mario Costeja alegou que, quando pesquisavam por seu nome no motor de busca, os usuários da internet recebiam, como resultado, a indicação de duas páginas do jornal *La Vanguardia* com informações de um leilão de imóveis ocorrido, em 1998 e 1999, com vistas ao pagamento de dívidas previdenciárias já adimplidas há muitos anos. Costeja pleiteou a supressão das páginas do periódico e dos resultados do motor de buscas atrelados a esta notícia. O Tribunal de Justiça da União Europeia, embora não tenha reconhecido o direito à exclusão das páginas do jornal *La Vanguardia*, determinou sua exclusão do motor de busca, *"tendo em conta o caráter sensível, para a vida privada dessa pessoa, das informações contidas nesses anúncios e o fato de a sua publicação inicial remontar há 16 anos, a pessoa em causa tem comprovadamente direito a que essas informações já não sejam associadas ao seu nome através dessa lista."*[2]

---

1. Ver, por todos, Viktor Mayer-Schönberger, *Delete – the virtue of forgetting in the digital age*, New Jersey: Princeton University Press, 2009, p. 13
2. A íntegra da sentença proferida pelo Tribunal de Justiça da União Europeia pode ser acessada em https://bit.ly/2DZbf65.

O mesmo problema pode ocorrer em diferentes cenários: o executivo que, acusado de um ilícito empresarial, vem a ser inocentado, mas segue sendo prontamente associado, na rede, à notícia da acusação; a apresentadora infantil que, tendo iniciado sua carreira décadas atrás como atriz de filmes eróticos, vê seu nome constantemente associado na internet a imagens e vídeos daquela época; a pessoa trans, que tendo abraçado o gênero com o qual se identifica, permanece sendo apresentada na rede com base no seu sexo biológico; o ex-presidiário que, tendo se readaptado à vida social, continua a ser rotulado como criminoso por meio da pronta aparição das notícias de outrora, eternizadas que são na internet; a vítima de crime violento que, conquanto se esforçando para superar o trauma, vem a ser lembrada a todo tempo da violência pela simples digitação do seu nome na rede; e assim sucessivamente.

A análise de casos como esses evidencia que a facilidade prática proporcionada por motores de busca e, de modo geral, pela própria internet deve ser combinada com mecanismos jurídicos de proteção contra os danos que podem derivar de uma retratação equivocada da pessoa humana. Daí vir merecendo crescente atenção em todo o mundo o chamado *"direito ao esquecimento"*. A bem da verdade, a expressão induz a erro: ninguém tem, por óbvio, o direito de fazer com que outras pessoas esqueçam do que quer que seja. Nem se pode atribuir a qualquer indivíduo, ao Estado ou mesmo à sociedade civil o direito de apagar o passado ou reescrever a História, o que, de resto, seria, no atual estado das coisas, impossível. O direito ao esquecimento deve ser compreendido de forma diversa: como um direito (a) exercido necessariamente por uma *pessoa humana*; (b) em face de agentes públicos ou privados que tenham a aptidão de promover *representações daquela pessoa sobre a esfera pública* (incluindo veículos de imprensa, emissoras de TV, motores de busca na internet etc.); (c) em oposição a uma *recordação opressiva dos fatos*, assim entendida a recordação que se caracteriza, a um só tempo, por ser (c1) desatual e (c2) recair sobre aspecto sensível da personalidade; (d) comprometendo a autonomia do indivíduo na construção e reconstrução da sua identidade, ao apresentá-lo sob falsas luzes à sociedade.[3]

Não se trata, portanto, como afirmou o Superior Tribunal de Justiça, de *"um direito de não ser lembrado contra sua vontade"*,[4] definição que acabaria por converter o direito ao esquecimento em uma espécie de *super-direito*, consubstanciado em verdadeiro direito de propriedade sobre os acontecimentos pretéritos. Nem se trata, por outro lado, de um *não-direito*, como pretendem aqueles que negam qualquer espécie de proteção aos indivíduos mal-retratados por instrumentos que, embora se valham por vezes do discurso elegante da liberdade de informação na internet, não são mais que empresas privadas que disponibilizam serviços na internet – e que, como todo fornecedor de serviços, deveria estar sujeito ao dever jurídico de corrigir um eventual serviço defeituoso. Entre estes dois extremos, situa-se a chamada corrente intermediária, segundo a qual, como a Constituição brasileira não permite hierarquização prévia e abstrata entre direitos fundamentais, ainda que se estivesse diante de uma colisão entre a liberdade de informação e a autonomia da pessoa humana na construção e reconstrução de sua identidade, não haveria

---

3. A expressão "sob falsa luz" ("sotto falsa luce") é empregada no tratamento deste tema por Giuseppe Cassano, *I diritti della personalità e le aporie logico dogmatiche di dottrina e giurisprudenza – Brevissimi cenni*, disponível no site Diritto & Diritti: www.diritto.it/articoli/civile/cassano1.html.
4. STJ, 4ª Turma, REsp 1.334.097/RJ, rel. Min. Luis Felipe Salomão, j. 28-5-2013.

outra solução tecnicamente viável que não a aplicação do método de ponderação, com vistas à obtenção do menor sacrifício possível para cada um dos interesses em colisão.[5]

Essa última corrente de entendimento, que é sem dúvida a mais correta à luz da ordem jurídica brasileira, continuava, contudo, a ser vista sob suspeita: como deixar matéria tão sensível à análise do caso concreto? Como se portaria o Poder Judiciário diante de casos assim? Haveria sempre o risco – como há, de resto, em qualquer campo da vida – de decisões judiciais equivocadas ou desproporcionais, que acabassem por resultar em algo semelhante à censura estatal que caracterizou os tempos mais sombrios da História brasileira? A obra que o leitor tem, agora, em mãos representa o antídoto a essas preocupações. De modo inédito na literatura jurídica brasileira, o tema do direito ao esquecimento é enfrentado em uma perspectiva remedial, que se distancia das discussões puramente abstratas que dominam ambos os extremos da bibliografia nacional, para oferecer propostas que garantam segurança e uniformidade na sua aplicação.

Neste *Direito ao esquecimento e seus mecanismos de tutela na Internet: como alcançar uma proteção real no universo virtual?*, Julia Costa de Oliveira Coelho apresenta verdadeiro receituário de soluções para os problemas mais candentes suscitados na matéria. Com a visão pragmática herdada de sua bem-sucedida trajetória na advocacia, a autora não cede à tentação das respostas fáceis, promovendo, a partir de um amplo inventário das situações patológicas que o direito ao esquecimento é chamado a responder, uma verdadeira escala de remédios, que vão desde a mera atualização da informação até a sua remoção, passando pela redução, edição e anonimização do conteúdo informativo. Julia enfrenta, ainda, com rara imparcialidade científica, o tema da desindexação total ou parcial em motores de busca, lançando também sobre esse tema atualíssimo o seu ponderado olhar.

O livro tem origem em dissertação que rendeu a Júlia o título de Mestre em Direito Civil junto ao prestigioso Programa de Pós-graduação em Direito da Universidade do Estado do Rio de Janeiro – UERJ. Tive a honra de orientar a autora e integrei a banca que, composta, ainda, por dois dos maiores especialistas brasileiros em privacidade e tecnologia – Danilo Doneda e Carlos Affonso Pereira de Souza – atribuiu à dissertação nota máxima e recomendação de publicação. O resultado é o livro que, agora, vem a público, trazendo abordagens e propostas inteiramente inovadoras, que, com o perdão do trocadilho, prometem ficar, por muito tempo, em nossa memória. Uma excelente leitura a todos!

Rio de Janeiro, fevereiro de 2020.

Anderson Schreiber
Professor Titular de Direito Civil da UERJ.

---

5. Seja consentido remeter a Anderson Schreiber, *As três correntes do direito ao esquecimento*, disponível em: https://jota.info/artigos/as-tres-correntes-do-direito-ao-esquecimento-18062017.

Sumário

PREFÁCIO V

INTRODUÇÃO 1

CAPÍTULO I – DIREITO AO ESQUECIMENTO 5
  1.1. Perpetuidade e temporalidade no ordenamento jurídico brasileiro 5
  1.2. Noção de direito ao esquecimento 7
  1.3. Experiências estrangeiras 10
      1.3.1. EUA 11
      1.3.2. União Europeia 13
  1.4. Direito ao esquecimento no Brasil 17
      1.4.1. Ausência de base legal específica... 17
      1.4.2. Fundamentos do direito ao esquecimento no direito brasileiro 23
            1.4.2.1. Direito à privacidade 23
                  1.4.2.1.1. Evolução conceitual 23
                  1.4.2.1.2. Base legal 32
            1.4.2.2. Dignidade da pessoa humana 34
            1.4.2.3. Direito à imagem 41
      1.4.3. A posição da jurisprudência 43
            1.4.3.1. Precedentes brasileiros de desindexação.................... 47
            1.4.3.2. Precedentes brasileiros de remoção de conteúdo....... 49
            1.4.3.3. Posição jurisprudencial sobre outros mecanismos de tutela 50
      1.4.4. A expressão "direito ao esquecimento": crítica 52
      1.4.5. Qualificação do direito ao esquecimento 55
      1.4.6. A tutela do direito ao esquecimento no Brasil......................... 58

CAPÍTULO II – TUTELA DO DIREITO AO ESQUECIMENTO NA INTERNET 61
  2.1. Desindexação e a tutela do direito ao esquecimento no provedor de busca.... 61
      2.1.1. Google e o delist na Europa 62
      2.1.2. Panorama nacional da desindexação 68
      2.1.3. Graus de desindexação 71

		2.1.3.1.	Desindexação total	72
		2.1.3.2.	Desindexação "parcial"	76
	2.1.4.	Riscos e aspectos negativos da desindexação		79
		2.1.4.1.	Decisão de desindexar: ônus excessivo ou excesso de poder?	79
		2.1.4.2.	Alcance da desindexação: minha casa, minhas regras?	84
		2.1.4.3.	Efetividade da desindexação: desindexar é "esquecer"?	90
2.2.	Mecanismos de tutela do direito ao esquecimento no provedor de informação e conteúdo			92
	2.2.1.	Remoção do conteúdo		95
	2.2.2.	Redução ou edição do conteúdo		101
	2.2.3.	Anonimização do conteúdo		104
	2.2.4.	Atualização do conteúdo		107

CAPÍTULO III – PARÂMETROS PARA SELEÇÃO E APLICAÇÃO DOS MECANISMOS DE TUTELA DO DIREITO AO ESQUECIMENTO NA INTERNET 111

3.1.	Considerações iniciais		111
3.2.	Parâmetros para desindexação total		117
	3.2.1.	Parâmetros adotados na Europa para desindexação total	117
	3.2.2.	Parâmetros sugeridos para desindexação total no Brasil	120
	3.2.3.	Análise de casos concretos	127
3.3.	Parâmetros sugeridos para desindexação "parcial"		130
	3.3.1.	Análise de casos concretos	135
3.4.	Parâmetros sugeridos para remoção do conteúdo		137
	3.4.1.	Análise de casos concretos	139
3.5.	Parâmetros sugeridos para redução ou edição do conteúdo		142
	3.5.1	Análise de casos concretos	143
3.6.	Parâmetros sugeridos para atualização do conteúdo		145
	3.6.1.	Análise de casos concretos	147
3.7.	Parâmetros sugeridos para anonimização do conteúdo		148
	3.7.1.	Análise de casos concretos	150

CONCLUSÃO 153

POSFÁCIO 161

REFERÊNCIAS 163

Introdução

> Não há poder maior no mundo que o do tempo:
> tudo sujeita, tudo muda, tudo acaba.
> – Pe. A. Vieira

As profundas transformações sociais decorrentes dos avanços tecnológicos e a consequente ressignificação de institutos tradicionais como a privacidade costumam render muitas reflexões nos âmbitos sociológicos e filosóficos. Além de se dedicarem a desvendar o que provoca fenômenos como o da "liquefação"[1] da sociedade, os filósofos e sociólogos se preocupam em entender os novos padrões de comportamento e antever sua influência no futuro.

Essas questões também chegam à esfera jurídica, que precisa adaptar-se e, ao mesmo tempo, conformar os novos hábitos ao ordenamento vigente. De um lado, há a necessidade de adaptação, uma vez que as novas tecnologias criam algumas situações inéditas, até então desconsideradas pelo Direito e que passam a demandar tutela jurídica.[2] Por outro, torna-se igualmente necessário assegurar que as inovações não criem uma nova ordem legal, e sim se adequem àquela existente: embora seja um espaço de liberdade, a Internet não é e nem pode ser um universo sem lei.[3]

É interessante notar que a liquidez que inunda o mundo acaba por tornar alguns valores, como a vida íntima, surpreendentemente fluidos e outros, como a liberdade de expressão, extremamente rígidos. Fato é que, no decorrer da história, a sociedade brasileira, assim como tantas outras, padeceu dos males paradoxais de insuficiências e excessos.

Por cerca de 20 anos, viveu-se sob o regime opressivo e autoritário da ditadura militar, cujas ferramentas de controle social incluíam o uso da força e a restrição à livre circulação da informação. Já na *modernidade líquida*, vive-se a ditadura da superexposição, em que o controle social é exercido de forma sutil, pela (falsa) sensação de liberdade irrestrita e a avalanche de informações.

---

1. Atribui-se a Zygmunt BAUMAN a noção de modernidade ou sociedade líquida (BAUMAN, Zygmunt. *Modernidade Líquida*. Trad. Plínio Dentzien. Rio de Janeiro: Zahar, 2001).
2. Assim como observado por Danilo DONEDA no tocante à proteção de dados pessoais, a temática do direito ao esquecimento também exige que o direito civil confronte elementos que lhe são estranhos, ou por serem novos ou pelo fato de não terem, até então, cruzado os rumos tradicionalmente patrimonialistas da disciplina civilística. (*Da privacidade à proteção de dados pessoais*. Rio de Janeiro: Renovar, 2006, p. 403)
3. "A internet é o espaço por excelência da liberdade, o que não significa dizer que seja um universo sem lei". (REsp. 1.117.633/RO, 2ª T., Rel. Min. Herman Benjamin, j. 09.03.2010)

Graças aos constantes desenvolvimentos tecnológicos, os usuários contam com os mais diversos recursos e funcionalidades que, por um lado, simplificam tarefas rotineiras e necessárias, como o pagamento de uma conta, e, por outro, criam ou reforçam hábitos supérfluos, como o de acompanhar o dia-a-dia de desconhecidos através das redes sociais.

Ao mesmo tempo em que os aparelhos eletrônicos podem ser considerados ferramentas libertadoras, há que se reconhecer que eles também aprisionam: quase todas as pessoas vivem hoje sob a rédea curta de coleiras digitais.[4] Um estudo realizado no Reino Unido concluiu que, em 2018, 78% da população britânica possuía um smartphone, sendo que, entre os jovens de 16 a 24 anos, esse percentual sobe para 95%.[5]

O relatório aponta que, para 64% das pessoas, a Internet é uma parte essencial da vida, sendo o celular, para 72% dos adultos, o meio mais importante de acesso à rede. Ainda com relação aos adultos, 71% afirmaram que nunca desligam seus aparelhos e 78% disseram que não poderiam viver sem ele.

Em uma sociedade que se enxerga cada vez mais através de telas, o crescimento expressivo da autoexposição não é exatamente surpreendente. Como observado por Umberto Eco, muitos se expõe nas redes sociais em busca do reconhecimento social,[6] o que faz com que ele conclua que "a tendência geral parece ser o desejo de ser visto e ouvido a qualquer custo para ter a sensação de existir".[7]

Ainda que pouco (e cada vez menos) usual, existem pessoas que se opõe à espetacularização da vida nas redes e que buscam uma rotina offline, não com o intuito de se calar, mas apenas de não publicizar suas opiniões e experiências. Não basta, porém, adotar uma postura reservada e esperar que as mídias e as massas afastem de mim esses *gadgets*.

A exposição pode não ser uma escolha, e sim uma imposição – por vezes até legítima – em nome da proteção de valores e interesses que se sobrepõem, no caso concreto, aos direitos à vida íntima, à privacidade, à imagem e à honra. Avaliar e decidir entre esses interesses conflitantes, e definir quando e até que ponto o privado pode (ou deve) se tornar público, são questões complexas das quais o Direito deve se ocupar.

Uma vez que a própria Constituição Federal de 1988 se absteve de manifestar preferências por esse ou aquele direito fundamental, deve-se buscar, tanto quanto possível, compatibilizá-los ou, alternativamente, investigar e aplicar aquele que se revela merecedor de tutela em concreto. Essa é, sem dúvida, uma tarefa árdua, que jamais resultará em uma fórmula ideal e abstrata. Logo, eventuais conflitos entre o direito à informação, as liberdades de expressão e imprensa e os direitos invioláveis à privacidade, honra e imagem exigirão sempre o exercício da ponderação no caso concreto.

Apesar de a tensão entre os direitos acima mencionados não ser incomum, esse tema ganhou força e vem sendo amplamente discutido no contexto do chamado direi-

---

4. Tradução livre de expressão utilizada por Stefano RODOTÀ (No original: "electronic leashes" (Privacy, freedom and dignity. Notas conclusivas da 26ª Conferência Internacional de Privacidade e Proteção de Dados Pessoais em Wroclaw, Polônia, 16.09.2004, p. 5)).
5. Faz-se referência ao *Communications Market Report* publicado pela Ofcom em 02.08.2018, disponível em: <https://www.ofcom.org.uk/research-and-data/multi-sector-research/cmr/cmr-2018/interactive>. Acesso em 10.12.2018.
6. *Pape Satàn Aleppe*: crônicas de uma sociedade líquida. Rio de Janeiro: Record, 2017, p. 38
7. *Pape Satàn Aleppe*, cit., p. 39.

to ao esquecimento, que ainda não é reconhecido expressamente pelo ordenamento jurídico brasileiro como um direito propriamente dito e cuja aplicação e contornos são bastante controvertidos.

Como se verá ao longo deste trabalho, o direito ao esquecimento nasce e se desenvolve em meio às mais variadas polêmicas, a começar pela sua nomenclatura, entendida pelos críticos ao seu reconhecimento como um indício da sua inexequibilidade. Na realidade, ninguém tem mesmo o direito de ser esquecido, ou de esquecer-se de algo, o que não significa, contudo, que os interesses subjacentes ao direito ao esquecimento – e que vão além da sua imprecisão terminológica – não são dignos de proteção jurídica.

A partir de uma interpretação civil-constitucional, orientada pela função do direito ao esquecimento, e não pela literalidade do termo, buscar-se-á demonstrar que se trata de um direito que merece ser reconhecido em algumas situações, não para que o fato seja extirpado da memória individual ou social, mas para que eventos pretéritos não limitem ou impossibilitem o livre desenvolvimento da pessoa humana.

Esse reconhecimento assume especial relevância no âmbito da Internet que, ao desafiar as noções tradicionais de tempo cronológico e espaço geográfico, possibilita a eternização de um passado onipresente.[8] A reunião dos mais variados acontecimentos e sua disponibilização de maneira rápida, fácil e gratuita é, sem dúvida, uma das grandes vantagens da web, porém, não se pode ignorar seus aspectos problemáticos.

Ao conservar toda sorte de fatos indeterminadamente, acaba-se por destaca-los do seu contexto original e, muitas vezes, reproduzi-los de modo desatualizado.[9] Essa forma estática de retratar as situações e os indivíduos é incompatível com a realidade humana, que está sempre sujeita a mudanças e que, diferentemente das máquinas, tem o costume de esquecer, ainda que involuntariamente.

Por ter sido criada pelos seres humanos para o benefício da humanidade, é necessário que a tecnologia seja aprimorada e utilizada em consonância com os valores do ordenamento jurídico e os direitos fundamentais dos seus usuários, de modo a contribuir, e não restringir o livre desenvolvimento e a existência digna de cada um.

Nesse sentido, o Direito desempenha um papel crucial: além de refletir sobre o tratamento adequado do direito ao esquecimento do ponto de vista jurídico, é necessário que se avalie os mecanismos de tutela capazes de efetivamente instrumentaliza-lo na Internet. Para tanto, há que se enfrentar diversos desafios decorrentes das singularidades da web, tais como a questão da transnacionalidade, a velocidade de circulação e compartilhamento das informações, a anonimização dos usuários, dentre outros.

Justamente em razão dessas peculiaridades, é necessário que os provedores de aplicações da Internet colaborem com a atuação do legislador e dos julgadores, sem que

---

8. Nas palavras de Manuel CASTELLS, "[a] transformação é mais profunda: é a mistura de tempos para criar um universo eterno que não se expande sozinho, mas que se mantém por si só, não cíclico, mas aleatório, não recursivo, mas incursor". (*A sociedade em rede*. 17. ed. São Paulo: Paz e Terra, 2016, p. 516)
9. Conforme observado por Anderson SCHREIBER: "[a]o contrário dos jornais e revistas de outrora, cujas edições antigas se perdiam no tempo, sujeitas ao desgaste do seu suporte físico, as informações que circulam na rede ali permanecem indefinidamente". (SCHREIBER, Anderson. *Direitos da Personalidade*. São Paulo: Atlas, 2014, p. 172)

assumam, contudo, tais funções. Isso porque, como se verá a seguir, deixar a definição e aplicação dessas soluções nas mãos dos provedores, longe de resolver os problemas e preocupações existentes, dá margem a outros igualmente alarmantes.

Em meio a tantas questões espinhosas, o presente trabalho buscará contextualizar brevemente o tratamento ora conferido ao direito ao esquecimento no Brasil, especialmente à luz da recente – e inédita – decisão do Supremo Tribunal Federal sobre o tema e, sem a pretensão de fazer um estudo de direito comparado, entender como o assunto vem sendo tratado no exterior.

Pretende-se endereçar algumas das críticas e dificuldades práticas relativas ao tema e, em um esforço de contribuir, ainda que de forma modesta, para a discussão sobre a sua aplicação prática, refletir sobre os possíveis remédios para implementação do direito ao esquecimento na Internet e alguns dos critérios úteis para seleção e aplicação dos seus diferentes mecanismos de tutela.

Capítulo I
Direito ao Esquecimento

> Vereis um outro tempo estranho ao vosso.
> Tempo presente, mas sempre um tempo só,
> Onipresente.
> - Hilda Hilst

1.1. PERPETUIDADE E TEMPORALIDADE NO ORDENAMENTO JURÍDICO BRASILEIRO

O esquecimento como recurso jurídico não é exatamente uma novidade. Em perspectiva histórica, o esquecimento forçado identificava-se originalmente com a ideia de sanção. Era o caso, por exemplo, do instituto da *damnatio memoriae*, tido em Roma como uma das mais severas formas de punição dispensada aos condenados por crimes graves. Nas palavras de Eric R. Varner:

> As sanções legais associadas à *damnatio memoriae* estabeleciam os mecanismos pelos quais um indivíduo era simultaneamente anulado e condenado. [...] Como resultado, o nome e título dos condenados eram removidos de todas as listas oficiais (*fasti*); as imagens (*imagines*) representando os falecidos eram banidas da exibição em funerais aristocráticos; os livros escritos pelos condenados eram confiscados e queimados; [...] sendo possível, ainda, a proibição do uso contínuo do prenome (*praenomen*).[1]

A polêmica sanção romana encontra paralelo em obras de ficção mais recentes, como no célebre livro de George Orwell,[2] em que a penalidade a que se sujeitavam os supostos traidores do Partido era justamente a eliminação de todos os rastros e a alteração dos registros históricos, como se nunca tivessem existido. Ser esquecido, pois, era entendido como uma forma de castigo.

Apesar disso, esquecer nunca foi um comportamento excepcional na vida humana. Na realidade, lembrar costumava ser muito mais difícil do que simplesmente esquecer algo. Mesmo sendo por vezes indesejado ou inconveniente, o esquecimento não deixa (ou deixou) de exercer um papel importante, assim como a memória perfeita não conduz à uma vida livre de problemas, na verdade, acaba por gerar diversos deles, como se buscará demonstrar ao longo deste trabalho.

---

1. Tradução livre. No original: "[t]he legal sanctions which could be associated with *damnatio memoriae* provided the mechanisms by which an individual was simultaneously canceled and condemned. [...] As a result, the condemned individual's name and titles were excised from all official lists (*fasti*); wax masks (*imagines*) representing the deceased were banned from display at aristocratic funerals; books written by the condemns were confiscated and burned [...] and prohibitions could be enacted against the continued use of the condemned's praenomen". (VARNER, Eric R. *Mutilation and transformation: damnatio memoriae* and Roman imperial portraiture. Brill Leiden: Boston, 2004, p. 1)
2. *1984*. 29ª ed. São Paulo: Companhia Editora Nacional, 2005.

Com as funcionalidades decorrentes das novas tecnologias, contudo, aquilo que era exceção tornou-se regra:[3] atualmente, o esquecimento é um hábito em extinção. Corrói-se, por assim dizer, o vínculo associativo do cancelamento da memória com um viés punitivo. Atualmente, a verdadeira condenação é representada pela conservação, e não pela destruição da memória; no passado, a *damnatio memoriae*, atualmente, a obrigação de recordar.[4]

As implicações dessa mudança de paradigma são significativas, tanto no universo do Direito quanto nas relações humanas em geral. Quanto ao primeiro campo, há que se reconhecer que o esquecimento também desempenha funções jurídicas positivas (ou seja, não possui conotação meramente punitiva), servindo no ordenamento jurídico brasileiro, por exemplo, como mecanismo de reabilitação penal.[5]

O recurso à remoção de informações desfavoráveis ou indesejáveis também é previsto no Código de Defesa do Consumidor – o qual determina, nos termos do §1º do seu artigo 43, que os cadastros e dados de consumidores não poderão conter informações negativas referentes a período superior a cinco anos – e, em certa medida, no próprio direito autoral, que reconhece como um dos direitos morais do autor a retirada de circulação de obra, ou suspensão de qualquer forma de utilização já autorizada, quando a circulação ou utilização implicarem afronta à sua reputação e imagem.[6] Ainda que tratem de temas distintos, essas previsões legais parecem se utilizar do esquecimento com a mesma finalidade, qual seja, de reconhecer a possibilidade de mudança das condições e informações pessoais, assim como dos seus próprios titulares, permitindo suas respectivas atualizações perante a sociedade.

Em sentido amplo, o Direito parece não se identificar com a ideia de perpetuidade, seja pela vedação à pena perpétua, seja em razão do viés renovador de institutos jurídicos clássicos como a prescrição e decadência, que atuam como uma espécie de "esquecimento programado",[7] assim como a irretroatividade da lei, a anistia, o ato jurídico perfeito e o direito adquirido.[8] Nessa ótica, o esquecimento funciona como uma medida temporal do Direito, estabilizando o passado e conferindo previsibilidade ao futuro.[9]

---

3. MAYER-SCHÖNBERGER, Viktor. *Delete* – the virtue of forgetting in the digital age. New Jersey: Princeton University Press, 2009, p. 13.
4. RODOTÀ, Stefano. *Dai ricordi ai dati l"oblio è un diritto?* Disponível em: <http://ricerca.repubblica.it/repubblica/archivio/repubblica/2012/01/30/dai-ricordi-ai-dati-oblio-un.html>. Acesso em 12.05.2017.
5. Art. 93 do Código Penal: A reabilitação alcança quaisquer penas aplicadas em sentença definitiva, assegurando ao condenado o sigilo dos registros sobre o seu processo e condenação.
   Art. 748 do Código de Processo Penal: A condenação ou condenações anteriores não serão mencionadas na folha de antecedentes do reabilitado, nem em certidão extraída dos livros do juízo, salvo quando requisitadas por juiz criminal.
   Art. 202 da Lei nº 7.210/84. Cumprida ou extinta a pena, não constarão da folha corrida, atestados ou certidões fornecidas por autoridade policial ou por auxiliares da Justiça, qualquer notícia ou referência à condenação, salvo para instruir processo pela prática de nova infração penal ou outros casos expressos em lei.
6. Lei nº 9.610, de 19 de fevereiro de 1998: Art. 24. São direitos morais do autor: (...) VI – o de retirar de circulação a obra ou de suspender qualquer forma de utilização já autorizada, quando a circulação ou utilização implicarem afronta à sua reputação e imagem.
7. Ideia desenvolvida por François OST. *O tempo do Direito*. Tradução Élcio Fernandes. Bauru, SP: Edusc, 2005, pp. 160-161.
8. Observação do Ministro Luis Felipe Salomão no contexto do REsp. 1.334.097/RJ, 4ª T., Rel. Min. Luis Felipe Salomão, j. 28.05.2013.
9. V. posição defendida pelo Ministro Luis Felipe Salomão no REsp. 1.334.097/RJ, cit.

Recorrendo novamente à literatura, há que se recordar (com o perdão do trocadilho) do personagem borgiano Irineu Funes, cuja memória prodigiosa leva à sua paralisia diante dos acontecimentos cotidianos. Embora dotado de enorme quantidade de conhecimentos, o narrador questiona se Funes era capaz de pensar, já que identifica esse ato com a capacidade de esquecer diferenças, generalizar e abstrair.[10]

Fato é que a memória limitada não é a única imperfeição humana: o ser humano é falho por essência, mas possui em si a capacidade de evoluir. Conforme observa Viktor Mayer-Schönberger, o esquecimento é um comportamento individual e também coletivo. A própria sociedade aceita que seus membros evoluem e que podem aprender com as experiências passadas.[11] Na interessante observação de Rubem Alves, há que se falar, além da "boa memória", do "bom esquecimento", por ele entendido como o alisamento do passado.[12]

Como se sabe, novas tentativas são permitidas e até mesmo encorajadas na sociedade atual: pessoas divorciadas podem se casar novamente, ex-detentos absolvidos ou cuja pena foi cumprida voltam a conviver socialmente e tem até a condenação removida de sua folha de antecedentes criminais. Essa regenerabilidade exige, como o nome pode sugerir, uma renovação, que é incompatível com um apego excessivo ao passado. Faz-se necessário, portanto, refletir sobre o justo equilíbrio entre memória e esquecimento, tanto para preservar a história como para permitir a constante evolução da sociedade, sendo o histórico e o a-histórico igualmente essenciais para a saúde individual, coletiva e cultural.[13]

1.2. NOÇÃO DE DIREITO AO ESQUECIMENTO

Por envolver valores muito caros à sociedade e pelos desafios impostos pelas novas tecnologias, o direito ao esquecimento tornou-se objeto de debates candentes ao redor do mundo. A pluralidade de discussões acaba levando à multiplicação de definições, conceitos e correntes sobre o tema. Para Anderson Schreiber, trata-se essencialmente de um direito contra uma recordação opressiva de fatos que podem minar a capacidade do ser humano de evoluir e se modificar.[14] No outro extremo, situa-se a visão (controversa[15]) de Giorgio Pino, que descreve o direito ao esquecimento como o direito de silenciar eventos passados da vida que não estão mais ocorrendo.[16]

---

10. BORGES, Jorge Luis. Funes, o memorioso. In. *Ficções*. São Paulo: Globo, 1999.
11. MAYER-SCHÖNBERGER, Viktor. *Delete*, cit., p. 13.
12. ALVES, Rubem. *O amor que acende a lua*. São Paulo: Papirus, 1999, p. 99.
13. NIETZSCHE, Frédéric. *On the advantage and disadvantage of history for life*. Trad. Peter Preuss. Indianapolis, Indiana: Hackett Publishing Company Inc., 1980, p. 10.
14. SCHREIBER, Anderson. *Nossa ordem jurídica não admite proprietários de passado*. Disponível em: <https://www.conjur.com.br/2017-jun-12/anderson-schreiber-nossas-leis-nao-admitem-proprietarios-passado>. Acesso em 20.03.2018.
15. Conforme observado por Meg Leta JONES, trata-se de conceito criticável por ser demasiadamente amplo, que se identifica com a noção de "reescrever a história" ou "revisionismo da história pessoal". (*Crtl+Z: the right to be forgotten*. Nova Iorque: New York University Press, 2016, p. 10)
16. PINO, Giorgio. The right to personal identity in Italian private law: Constitutional interpretation and judge-made rights. In. VAN HOECKE, Mark; OST, François. (Ed.) *The harmonization of private law in Europe*. Oxford: Hart Publishing, 2000, p. 237.

Viviane Nóbrega Maldonado, por sua vez, o define como a possibilidade de alijar-se do conhecimento de terceiros uma específica informação que, muito embora seja verdadeira e que, preteritamente, fosse considerada relevante, não mais ostenta interesse público em razão de anacronismo.[17] Ao pensar sobre o termo *esquecimento* associado à privacidade e identidade digital, Meg Leta Jones o identifica com a pretensão de libertar os indivíduos do peso de sua bagagem virtual.[18]

Segundo François Ost, os indivíduos, independentemente de eventual projeção pública, têm o direito de, transcorrido determinado tempo, serem deixados em paz e recair no esquecimento e no anonimato, do qual jamais gostariam de ter saído.[19] Seguindo essa linha voluntarista, o STJ já definiu o direito ao esquecimento como "um direito de não ser lembrado contra a sua vontade".[20]

Há autores que refutam, por sua vez, a qualificação do direito ao esquecimento como tal e questionam a sua eficácia prática. Nesse sentido, vale mencionar o entendimento de Carlos Affonso Pereira de Souza, segundo o qual "ele não é um direito nem gera o pretendido efeito de esquecimento".[21]

Apesar da controvérsia sobre o tema e de os autores possuírem acepção própria do termo – e embora tal definição possa variar, ainda, de acordo com a jurisdição em que a concepção se insere – pode-se identificar alguns elementos comuns nas diferentes noções do direito ao esquecimento (ao menos em parte delas).

Ao se falar em direito ao esquecimento, faz-se referência a fatos passados verídicos da vida de uma determinada pessoa, obtidos de forma lícita, cuja divulgação, republicação ou manutenção em um meio publicamente acessível impacta a livre (re)construção da identidade pessoal do indivíduo e a representação de tal identidade perante terceiros.

Em síntese apertada, nota-se que o direito ao esquecimento se identifica com a pretensão de ter sua imagem atual desvinculada de um fato passado desatualizado[22] ou fora de contexto, não necessariamente por força de arrependimento ou por querer renega-lo, mas de modo a não ser definido ou limitado por ele. Conforme observa Sérgio Branco:

> Não se discute, portanto, se existe arrependimento pela conduta então praticada. [...] Mesmo que não se possa admitir, em cada situação, que seus protagonistas fariam tudo outra vez se tivessem a oportunidade, não se infere tampouco que haja repúdio, ódio, vergonha ou qualquer outro sentimento negativo relacionado aos eventos de tempos pretéritos.[23]

Essa observação revela-se especialmente relevante para afastar o direito ao esquecimento de visões abstratas, predominantemente filosóficas, e auxiliar na elaboração de uma noção jurídica equilibrada. Ao vincular o conceito ou a aplicação do direito ao

---

17. MALDONADO, Viviane Nóbrega. *Direito ao esquecimento*. São Paulo: Novo Século, 2017, p. 97.
18. JONES, Meg Leta. *Ctrl+Z*, cit., p. 11
19. OST, François. *O tempo do Direito*, cit., p. 160.
20. REsp. 1.334.097/RJ, 4ª T., Rel. Min. Luis Felipe Salomão, j. 28.05.2013.
21. SOUZA, Carlos Affonso Pereira de. Dez dilemas sobre o chamado direito ao esquecimento. Disponível em: <https://itsrio.org/wp-content/uploads/2017/06/ITS-Rio-Audiencia-Publica-STF-Direito-ao-Esquecimento-Versao-Publica-1.pdf>. Acesso em 29.10.2018.
22. BRANCO, Sérgio. *Memória e esquecimento na Internet*. Porto Alegre: Arquipélago Editorial, 2017, p. 129.
23. BRANCO, Sérgio. *Memória e esquecimento na Internet*, cit., p. 130.

esquecimento a determinados sentimentos decorrentes da disponibilização de dada informação, ele acaba aprisionado em uma concepção extremamente subjetivista.

Permita-se, aqui, uma rápida comparação com a evolução da tutela do dano moral. Em sua acepção tradicional, o dano extrapatrimonial era enxergado meramente sob a vertente subjetiva, ou seja, por muito tempo, ele foi concebido apenas do ponto de vista das sensações provocadas pelo ato lesivo, na clássica máxima de que se caracteriza pela "dor, humilhação, constrangimento e vexame".

Muito embora essa concepção subjetivista ainda seja facilmente encontrada na fundamentação de inúmeros julgados recentes,[24] nota-se uma tendência de "objetivar" o dano moral, afastando-o, por assim dizer, do campo dos sentimentos.[25] A realidade é que faltam ao Direito elementos suficientes para verificar se houve ou não abalo psicológico fruto de determinada violação: eventual sentimento ruim, se experimentado, deve ser considerado um efeito possível, e não causa ou característica essencial do dano moral.

Esse paralelo tem o propósito de demonstrar que a objetivação do direito ao esquecimento é, de modo similar, crucial para a sua utilidade prática. Para que ele seja reconhecido, o julgador não deve se concentrar nos efeitos emocionais provocados pela divulgação no titular do direito, e sim na repercussão da divulgação no âmbito existencial do sujeito da informação. Caso contrário, o debate girará em torno de questões que fogem à esfera jurídica e cuja verificação é inviável.

No esforço de distanciar a noção jurídica do direito ao esquecimento do campo estritamente subjetivo, há que se admitir, ainda, que ele não é compatível com a visão voluntarista, sob pena de se conferir, com isso, um poder extremamente amplo a cada indivíduo e, por via de consequência, um direito inexequível.

Como observa Anderson Schreiber, o direito ao esquecimento não pode ser enxergado como um direito de propriedade sobre acontecimentos pretéritos,[26] inclusive porque as informações que nos dizem respeito não são ativos detidos por cada um, mas elementos constitutivos da nossa identidade, não se submetendo, assim, à lógica proprietária tradicional. Nesse sentido, é interessante a observação de Luciano Floridi, segundo o qual:

> [...] um agente é a sua informação. 'Sua" em 'sua informação' não é o mesmo que 'seu' em 'seu carro', mas o mesmo que 'sua' em [...] 'suas memórias', 'suas ideias', 'suas escolhas', e assim por diante. Isso expressa um sentido de *pertencimento* constitutivo, não de *propriedade* externa, uma noção de que o

---

24. Dentre as diversas decisões proferidas pelo STJ que identificam o dano moral com a concepção subjetiva: Ag.Int. no Ag.Int. no AREsp. 869.188/RS, 3ª T., Rel. Min. Marco Aurélio Bellizze, j. 9.3.2017; REsp. 1.653.865/RS, 3ª T., Rel. Min. Nancy Andrighi, j. 23.5.2017. No TJRJ: Ap. Civ. 0112862-47.2016.8.19.0001, 26ª Câmara Cível, Rel. Des. Arthur Narciso de Oliveira Neto, j. 29.6.2017; Ap. Civ. 1020065-89.2016.8.26.0405, 12ª Câmara de Direito Privado, Rel. Des. Sandra Galhardo Esteves, j. 22.9.2017.
25. Nesse sentido, vale mencionar que o enunciado nº 75 da Súmula de Jurisprudência Predominante do TJRJ, popularmente conhecida como súmula do "mero aborrecimento", foi cancelado em dezembro de 2018. (Processo Administrativo nº 0056716-18.2018.8.19.0000, TJRJ, Rel. Des. Mauro Pereira Martins, j. 17.12.2018)
26. SCHREIBER, Anderson. Nossa ordem jurídica não admite proprietários de passado, cit.

seu corpo, seus sentimentos e as suas informações são parte de você, mas não são suas propriedades (legais).²⁷

Além disso, é importante impulsionar a compreensão do direito ao esquecimento para além da semântica. Quem busca exercer o direito ao esquecimento não parece querer ser ou ter determinado fato sobre si esquecido, na acepção literal da palavra. Oportunamente, as críticas ao termo "direito ao esquecimento" serão abordadas no item 1.4.4 deste trabalho.

Considerando o exposto, entende-se que o direito ao esquecimento, em sua acepção jurídica, se identifica com a proteção da dignidade humana, configurando-se como um direito que garante o livre desenvolvimento da personalidade individual e a sua representação autêntica e atual perante a sociedade.

Sua aplicação, portanto, não está atrelada ao sentimento despertado pela divulgação do fato ou fundada na vontade²⁸ pura e simples de o indivíduo moldar a realidade às suas próprias concepções subjetivas de si, mas vinculada à ameaça ou violação que ela representa ao direito fundamental à existência digna com base em parâmetros objetivos, sujeitando-se, na hipótese de colisão com outros interesses protegidos pelo ordenamento jurídico, à ponderação.

Vale destacar que, para isso, não é preciso *reinventar a roda*.²⁹ A técnica da ponderação, embora complexa, é um tema bastante debatido em sede doutrinária e jurisprudencial, sendo possível transpor a técnica e utilizar, ao menos como ponto de partida, os parâmetros costumeiramente aplicados para sopesamento de direitos como privacidade ou imagem e liberdade de expressão aos conflitos envolvendo o direito ao esquecimento e outros interesses igualmente protegidos. Para tanto, pode-se considerar, a título exemplificativo, o grau de utilidade da informação para o público,³⁰ a repercussão do fato para o sujeito retratado vis-à-vis a sua relevância para a sociedade e a importância das informações e detalhes para informar o fato.

1.3. EXPERIÊNCIAS ESTRANGEIRAS

Embora o presente trabalho não se proponha a fazer um estudo de direito comparado – o que exigiria uma pesquisa extensa e análise aprofundada do assunto em outras experiências jurídicas – não se pode deixar de traçar, ainda que brevemente, um panorama

---

27. Tradução livre. No original: "[A]n agent is her or his information. 'Your' in 'your information' is not the same 'yours' as in 'your car' but rather the same 'your' as in [...] 'your memories', 'your ideas', 'your choices', and so forth. It expresses a sense of constitutive belonging, not of external ownership, a sense in which your body, your feelings, and your information are part of you but are not your (legal) possessions". (*The 4th revolution*. Reino Unido: Oxford University Press, 2014, p. 121)
28. Conforme observa Anderson SCHREIBER, "A vontade individual, por si só, não é um valor. Trata-se de um vetor vazio. Ao jurista compete verificar a que interesses a vontade atende em cada situação concreta. A ordem jurídica não é contra ou a favor da vontade. É simplesmente a favor da realização da pessoa, o que pode ou não corresponder à realização da sua vontade em cada caso concreto". (*Direitos da personalidade*, cit., p. 27)
29. Nesse sentido, v. ANDRADE, Norberto Nuno Gomes de. *Oblivion*: the right to be different... from oneself. Reproposing the right to be forgotten. *Revista de los Estudios de Derecho y Ciencia Política de la UOC*, n. 13, fev. 2012, p. 133.
30. SCHREIBER, Anderson. *Direitos da personalidade*, cit., p. 116.

geral do direito ao esquecimento na realidade europeia e norte-americana. Ao analisar a maneira como ele vem sendo tratado fora do Brasil, é possível alcançar uma melhor compreensão do tema na realidade pátria e, inclusive, pensar em soluções inspiradas nas experiências estrangeiras, assim como refletir criticamente sobre a incompatibilidade de certas concepções por elas adotadas e o sistema brasileiro.

1.3.1. EUA

No âmbito judiciário norte-americano, um dos exemplos mais citados para ilustrar o debate entre privacidade e liberdade de expressão é o caso *Melvin v. Reid*. No precedente em questão, decidiu-se que uma antiga prostituta que havia sido processada e absolvida por homicídio deveria ser indenizada em razão da exibição de um filme que revelava aspectos passados da sua vida. Talvez o caso seja tão emblemático exatamente por privilegiar o direito à privacidade em detrimento da tão protegida liberdade de expressão no direito norte-americano.

Fato é que, na tradição jurisprudencial dos EUA – especialmente a partir dos anos 70 – são mais recorrentes os precedentes favoráveis à liberdade de expressão, como o caso *Sidis v. F-R Publishing Corp*. Tratava-se de um jovem superdotado que, na vida adulta, passou a adotar uma postura recolhida. Ao deparar-se com uma matéria que narrava eventos passados de sua vida, o autor ingressou com pleito indenizatório alegando violação de sua privacidade. Apesar da vida reclusa que ele passou a levar, decidiu-se manter a informação disponível, na medida em que os fatos do seu passado remoto bastavam para tornar o assunto noticiável ou *newsworthy*. É importante destacar que a definição do que é *newsworthy*, tanto nos EUA[31] quanto no Brasil, é extremamente difícil.

A mesma dificuldade é enfrentada, ainda, para identificação do que se considera *interesse público*. Quais matérias ou conteúdo são noticiáveis e/ou de interesse público e, portanto, devem ser divulgados? Como diferenciar o que é de interesse público e de interesse *do* público? A quem cabe essa determinação? À sociedade, à imprensa, ao Direito? Embora a doutrina se dedique a estudar e conceituar o tema,[32] não há respostas definitivas para questões como essas, tampouco definições abstratas e universais para uma matéria de tamanha complexidade.

A despeito da tradição extremamente liberal do país, também podem ser encontradas iniciativas legislativas que implementam, de certa forma, o direito ao esquecimento nos EUA. Essa possível contradição talvez se explique por outro valor também

---

31. Em sua obra, Meg Leta JONES reflete sobre a dificuldade de definir o que é *newsworthy*, observando que "a deferência ao jornalismo para determinar o que é noticiável e a certeza de que o longo rastro da Internet cria uma audiência para tudo proporciona uma noção bastante complicada do que deve ser considerado digno de notícia enquanto padrão para a disseminação adequada e contínua de informações privadas". (*Crtl+Z*, cit., p. 63)
32. Segundo Gustavo BINENBOJM, "o interesse público comporta uma imbricação entre interesses difusos da coletividade e interesses individuais e particulares, não se podendo estabelecer a prevalência teórica e antecipada de uns sobre outros". (BINENBOJM, Gustavo. *Uma teoria do Direito Administrativo – Direitos Fundamentais, Democracia e Constitucionalização*. Rio de Janeiro. Renovar, 2014. p. 107). O tema do interesse público também é objeto de estudo de Daniel SARMENTO (Supremacia do interesse público? As colisões entre direitos fundamentais e interesses da coletividade. In. ARAGÃO, Alexandre Santos de; NETO, Floriano de Azevedo Marques. (Coord.) *Direito Administrativo e seus novos paradigmas*. Belo Horizonte: Forum, 2008, pp. 97-143)

enaltecido pela cultura norte-americana, qual seja, o do *self-made man*. Usualmente traduzido como "empreendedor", o termo, que na literalidade significa "homem que se fez sozinho", representa o apreço que a sociedade norte-americana possui pela capacidade de um indivíduo se transformar e progredir através do próprio esforço. Conforme observa Gary T. Marx:

> Os americanos se orgulham por olhar para o que uma pessoa é hoje, ao invés do que ela pode ter sido no passado. Mecanismos, como arquivos considerados confidenciais ou destruídos, a proibição de certos tipos de manutenção de registro e os requisitos de consentimento para liberação de informação refletem essa preocupação. No entanto, com a massificação de facilidade de acesso a arquivos, o passado de alguém está sempre presente [...]. Isso pode causar uma classe de pessoas permanentemente estigmatizadas.[33]

Há que se considerar, portanto, que outros valores culturais e interesses sociais, assim como a liberdade de expressão, são extremamente importantes na tradição dos EUA e exercem influência sobre o tratamento conferido a temas como o do direito ao esquecimento.

A título de exemplo das iniciativas legislativas acima mencionadas, pode-se citar a lei promulgada na Califórnia, conhecida como *Online Eraser Law*[34] ou Lei de Remoção Digital. O diploma legal, que é aplicável a menores de 18 anos residentes na Califórnia, permite a esses menores, enquanto usuários registrados de um determinado serviço online, solicitar a remoção de conteúdo ou informação por eles disponibilizada no servidor do operador. Ele estabelece, contudo, que o direito à remoção não será aplicável caso o conteúdo tenha sido disponibilizado por terceiro, se houver necessidade de mantê-lo em razão de lei estadual ou federal ou se o operador o tornar anônimo.

Como se pode perceber, a lei em questão não prevê expressamente um direito ao esquecimento, mas trata de dois dos seus possíveis mecanismos de tutela, quais sejam, a remoção e a anonimização de informação. Cumpre destacar, ainda, que a possibilidade de retirada se restringe ao conteúdo disponibilizado pelo usuário menor de idade, e que não confere a ele um direito absoluto, haja vista as excludentes textualmente indicadas pela norma acima mencionada.

Traçando um paralelo com o ordenamento jurídico brasileiro, nota-se que, atualmente, somente se reconhece expressamente a possibilidade de remoção de dados pessoais fornecidos pelo seu titular em caso de término da relação com o provedor de aplicação, vide inciso X do artigo 7º do Marco Civil da Internet.[35]

---

33. Tradução livre. No original: "Americans pride themselves on looking at what a person is today rather than what he may have been in the past. Devices, such as sealed or destroyed records, prohibitions on certain kinds of record keeping, and consent requirements for the release of information, reflect these concerns. However, with the mass of easily accessible files, one's past is always present [...]. This can create a class of permanently stigmatized people". (*Undercover:* police surveillance in America. Berkeley: University of California Press, 1988, p. 223)
34. Disponível em: https://leginfo.legislature.ca.gov/faces/billNavClient.xhtml?bill_id=201320140SB568. Acesso em 02.10.2018.
35. Art. 7. O acesso à Internet é essencial ao exercício da cidadania, e ao usuário são assegurados os seguintes direitos: [...] X – exclusão definitiva dos dados pessoais que tiver fornecido a determinada aplicação de Internet, a seu requerimento, ao término da relação entre as partes, ressalvadas as hipóteses de guarda obrigatória de registros previstas nesta Lei.

Voltando para os EUA, encontra-se em discussão, no Estado de Nova Iorque, um projeto de lei que visa alterar a *Civil Rights Law* (Lei de Direitos Civis, em tradução livre) e *Civil Practice Law* (Lei de Prática Civil, em tradução livre) e criar propriamente um "*right to be forgotten act*" (ato de direito ao esquecimento, em tradução livre).[36] De acordo com o texto atual do projeto, todos os sites de busca, indexadores e demais pessoas ou entidades que disponibilizem informações na Internet devem, a pedido de um indivíduo, remover informações, artigos, informações identificativas e demais conteúdos a respeito de tal indivíduo que sejam "incorretos", "irrelevantes" ou "excessivos", devendo a remoção ocorrer em até 30 dias contados do pedido.

Como era de se esperar, o projeto foi duramente criticado pelos órgãos de imprensa dos EUA, que o interpretaram como flagrante censura ao *freedom of speech* tão caro à sociedade norte-americana,[37] mas, ainda assim, está sob análise do Poder Legislativo estadual.

1.3.2. União Europeia

No âmbito europeu, a discussão se encontra em estágio mais avançado, tanto na esfera legislativa quanto jurisprudencial, muito embora, como se verá adiante, ainda não se tenha alcançado um entendimento uniforme e consolidado sobre o tema. Com relação à legislação, o art. 17 da Regulação de Proteção Geral de Dados da UE – *EU General Data Protection Regulation* ou GDPR, que entrou em vigor em maio de 2018,[38] identifica um *Right to Erasure* (direito de apagamento, em tradução livre) ou *Right to be Forgotten* (direito ao esquecimento, em tradução livre).

De acordo com o dispositivo acima mencionado, é possível requerer a remoção de informações (referida como "*erasure*") em casos específicos, como, por exemplo, se os dados pessoais não forem mais necessários para os fins que foram obtidos ou processados; se o sujeito que forneceu os dados (referido como "*data subject*") retira o consentimento sob o qual o processamento se baseava e inexista outra base legal para tanto; se o *data subject* se opõe ao processamento e não haja fundamentos legítimos predominantes para isso e se os dados pessoais foram processados de forma ilícita.

É importante notar que, nos termos do § 3º do art. 17, o *erasure* não será aplicável na medida em que o processamento seja necessário para, dentre outros, o exercício do direito à liberdade de expressão e liberdade de informação, para observância às obrigações legais que demandem o processamento; por motivos de interesse público na área de saúde pública; para fins de arquivamento de interesse público, bem como para pesquisas científicas ou históricas ou para fins estatísticos.

---

36. New York Assembly Bill No. 5323. Disponível em https://nyassembly.gov/leg/?default_fld=&leg_video=&bn=A05323&term=2017&Summary=Y&Actions=Y&Committee%26nbspVotes=Y&Floor%26nbspVotes=Y&-Memo=Y&Text=Y&LFIN=Y&Chamber%26nbspVideo%2FTranscript=Y. Acesso em 02.10.2019.
37. Sobre o tema, v. crítica do Washington Post, disponível em https://www.washingtonpost.com/news/volokh-conspiracy/wp/2017/03/15/n-y-bill-would-require-people-to-remove-inaccurate-irrelevant-inadequate-or-excessive--statements-about-others/?utm_term=.344fc69f82ca. Acesso em 02.10.2017.
38. Nessa ocasião, a GDPR substituiu a Diretiva de Proteção de Dados – *Data Protection Directive 95/46/EC*.

Porém, a partir de uma reflexão mais detida sobre a norma acima, parece questionável afirmar que a GDPR trata propriamente do direito ao esquecimento. Isso porque o dispositivo acima regula, essencialmente, o direito de *erasure*, ou seja, de *apagamento* dos dados pessoais. Na realidade, a remoção de informações é um dos possíveis instrumentos para implementar, na prática, o direito ao esquecimento, o qual, como se verá mais adiante, também pode ser efetivado de outras formas. Não se deve confundi-lo, portanto, com os seus mecanismos de tutela.

Em sede jurisprudencial, os tribunais europeus também já se manifestaram sobre o tema em algumas ocasiões. No passado, merecem destaque as decisões emblemáticas proferidas pelo Tribunal de Grande Instância do Sena, e posteriormente ratificada pela Corte de Apelação de Paris, no "Caso Landru"[39] e pelo Tribunal Constitucional Federal da Alemanha no chamado "Caso Lebach".[40]

No primeiro, a autora da ação insurgiu-se contra menção feita a ela em filme que tratava de um famoso assassino em série francês. Ainda que a decisão não tenha sido favorável ao pedido da autora e que não trate, especificamente, do direito ao esquecimento, vale destacar que, naquela ocasião, o juízo competente reconheceu uma prescrição do silêncio, ou *prescription du silence*, em francês, que é considerada por alguns como a porta de entrada, por assim dizer, para a noção de direito ao esquecimento.[41]

Já no segundo caso, a ação foi movida por um dos indivíduos condenado e preso por participação no homicídio de quatro soldados próximo à cidade de Lebach e que estava prestes a ser liberado, com o objetivo de impedir a veiculação de um documentário que narrava o crime e citava, inclusive, o nome do autor da ação. O tribunal determinou que o programa não fosse exibido sob a alegação de que, no caso concreto, a tutela dos direitos da personalidade sobrepujava a liberdade de comunicação. Entendeu-se que, de um lado, a veiculação do documentário poderia comprometer a ressocialização do autor e que, por outro, não haveria um interesse público expressivo no fato vis-à-vis o tempo transcorrido desde a data do crime.

Anos mais tarde, porém, ao analisar o chamado "Caso Lebach II",[42] o tribunal se manifestou favoravelmente à exibição de um novo documentário sobre o mesmo evento histórico. A decisão argumentou que, nessa hipótese, a ressocialização dos autores do crime não seria comprometida em razão do lapso temporal entre a liberação dos mesmos e a transmissão do programa, tendo considerado, ainda, que o novo programa não utilizou os verdadeiros nomes e não divulgou a imagem dos envolvidos.[43]

---

39. TGI Seine, 14 de outubro de 1965, Mme S. c. Soc. Rome Paris Film, JCP 1966 I 14482, n. Lyon-Caen, confirmada em apelação, CA Paris 15 de março de 1967.
40. 35 BVerfGE 202 (1973).
41. Nesse sentido, v. Charlotte HEYLLIARD. *Le droit à l'oubli sur Internet: Mémoire de Master 2 recherche, Mention DNP.* Universite Paris-Sud, Faculté Jean Monnet – Droit, Économie, Gestion. Apresentado em 6.04.2012. Disponível em: <https://docplayer.fr/1188196-Le-droit-a-l-oubli-sur-Internet.html>. Acesso em 27.11.2018.
42. 1 BVerfGE 349 (1999).
43. SARLET, Ingo Wolfgang; FERREIRA NETO, Arthur M. *O direito ao "esquecimento" na sociedade da informação.* Porto Alegre: Livraria do Advogado, 2019, p. 110.

Em 2014, a decisão do Tribunal de Justiça da União Europeia ("ECJ"), no caso M.C.G. v. Google Spain SL e Google Inc.,[44] criou um notório precedente sobre privacidade nas redes. Na ocasião, determinou-se a exclusão de resultados de busca do Google referentes à venda de um imóvel em hasta pública, realizada há alguns anos em decorrência de execução fiscal sofrida pelo autor da ação. Segundo o entendimento do tribunal, o Google atua como um controlador de dados ou "*data controller*", e não como um intermediário neutro, tendo seus usuários, assim, o direito de solicitar a remoção de certos resultados de pesquisa que envolvam seus respectivos nomes.

Sobre a atuação do Google e sua capacidade criativa, é interessante observar a decisão proferida pelo Tribunal Federal alemão (*Bundesgerichtshof* ou BGH) em caso envolvendo a função "autocompletar"[45] (ou, em inglês, *autocomplete*)[46]. De acordo com o BGH, os termos sugeridos pelo preenchimento automático do Google são de conteúdo próprio, já que se trata de resultados criados por seu algoritmo. Embora tenha entendido que o Google não tem o dever de controle prévio dos termos sugeridos pelo preenchimento automático, o Tribunal alemão determinou que a função "autocompletar" pode violar direitos da personalidade, ensejando a responsabilização do buscador quando ele tomar ciência de tal violação.[47]

Com base nas posições assumidas pelo ECJ e pelo BGH, os buscadores não podem ser enxergados como meras pontes entre o usuário e o objeto de sua pesquisa. Se eles criam conteúdo e interferem ativamente nas buscas através de previsões feitas por eles próprios, decerto não há que se falar em uma atuação isenta e neutra.

De modo a implementar a decisão do ECJ no caso M.C.G., o Google criou uma ferramenta que permite aos membros da UE requerer ao próprio buscador a exclusão de determinado resultado. Apesar de ter sido concebido como uma solução, esse mecanismo enseja, por sua vez, uma série de problemas e desafios, a exemplo das controvérsias sobre a atribuição do poder decisório justamente aos provedores de busca e o alcance territorial da decisão de desindexar, que serão objeto de discussão no Capítulo 2.

Recentemente, o poder judiciário da Inglaterra e do País de Gales enfrentou, pela primeira vez, dois casos envolvendo direito ao esquecimento.[48] Referidos como NT1 e NT2,[49] eles foram julgados conjuntamente em razão de suas similaridades,[50] mas aca-

---

44. Caso C-131/12, Grande Seção do Tribunal de Justiça da União Europeia.
45. BGH, Autocomplete: VI ZR 269/12, j. 14.05.2013.
46. A título de esclarecimento, a função "autocompletar" consiste, em síntese, no preenchimento automático dos critérios de busca com previsões de pesquisa sugeridas pelo próprio buscador. Maiores detalhes sobre o funcionamento do *autocomplete* podem ser encontradas em: <https://support.google.com/websearch/answer/106230?-co=GENIE.Platform%3DAndroid&hl=pt-BR>. Acesso em 30.11.2018.
47. Para mais informações sobre o caso e a posição assumida pelo BGH, vide SOLOVE, Daniel J.; SCHWARTZ, Paul M. *Information privacy law*. Nova Iorque: Wolters Kluwer, 2018, p. 1.158.
48. NT1 & NT2 vs. Google LLC [2018] EWHC799 (QB) Mr. Justice Warby.
49. É interessante notar que, conforme constante do sumário da decisão judicial, os autores foram anonimizados no julgamento público para evitar a autodestruição dos pedidos e uma maior publicização das informações em questão. Sumário disponível em: <https://www.judiciary.uk/wp-content/uploads/2018/04/nt1-nt2-v-google-press-summary-180413.pdf>. Acesso em 24.08.2018.
50. Ambos os casos envolviam homens de negócio (*businessmen*) que sofreram, no passado, condenações criminais e que buscavam, em seus respectivos pedidos, a remoção de resultados do Google sobre o ocorrido.

baram sendo decididos de forma distinta: enquanto o juízo concedeu a desindexação solicitada por NT2, negou as remoções pleiteadas por NT1.

É interessante observar que a referida decisão se baseou, dentre outros, no fato de que houve, no passado, admissão de culpa por parte de NT2, o qual mostrou remorso pelo crime cometido. Além disso, de acordo com o juízo competente, inexiste risco evidente de reincidência, já que, atualmente, NT2 atua em uma área profissional bastante diferente.

O mesmo não foi verificado com relação a NT1 que, de acordo com a decisão, não admitiu culpa e não demonstrou arrependimento, o que contribuiu para que a desindexação fosse negada, junto com o fato de se tratar de pessoa "pública" que continua a atuar no mesmo campo profissional, sendo a informação considerada, portanto, relevante para o público em geral.

Traçando novamente um paralelo com o Brasil, é importante destacar que os critérios acima, embora possam ser relevantes para o Poder Judiciário britânico, não seriam transponíveis à realidade jurídica pátria. Isso porque a legislação brasileira trata a confissão de culpa como algo espontâneo, que, se existir, pode servir como atenuante da pena.[51] Aliás, de acordo com o STJ, sequer é exigível que o réu demonstre arrependimento pelo cometimento do delito para a incidência da atenuante da confissão espontânea.[52]

Além disso, de acordo com a Constituição Federal de 1988, o preso possui o direito ao silêncio,[53] o que, no entendimento do STF, inclui a prerrogativa processual de o acusado negar, ainda que falsamente, a prática da infração penal.[54] Além disso, tanto o Pacto Internacional sobre Direitos Civis e Políticos[55] quanto a Convenção Interamericana de Direitos Humanos[56] reconhecem aos acusados de um delito o direito de não ser obrigado a depor contra si mesmo e de não se declarar culpado.

Considerando o exposto, não parece possível que a confissão de culpa e o arrependimento sejam considerados parâmetros para o reconhecimento e aplicação do direito ao esquecimento no Brasil. Isso, inclusive, ensejaria um tratamento ainda mais subjetivo do tema, o que, como se buscou demonstrar no item 1.2 acima, é indesejável e improdutivo.

Retomando a discussão no âmbito da UE e tratando, mais uma vez, de precedentes recentes, destaca-se que, em junho de 2018, a Corte Europeia de Direitos Humanos ("CEDH") rejeitou o reconhecimento do direito ao esquecimento de M.L. e W.W.,[57] dois irmãos condenados pelo assassinato de um ator na década de 90 e que foram colocados em liberdade condicional em meados dos anos 2000.

---

51. De acordo com o art. 65, inciso III, alínea d, do Código Penal, são circunstâncias que sempre atenuam a pena ter o agente confessado espontaneamente, perante a autoridade, a autoria do crime.
52. H.C. 22.927/MS, 6ª T., Rel. Min. Paulo Gallotti, j. 06.05.2003.
53. Nos termos do art. 5º, inciso LXIII, o preso será informado de seus direitos, entre os quais o de permanecer calado.
54. H.C. 68.929, 1ª T., Rel. Min. Celso de Mello, j. 22.10.1991.
55. Art. 14.3, item g.
56. Art. 8.2, item g.
57. M.L. e W.W. vs. Germany (CE: ECHR: 2018: 0628JUD006079810, ECLI: CE: ECHR: 2018: 0628JUD006079810, [2018] ECHR 554).

Em síntese apertada, a ação foi originalmente ajuizada perante o Tribunal de Hamburgo contra uma emissora de rádio alemã que exibiu programa sobre o crime às vésperas da liberação dos autores e manteve transcrição do relato online, com o objetivo de anonimizar os dados pessoais dos autores que se encontravam disponíveis no sítio eletrônico da referida rádio. Embora o Tribunal de Hamburgo tenha dado procedência ao pedido dos autores, a decisão acabou sendo revertida pelos Tribunais superiores, o que motivou o recurso de M.L. e W.W. à CEDH para proteção de seu direito à privacidade, com fulcro no artigo 8 da Convenção Europeia de Direitos Humanos.[58]

Para analisar o caso, a CEDH ponderou os artigos 8 e 10 da referida Convenção, que tratam, respectivamente, do direito à privacidade e liberdade de expressão, tendo se baseado, durante este exercício, nos seguintes critérios: (i) contribuição para um debate de interesse geral; (ii) notoriedade dos interessados e do objeto da notícia; (iii) conduta assumida anteriormente pelos interessados com relação à mídia; (iv) conteúdo, forma e impacto da publicação; e (v) circunstâncias da obtenção de imagens. Após considerar tais parâmetros, a CEDH concluiu que a disponibilização do relato impugnado continuava a contribuir para um debate de interesse público, o qual não havia diminuído com a passagem do tempo. Entendeu, assim, que não houve violação do direito à privacidade de M.L. e W.W.

Como se pode notar, embora os tribunais europeus já tenham enfrentado diversos casos envolvendo o direito ao esquecimento, ainda não parece haver um entendimento uniforme e consolidado sobre o tema, tampouco soluções para todas as questões e desafios por ele impostos.

A temática do alcance territorial da desindexação é um dos exemplos de controvérsia que, embora tenha sido enfrentada recentemente pela ECJ, ainda deve impor desafios complexos no futuro próximo. No caso, o Google francês e a CNIL, autoridade francesa de proteção de dados, discutiam a determinação da última de exclusão de informações do sistema mundial de buscas do Google, avançando, assim, para além das fronteiras da UE. A questão da extraterritorialidade, que é bastante espinhosa, será melhor trabalhada no Capítulo 2 deste trabalho.

1.4. DIREITO AO ESQUECIMENTO NO BRASIL

1.4.1. Ausência de base legal específica

Conforme demonstrado no item 1.1 acima, o recurso ao esquecimento encontra-se presente em diferentes instrumentos utilizados pelo ordenamento jurídico brasileiro, os quais são utilizados para promover uma maior estabilidade e previsibilidade das relações sociais. Ainda que essa noção não seja estranha ao Direito, nosso ordenamento jurídico não estabelece um direito ao esquecimento propriamente dito – pelo menos por enquanto.

---

58. Convenção disponível, na íntegra, em: https://www.echr.coe.int/Documents/Convention_ENG.pdf. Acesso em 27.11.2018.

Na verdade, há quem considere que essa afirmativa não é de todo verdadeira. Isso porque, para alguns, o inciso X do artigo 7º do Marco Civil da Internet, já mencionado no item 1.3 acima, seria uma forma de positivação do direito ao esquecimento no sistema pátrio. Não obstante trate da possibilidade de remoção de dados pessoais, acredita-se que, pela própria redação do dispositivo, concebê-lo como uma manifestação legislativa sobre o direito ao esquecimento seria uma interpretação excessivamente extensiva,[59] por um lado, e de sobremaneira restritiva, por outro. Isso porque, se entendida como a norma que regula o direito ao esquecimento, as suas hipóteses de incidência seriam bastante limitadas.

Além disso, como se verá a seguir, a exclusão de dados corresponde a um dos remédios disponíveis para implementação do direito ao esquecimento, não se confundindo com ele. Ainda sobre o tema de dados pessoais, é importante mencionar a promulgação de lei que regula a matéria no Brasil, a saber, Lei n. 13.709/2018. Conhecido como Lei Geral de Proteção de Dados Pessoais ou LGPD, o diploma, assim como o Marco Civil da Internet, não contém dispositivos específicos ou se refere expressamente ao direito ao esquecimento.

De acordo com as definições trazidas pela LGPD,[60] considera-se como *dado pessoal* a informação relacionada a pessoa natural identificada ou identificável, cuja disciplina tem por fundamentos o respeito à privacidade, a autodeterminação informativa, a liberdade de expressão, de informação, de comunicação e de opinião, a inviolabilidade da intimidade, da honra e da imagem, o livre desenvolvimento da personalidade e a dignidade, dentre outros.[61]

Além de prever os requisitos para que os diferentes tipos de dados pessoais sejam tratados, a lei determina, através de seu artigo 16, que eles sejam eliminados após o término de tal tratamento, no âmbito e nos limites técnicos das atividades, ressalvando-se a possibilidade de sua conservação para determinadas finalidades previstas pela própria lei.[62] Afora a eliminação decorrente da conclusão do tratamento, o artigo 18 garante o direito de, a qualquer momento e mediante requisição, obter do respectivo controlador a anonimização, bloqueio ou eliminação de dados desnecessários, excessivos ou tratados em desconformidade com a lei;[63] a eliminação dos dados pessoais tratados com o consentimento do titular, exceto nas hipóteses previstas no art. 16 da lei;[64] a correção de dados que sejam incompletos, inexatos ou desatualizados,[65] dentre outros.

É importante esclarecer que a LGPD não se aplica a todo e qualquer tratamento de dados, ressalvando-se do seu âmbito de atuação, por exemplo, o tratamento realizado

---

59. SOUZA, Carlos Affonso Pereira de. Dez dilemas sobre o chamado direito ao esquecimento, cit., p. 8.
60. Art. 5, inciso I.
61. Art. 1, incisos I, II, III, IV e VII.
62. Nos termos dos incisos do art. 16, autoriza-se a conservação de dados pessoais para as seguintes finalidades: I – cumprimento de obrigação legal ou regulatória pelo controlador; II – estudo por órgão de pesquisa, garantida, sempre que possível, a anonimização dos dados pessoais; III – transferência a terceiro, desde que respeitados os requisitos de tratamento de dados dispostos nesta Lei; ou IV – uso exclusivo do controlador, vedado seu acesso por terceiro, e desde que anonimizados os dados.
63. Art. 18, inciso IV.
64. Art. 18, inciso VI.
65. Art. 18, inciso III.

para fins exclusivamente jornalísticos ou artísticos,[66] de segurança pública[67] e defesa nacional.[68] Assim, ao menos à primeira vista, parece que os direitos à anonimização, atualização e eliminação de dados pessoais acima mencionados não seriam oponíveis, nos termos dessa lei, aos meios de comunicação.

Tendo em vista o exposto, embora seja necessário aguardar o transcurso do tempo para observar, na prática, os desdobramentos e as formas pelas quais a LGPD será aplicada, parece impróprio considera-la como um diploma legal que reconhece ou regula o direito ao esquecimento.

Existem, contudo, iniciativas que visam o reconhecimento e a regulação, de maneira expressa, do direito ao esquecimento, tais com a do Projeto de Lei n. 1.676/2015.[69] De acordo com o artigo 3º da versão atual do projeto,[70] o direito ao esquecimento é a expressão da dignidade da pessoa humana, representando a garantia de desvinculação do nome, da imagem e demais aspectos da personalidade relativamente a fatos que, ainda que verídicos, não possuem, ou não possuem mais, interesse público.

Nos termos do parágrafo único do preceito acima, os titulares do direito ao esquecimento podem exigir dos meios de comunicação social, dos provedores de conteúdo e dos sítios de busca da rede mundial de computadores, Internet, independentemente de ordem judicial, que deixem de veicular ou excluam material ou referências que os vinculem a fatos ilícitos ou comprometedores de sua honra, cabendo à tais meios de comunicação, provedores e buscadores o dever de criar departamentos específicos para tratar do direito ao esquecimento, vide artigo 4º.

Embora represente um esforço rumo à regulamentação do tema, o projeto apresentado não aprofunda pontos de suma importância prática, como, por exemplo, os critérios a serem observados para o reconhecimento do direito ao esquecimento em concreto. Além disso, o projeto confere aos provedores de serviço de Internet o poder decisório de exclusão do conteúdo indicado, questão bastante controversa e que será objeto de discussão no Capítulo 2.

Outro aspecto de extrema relevância é a ausência de diferenciação dos mecanismos de tutela do direito ao esquecimento: como visto acima, o projeto de lei se limita a estabelecer a abstenção de veiculação ou remoção do conteúdo, deixando de abordar alternativas menos drásticas que, a depender do caso, podem ser suficientes para implementar o direito ao esquecimento em concreto.

Apesar de ainda não contar com previsão legal expressa, o tema vem sendo amplamente discutido pela doutrina, que se divide entre os que não conseguem concebê-lo – normalmente motivados pelo temor dos impactos às liberdades comunicativas – e

---

66. Art. 4, inciso II, alínea "a".
67. Art. 4, inciso III, alínea "a".
68. Art. 4, inciso III, alínea "b".
69. O Projeto de Lei nº 1.676/2015 foi apresentado em 26.05.15 e trata da tipificação do ato de fotografar, filmar ou captar a voz de pessoa, sem autorização ou sem fins lícitos, prevendo qualificadoras para as diversas formas de sua divulgação e dispõe sobre a garantia de desvinculação do nome, imagem e demais aspectos da personalidade, publicados na rede mundial de computadores, Internet, relativos a fatos que não possuem, ou não possuem mais, interesse público. Inteiro teor disponível em <http://www.camara.gov.br/proposicoesWeb/prop_mostrarintegra?codteor=1339457&filename=PL+1676/2015>. Acesso em 02.10.2019.
70. Faz-se referência à versão do Projeto de Lei disponível em 02.10.2019.

aqueles que defendem sua pertinência (normalmente fundados na proteção do direito à privacidade).[71] Independentemente do posicionamento adotado, vários são os autores que procuram conceituar o direito ao esquecimento, conforme observado no item 1.2 acima.

Vale mencionar que o direito ao esquecimento também foi objeto de dois Enunciados, a saber, os nºs 531[72] e 576,[73] das VI e VII Jornadas de Direito Civil, respectivamente, estando a discussão presente, ainda, no próprio Poder Judiciário, como se verá no item a seguir. Fica claro que, apesar da ausência de dispositivo legal expresso, o direito ao esquecimento está presente na realidade jurídica brasileira e, a julgar pela sua repercussão no mundo, continuará sendo um tema relevante no futuro próximo.

Inobstante a falta de previsão legal, é possível encontrar, através de uma interpretação constitucional sistemática, alguns fundamentos que legitimam o direito ao esquecimento, como o direito à privacidade, um dos direitos fundamentais consagrados pela Constituição, e a dignidade humana, valor maior da Carta Magna, os quais serão melhor detalhados no item 1.5 abaixo. Além disso, segundo a metodologia civil-constitucional, é imprescindível considerar a historicidade e relatividade dos institutos jurídicos. Conforme ensina Pietro Perlingieri, tudo assume uma dimensão histórico-relativa.[74] Nesse sentido, o jurista italiano constata que:

> Não existem instrumentos válidos em todos os tempos e em todos os lugares [...]. É grave erro pensar que, para todas as épocas e para todos os tempos haverá sempre os mesmos instrumentos jurídicos. É justamente o oposto: cada lugar, em cada época terá os seus próprios mecanismos.[75]

A lição de Perlingieri é extremamente pertinente para a discussão sobre o direito ao esquecimento. Com as diversas e profundas transformações sociais e as novas tecnologias, há que se pensar em instrumentos atuais e eficazes que de fato promovam e protejam os direitos fundamentais dos indivíduos, como o direito à privacidade e à identidade pessoal, derivado da cláusula geral de tutela da dignidade humana.[76] O direito ao esquecimento se mostra, assim, afinado com a metodologia civil-constitucional, inclusive na medida em que, ao analisa-lo sob o aspecto funcional (ou seja, para que ele serve), verifica-se a sua compatibilidade com os valores constitucionais.[77]

Malgrado não esteja expressamente previsto no ordenamento vigente, o direito ao esquecimento, assim como tantos outros, se volta para a instrumentalização do valor

---

71. Sobre as diferentes posições acerca do direito ao esquecimento, v. SCHREIBER, Anderson. *Manual de direito civil contemporâneo*. São Paulo: Saraiva Educação, 2018, pp. 141-142.
72. Enunciado 531: A tutela da dignidade da pessoa humana na sociedade da informação inclui o direito ao esquecimento.
73. Enunciado 576: O direito ao esquecimento pode ser assegurado por tutela judicial inibitória.
74. PERLINGIERI, Pietro. *Perfis do direito civil*: introdução ao direito civil constitucional. Rio de Janeiro: Renovar, 2007, p. 58.
75. PERLINGIERI, Pietro. Normas constitucionais nas relações privadas. *Revista da Faculdade de direito da UERJ*, n. 6 e 7, 1998/1999, pp. 63-64
76. SCHREIBER, Anderson. *Direito ao esquecimento*: críticas e respostas. Disponível em: http://www.cartaforense.com.br/conteudo/colunas/direito-ao-esquecimento-criticas-e-respostas/17830 Acesso em 30.04.2018.
77. Sobre a análise funcional dos institutos na metodologia civil-constitucional, v. SCHREIBER, Anderson; KONDER, Carlos Nelson. Uma agenda para o direito civil-constitucional. *Revista brasileira de direito civil*, vol. 10, out.-dez./2016, pp. 13-14.

da pessoa. Na lição de Perlingieri, deve-se pensar na personalidade como um valor, e não um direito, que está na base de uma série aberta de situações existenciais, nas quais se traduz a sua incessantemente mutável exigência de tutela.[78] Seguindo esse entendimento, não há que se restringir as hipóteses tuteladas, e sim buscar, por meio de uma tutela elástica, a efetiva proteção irrestrita do valor da pessoa, que é o valor fundamental do ordenamento.[79]

A pessoa humana deve contar, portanto, com ferramentas adequadas e que possibilitem a efetiva promoção dos valores e princípios a ela garantidos pela Constituição Federal de 1988. O direito ao esquecimento pode ser um desses recursos, entendido aqui como o exercício da liberdade para o desenvolvimento e realização pessoal, direitos fundamentais da pessoa,[80] bem como uma ferramenta para a efetiva instrumentalização do direito à autodeterminação informativa, noção mais atualizada do direito à privacidade.[81]

Os críticos mais ferrenhos, afeitos à lógica positivista, podem insistir que a falta de previsão legal é um obstáculo ao reconhecimento do direito ao esquecimento. Para eles, na ausência de lei correspondente, o direito ao esquecimento se revelaria demasiadamente abstrato, o que conduziria, por sua vez, à uma extrema discricionariedade do poder judiciário no momento de aplicação do mesmo.

Os defensores desse ponto de vista parecem desconsiderar que outros direitos, como a própria liberdade de expressão e privacidade, também são extremamente fluidos, sendo isso uma das características dos direitos fundamentais e o motivo pelo qual, não raro, eles entram em conflito.[82] Além disso, outros institutos que também não possuem previsão legal correspondente (e de noção igualmente fluida) são amplamente reconhecidos e aplicados, a exemplo do princípio da segurança jurídica. É curioso pensar, inclusive, que muitos evocam a ameaça que o direito ao esquecimento representa ao referido princípio como um dos seus aspectos negativos.

Embora se discorde do argumento meramente formalista, entende-se que, se usado, ele não pode funcionar em via de mão única: ou bem se exige que tudo deve constar em lei, ou se reconhece, como na lógica perlingieriana, a possibilidade de institutos que surgem, de tempos em tempos, para promover e garantir os valores do ordenamento jurídico.

Negar a existência do direito ao esquecimento em caráter absoluto somente pela falta de previsão legal expressa parece, portanto, pouco útil ou mesmo factível, sendo

---

78. PERLINGIERI, Pietro. *Perfis de direito civil*, cit., pp. 155-156.
79. PERLINGIERI, Pietro. *Perfis de direito civil*, cit., p. 156.
80. Nas palavras de Stefano RODOTÀ: "Libertar-se da opressão dos registros, de um passado que continua a onerar fortemente o presente, torna-se um objetivo de liberdade. O direito ao esquecimento se apresenta como o direito de governar a própria memória, para restituir a qualquer um a possibilidade de reinventar-se, de construir sua personalidade e identidade [...]". (Tradução livre. No original: "Liberarsi dall' oppressione dei ricordi, da un passato che continua ad ipotecare pesantemente il presente, diviene un traguardo di libertà. Il diritto all' oblio si presenta come diritto a governare la propria memoria, per restituire a ciascuno la possibilità di reinventarsi, di costruire personalità e identità [...]". (*Dai ricordi ai dati l"oblio è um diritto?*, cit.)).
81. RODOTÀ, Stefano. *A vida na sociedade de vigilância*: a privacidade hoje. Rio de Janeiro: Renovar, 2008, p. 109.
82. SCHREIBER, Anderson. *Direito ao esquecimento*: críticas e respostas, cit.

mais produtivo refletir criticamente sobre a sua definição, as hipóteses de aplicação e os critérios para tanto – até mesmo porque, com isso, elimina-se a incompatibilidade do direito ao esquecimento e a segurança jurídica, tornando o primeiro um instrumento para garantir a última. Sem prejuízo do exposto até aqui, há que se perguntar se isso deve ser feito pela via legislativa.

Por um lado, a legislação poderia ajudar a definir melhor no que consiste o direito ao esquecimento, afastando, assim, interpretações puramente voluntaristas ou extremamente restritivas, além de trazer parâmetros para a seleção e aplicação dos diferentes remédios disponíveis, os quais serão melhor explorados nos capítulos seguintes deste trabalho.

Por outro lado, justamente pela natureza e pelo bem que o direito ao esquecimento visa proteger, parece difícil confiná-lo em um conceito matematicamente delimitado[83] ou determinar, de forma exaustiva, quando e como ele deve ser aplicado. Isso se mostra ainda mais complexo sob o aspecto prático, quando se pensa, por exemplo, na aplicação do direito ao esquecimento na Internet.

Com os constantes avanços tecnológicos, o *locus* digital cria novos e constantes desafios ao Direito, sendo virtualmente impossível prever taxativamente e de antemão as hipóteses e forma de aplicação do direito ao esquecimento na Internet. Isso não significa, por óbvio, que essa aplicação deve ser meramente casuística, apenas que a pretensão de regula-lo em caráter absoluto pela via legislativa seria inócua.

Nada impede que a lei venha a oferecer um norte ao intérprete, mas deve-se manter certo grau de fluidez, permitindo, pois, a consideração das circunstâncias do caso concreto para a tomada de decisões adequadas e aptas a produzir os efeitos pretendidos. Para tanto, é oportuno que eventual reconhecimento legislativo da matéria seja feito através do uso de cláusulas gerais, e não mediante o recurso à técnica regulamentar.

No entendimento de Rodotà, as cláusulas gerais são os instrumentos mais adequados para regular uma realidade de dinamismo crescente, e, portanto, irredutível à tipificação de hipóteses pré-definidas, motivo pelo qual as considera a única resposta razoável às exigências de um tempo como o nosso.[84]

Como já mencionado, o direito ao esquecimento é um tema relativamente novo e ainda em desenvolvimento, que envolve aspectos diversos e complexos, muitos deles, inclusive, não-jurídicos. Assim sendo, parece impossível que a legislação consiga apreende-lo em sua totalidade, bem como anteveja todas as suas hipóteses de incidência e as soluções para os variados desafios que ele impõe.

Além disso, no que diz respeito à Internet, há que se considerar a instabilidade e mutabilidade que lhe são características. As constantes transformações do meio digital e o contínuo surgimento de novas tecnologias (ou mesmo de novos desdobramentos daquelas já existentes) rapidamente tornariam qualquer dispositivo regulamentar desatualizado e insuficiente.

---

83. Expressão de Anderson SCHREIBER (*Direito ao esquecimento*: críticas e respostas, cit.)
84. RODOTÀ, Stefano. Ideologie e techniche della riforma del diritto civile. *Rivista del Diritto Commerciale*, anno LXV, n. I, 1967, p. 96.

É importante reconhecer, ainda, que a própria sociedade se encontra em permanente evolução, devendo as mudanças sociais serem igualmente refletidas e consideradas para uma aplicação adequada do direito ao esquecimento ao longo do tempo. Cumpre esclarecer que, nas palavras de Rodotà, a opção por cláusulas gerais não representa um atentado à certeza ou o abandono ao arbítrio das razões do cidadão, pois, mesmo em um sistema baseado em tais cláusulas, a fundamentação da decisão não será resultado da escolha livre do juiz ou extraída de um sentir social genérico.[85]

Portanto, não se deve rejeitar de plano o recurso à cláusula geral sob o argumento de que isso conferiria ao juiz um poder excessivo ou tornaria o direito ao esquecimento demasiadamente fluido. Como se demonstrará à exaustão ao longo desse trabalho, essas preocupações podem ser mitigadas através de um controle efetivo da fundamentação das decisões judiciais.

Exigida pela Constituição Federal de 1988[86] e pelo Código de Processo Civil de 2015 ("CPC/15"),[87] a fundamentação é, no entendimento de Calamandrei, uma garantia de justiça, a qual deve permitir a verificação do itinerário lógico percorrido pelo juiz para chegar à determinada conclusão.[88] Mais do que assegurar uma decisão justa, parece razoável afirmar que a fundamentação é o que conferirá a ela legitimidade na medida em que promover a concretização dos princípios da segurança jurídica, da proteção da confiança e da isonomia. De acordo com a síntese de Nelson e Rosa Nery:

> A motivação da sentença tem por escopo imediato demonstrar ao próprio juiz, antes mesmo que às partes, a *ratio scripta* que legitima o decisório [...]; mostra à parte sucumbente que a decisão não é fruto da sorte ou do acaso, mas de atuação da lei; permite o controle crítico da sentença, possibilitando o dimensionamento da vontade do juiz e a verificação dos limites objetivos do julgado.[89]

Considerando a inadequação de previsões legais regulamentares para regular devida e completamente um tema como o do direito ao esquecimento e, ainda, a exigência legal de fundamentação adequada das decisões, acredita-se que a regulação mais apropriada da matéria, se feita pela via legislativa, seria alcançada por meio de cláusulas gerais, as quais tem se revelado um instrumento apto a reger um futuro imprevisível e a regular a dinâmica de uma sociedade em constante transformação.[90]

1.4.2. Fundamentos do direito ao esquecimento no direito brasileiro

1.4.2.1. *Direito à privacidade*

1.4.2.1.1. *Evolução conceitual*

Antes de tratar da proteção conferida pelo ordenamento jurídico brasileiro ao direito à privacidade, é importante compreender, ainda que em linhas gerais, o significativo

---

85. RODOTÀ, Stefano. Ideologie e techniche della riforma del diritto civile, cit., p. 96.
86. Art. 93, inciso IX.
87. Art. 489, inciso II.
88. CALAMANDREI, Piero. *Eles, os juízes, vistos por nós, os advogados*. São Paulo: Pillares, 2013, p. 207.
89. NERY JUNIOR; Nelson; NERY, Rosa Maria de Andrade. *Código de processo civil comentado*. São Paulo: Revista dos Tribunais, 2016, p. 1153.
90. RODOTÀ, Stefano. Ideologie e techniche della riforma del diritto civile, cit., pp. 94-95.

processo evolutivo pelo qual a noção de privacidade passou em decorrência das diversas e severas transformações sociais.

De acordo com Lewis Mumford, inexistia, na moradia medieval, qualquer diferenciação funcional do espaço.[91] Segundo o historiador, com o decorrer do tempo, a estrutura habitacional altera-se significativamente: os espaços até então comuns – usados tanto para moradia quanto para trabalho – passam por um processo de separação, sendo os ambientes organizados, conforme suas finalidades, em diferentes cômodos.[92]

Para Mumford, o modelo medieval é abandonado justamente por conta do desenvolvimento da noção de privacidade, inicialmente entendida como um retirar-se voluntariamente da vida e do interesse comum. Observa-se uma tendência de valorização da proteção da esfera íntima, seja para realização de refeições, de rituais religiosos e sociais, ou mesmo para o próprio pensamento.[93] O historiador norte-americano nota, ainda, que o desejo pela vida privada marca o início de um novo alinhamento de classes, que conduziu, posteriormente, à competição impiedosa de classes e autoafirmação individual.[94] Fato é que, nas palavras de Mumford, a privacidade era o novo luxo dos abastados.

Na era medieval, gozam de privacidade os aprisionados em estruturas carcerárias denominadas "solitárias" – identificando-se, nesse caso, com a ideia de isolamento para punição – ou indivíduos devotados à vida religiosa, que buscavam refúgio dos pecados e distrações do mundo externo. Além desses, apenas a nobreza poderia sonhar com a possibilidade de uma vida privada. No século XVII, contudo, a noção de privacidade passa a se identificar com a satisfação do ego individual.[95]

Em meados do século XIX, a privacidade correspondia a um privilégio burguês. Os seus contornos são expressamente delineados, pela primeira vez, por Samuel Warren e Louis Brandeis, em artigo por eles publicado na *Harvard Law Review*, denominado *The Right to Privacy*. Nele, consagra-se a interpretação, hoje clássica, de privacidade como o "direito de ser deixado só". Stefano Rodotà observa que o estudo de Warren e Brandeis se baseava na lógica proprietária tradicional, ou seja, da propriedade como o direito de excluir o outro (*ius excludendi alios*).[96]

Nesse sentido, o jurista italiano destaca que o burguês moderno se apropria de seu espaço interior pela mesma técnica que permitiu sua apropriação do espaço físico.[97] Rodotà é novamente feliz ao concluir, inspirado em uma declaração de Greta Garbo, que a ideia de "ser deixado só" não se confunde com a vontade de estar só: é possível escolher viver em paz sem que, para isso, se pretenda viver de forma isolada.[98]

---

91. MUMFORD, Lewis. *A cidade na história: sua origem, transformações e perspectivas*. São Paulo: Martins Fontes, 1998, p. 313.
92. MUMFORD, Lewis. *The Culture of Cities*. Florida: Harcourt Brace Jovanovich, 1970, p. 114.
93. MUMFORD, Lewis. *The Culture of Cities*, cit., p. 40.
94. MUMFORD, Lewis. *The Culture of Cities*, cit., p. 40.
95. MUMFORD, Lewis. *The Culture of Cities*, cit., p. 118.
96. RODOTÀ, Stefano. Intervista su Privacy e Libertà. *A cura di Paolo Conti*. Editori Laterza, 2005, p. 8.
97. RODOTÀ, Stefano. Intervista su Privacy e Libertà, cit., p. 8.
98. RODOTÀ, Stefano. *Intervista su Privacy e Libertà*, cit., p. 10.

Entretanto, em um contexto de profundos e constantes avanços tecnológicos, marcado pela coleta e tratamento de informações, faz-se necessário (re)pensar o tema da privacidade e a suficiência de sua concepção anterior. Tais avanços impõem alterações significativas à realidade social e trazem diversos novos desafios, especialmente complexos considerando a transposição de barreiras físicas e a velocidade das trocas de informação.

A verdade é que, na era digital, dificilmente alguém está a sós, seja voluntariamente ou não. Com as facilidades tecnológicas, os indivíduos recorrem cada vez mais aos seus dispositivos e à rede para os mais diversos fins. Usa-se o aplicativo do banco para pagamento de contas, o site do supermercado para as compras da casa, os recursos do aparelho celular ou do computador para se comunicar com clientes, amigos e (des)conhecidos.

Para dispor de cada uma dessas, e das infinitas outras funcionalidades dos meios digitais, os usuários disponibilizam as mais diversas informações pessoais. Em certa medida, isso é necessário para viabilizar o uso pretendido: não é possível, por exemplo, fazer uma compra eletrônica sem informar o endereço de entrega do produto adquirido. Há dados que, no entanto, são absolutamente desnecessários; pior, que o usuário sequer tem consciência de que está compartilhando.[99]

Independentemente da essencialidade das informações prestadas, todas elas deveriam ser obtidas de forma transparente e utilizadas, com o conhecimento e consentimento do usuário, para a finalidade que foram coletadas. Porém, o que se observa na prática é o extremo oposto, a começar pelos termos de privacidade que os usuários devem aceitar para acessar um conteúdo online.

Na prática, nota-se que esses termos pouco contribuem para a efetiva informação do usuário ou traduzem seu real consentimento, seja pela falta de clareza, seja pela redação truncada e consequente dificuldade prática de um cidadão médio compreender o verdadeiro significado das especificidades ali previstas, ou mesmo pelo teor excessivamente longo dos instrumentos. Em pesquisa conduzida sobre o tema, Lorrie Faith Cranor e Aleecia McDonald concluíram que um usuário levaria, em média, duzentas e uma horas para ler as políticas de privacidade com que se depara em um ano, assumindo que tal leitura somente se fizesse necessária anualmente (e não, por exemplo, a cada vez que o usuário acesse certa plataforma online).[100]

Além disso, via de regra, o usuário não é capaz de dimensionar o real alcance das informações por ele disponibilizadas na Internet: não importa o quanto o indivíduo sabe – ou acha que sabe – ele dificilmente poderá prever o impacto causado pelo compartilhamento de seus dados. Haja vista a dificuldade em calcular os potenciais danos, os quais, no momento do acesso à certa funcionalidade, são considerados abstratos e

---

99. É o caso, por exemplo, dos *cookies*. Conforme definição da Microsoft, *cookie* é um pequeno arquivo baseado em texto fornecido por um site visitado que ajuda a identificar o usuário para aquele site, sendo usado para manter as informações de estado conforme o usuário navega por diferentes páginas em um site ou retorna ao site posteriormente. (Definição disponível em <https://support.microsoft.com/pt-br/help/260971/description-of-cookies>. Acesso em 20.08.2018)
100. CRANOR, Lorrie Faith; MCDONALD, Aleecia. *The cost of reading privacy policies*. Disponível em: < http://lorrie.cranor.org/pubs/readingPolicyCost-authorDraft.pdf >. Acesso em 12.10.2018. p. 19.

diferidos no tempo, os usuários costumam optar por fornecer informações pessoais em troca de um serviço que, diferentemente desses possíveis danos, lhes oferece conveniências concretas, imediatas e facilmente calculáveis.[101]

Os dados – sabidamente compartilhados ou não – são coletados, tratados, utilizados para criação de perfis de consumo e, em muitas hipóteses, até mesmo comercializados. De certa forma, as pessoas – que, na perspectiva kantiana, deveriam ser fins em si mesmas – tornam-se meios para outras finalidades, basicamente patrimoniais.[102] O objetivo é conhecer e classificar,[103] e por meio do conhecimento e da classificação, permite-se a vigilância e o controle dos usuários, também exercidos por recursos tecnológicos diversos, como, por exemplo, a função localizadora dos aparelhos celulares. Cria-se, por assim dizer, um panopticon digital,[104] onde todos são constantemente observados, cada comportamento registrado e gravado: é o presente concretizando, em certa medida, o futuro imaginado por George Orwell.[105]

Um olhar totalmente objetivo e afastado poderia sugerir que essa realidade beira o insuportável e que o preço que se paga pelas funcionalidades oferecidas é alto demais. Contudo, por motivos diversos e das mais variadas ordens, boa parte das pessoas parece não se importar tanto, exatamente por não ter um grande apego à ideia de privacidade (pelo menos não em sua noção tradicional).

O compartilhamento de momentos íntimos nas redes é amplamente aceito pela sociedade,[106] especialmente pelas novas gerações, que já nascem posando e "postando". Elas fazem uso das mais diferentes ferramentas, como redes sociais, para verem e serem vistas, numa verdadeira espetacularização da vida humana. É uma espécie de "Show de Truman", só que, na trama da vida real, até o personagem principal sabe e, muitas vezes, se propõe a desempenhar esse papel.[107] A verdade é que as pessoas, ou, pelo menos, boa parte delas, não quer fazer nenhuma das duas escolhas vislumbradas por Rodotà: não querem mais ser deixadas sós, tampouco estarem sós (muito embora se possa questionar até que ponto o comportamento atual não leva a uma profunda solidão coletiva).[108]

---

101. JONES, Meg Leta. *Ctrl + Z*, cit., pp. 84-87.
102. RODOTÀ, Stefano. *A vida na sociedade de vigilância*, cit., p. 128.
103. Sobre as chamadas sociedades da classificação e de vigilância, v. Stefano Rodotà. *A vida na sociedade de vigilância*, cit., p. 111 e ss.
104. Expressão de Viktor MAYER-SCHÖNBERGER (*Delete*, cit. p. 27). Ela faz alusão ao panopticon na forma originalmente abordada por Jeremy BENTHAM (O Panóptico ou a Casa de Inspeção. In. SILVA, Tomaz Tadeu da (Org.). *O Panóptico*. Belo Horizonte: Autêntica, 2000), ideia posteriormente explorada por Michel FOUCAULT (*Vigiar e Punir: nascimento da prisão*. Petrópolis: Vozes, 2009).
105. Faz-se referência novamente à obra de George ORWELL, *1984*, cit.
106. Nas palavras de Umberto ECO, "[...] talvez por causa da chamada sociedade líquida, na qual todos estão em crise de identidade e de valores e não sabem onde buscar os pontos de referência para define-se, o único modo de adquirir reconhecimento social é "mostrar-se" – a qualquer custo". (ECO, Umberto. A perda da privacidade. In. *Pape Satàn Aleppe*, cit., p. 38)
107. Ainda na feliz síntese de Umberto ECO, "[...] pela primeira vez na história da humanidade, os espionados colaboram com os espiões, facilitando o trabalho destes últimos, e esta rendição é para eles um motivo de satisfação porque afinal *são vistos* por alguém enquanto levam a vida". (ECO, Umberto. A perda da privacidade. In. *Pape Satàn Aleppe*, cit., p. 38)
108. Na visão extremista de Umberto ECO, "[a]s pessoas não querem privacidade, embora e invoquem". (Nos recônditos do DNA. In. *Pape Satàn Aleppe*, cit., p. 39)

Nesse panorama, fica cada vez mais difícil traçar uma linha entre as esferas pública e privada dos indivíduos,[109] membros de uma verdadeira *sociedade confessional*. Recorrendo novamente às instigantes provocações de Rodotà, a privacidade, atualmente, parece existir somente – e se muito – em nossas mentes.[110]

Grande parte do tempo, as pessoas vivem e enxergam umas às outras através das telas de seus dispositivos eletrônicos, incorporando, assim, o temerário ideal do "homem de vidro". Diz-se temerário porque cria um padrão de transparência absoluta que é, por sua vez, extremamente oneroso e invasivo. Em um ambiente de constante exibição da vida íntima, reivindicar um mínimo de privacidade chega a causar estranheza, como se houvesse a intenção de esconder algo, o que coloca em dúvida o "bom cidadão".[111]

Nesse contexto, a privacidade volta a ser um item de luxo, tal qual na sua origem burguesa, com a diferença de que, nos dias de hoje, não é o poder aquisitivo que proporciona uma vida privada. Quem tem mais dinheiro não possui, necessariamente, mais privacidade: na verdade, a maioria dispõe dela a título gratuito e sequer sabe como, ou possui meios para recupera-la.

Na era digital, o próprio conceito de liberdade é, por vezes, distorcido. As pessoas são livres para compartilhar pensamentos e imagens, mas não gozam da mesma liberdade caso decidam removê-los. Mesmo que consigam retirar o conteúdo temporariamente, outros podem compartilhá-lo e, assim, a informação que se pretendia excluir tende a ser propagada livremente. É como se a vedação ao comportamento contraditório (*venire contra factum proprium*), cuja aplicação é justificável em âmbitos como o contratual, pudesse ser transposta aos direitos da personalidade. Nessa lógica, a exposição é um caminho sem volta; não há espaço para um direito de arrependimento.

Para além disso, é possível pensar se a escolha do usuário nas redes é, de fato, uma escolha livre.[112] Para realizar a maioria das atividades online, o usuário precisa aceitar termos e condições sobre os quais não tem qualquer poder de barganha – por vezes, sequer de compreensão – bem como fornecer dados pessoais, voluntária e involuntariamente. Essa questão se torna ainda mais complexa ao se considerar que muitos usuários são menores de idade, caso em que a verificação da liberdade de escolha e de consentimento é ainda mais espinhosa.

---

109. RODOTÀ, Stefano. *A vida na Sociedade de Vigilância*, cit., p. 128. Em linha similar, Ângela Guimarães PEREIRA, Lucia VESNI-ALUJEVI e Alessia GHEZZI observam que "as esferas pública e privada nunca estiveram tão borradas quanto nos tempos atuais". (Tradução livre. No original: "[n]ever have the public and private spheres been so blurred as in our current times". The ethics of forgetting and remembering in the digital world through the eye of the media. In. GHEZZI, Alessia; PEREIRA, Ângela Guimarães; VESNI-ALUJEVI, Lucia (Coord.) *The ethics of memory in a digital age*. Inglaterra: Palgrave Macmillan, 2014, p. 21)
110. RODOTÀ, Stefano. *Intervista su Privacy e Libertà*, cit., p. 111.
111. RODOTÀ, Stefano. *Intervista su Privacy e Libertà*, cit., p. 12.
112. Sobre a liberdade de escolha, interessante a posição de Cass S. SUNSTEIN e Richard H. THALER, segundo os quais "o que [as pessoas] escolhem é fortemente influenciado por detalhes do contexto no qual fazem determinada escolha, como por exemplo, as regras padronizadas, os efeitos da contextualização (ou seja, a formulação semântica das opções) e os pontos de partida". (SUNSTEIN, Cass S.; THALER, Richard H. *O paternalismo libertário não é uma contradição em termos*. Trad. Fernanda Cohen. Civilistica.com. Revista eletrônica de direito civil. Rio de Janeiro: a. 4, n. 2, 2015. Disponível em: <http://civilistica.com/o-paternalismo-libertario-nao-e-uma-contradicao>. Acesso em 04.05.2017. pp. 2-3).

Há quem diga, porém, que essas são as regras do jogo, quem não está disposto a aceitá-las pode simplesmente não fazer uso das funcionalidades tecnológicas. Isso é, contudo, impraticável na atual conjuntura. Não se trata mais, ou apenas, de ferramentas destinadas ao lazer: o uso das redes é essencial, dentre outros, para o exercício da atividade profissional e estudantil, não sendo a abstinência digital, portanto, uma solução razoável.[113]

Afinal, até que ponto a escolha de exibir sua rotina e dividir suas informações pode vincular os indivíduos? A imagem publicada na rede em um determinado momento da vida de alguém pode ser reproduzida por terceiros livremente, hoje ou daqui a 10 anos, em qualquer veículo ou formato? Os dados fornecidos em um certo contexto podem servir para os mais variados fins?

Na obra *Delete*, Viktor Mayer-Schönberger traz questionamentos similares, amparado por alguns casos concretos, como o de S.,[114] uma norte-americana que publicou em uma rede social uma foto fantasiada de pirata, segurando copos de bebida supostamente alcoólica, sob a legenda "*drunken pirate*" (pirata bêbado, em tradução livre). Ao tomar conhecimento do registro fotográfico, a administração da universidade em que S. estudava decidiu que a aluna não poderia se tornar professora, embora contasse com os créditos e tivesse sido aprovada nos exames necessários para tanto, sob o argumento de que seu comportamento havia sido antiprofissional. A aspirante a professora chegou a processar a universidade, porém, sem sucesso.[115]

Não faltam exemplos similares na experiência brasileira, como o caso de N.O., cujo vídeo preparado no contexto de seu bar mitzvah tornou-se extremamente popular. A despeito da manifesta vontade do protagonista do registro – que era, à época, menor de idade – de excluir o conteúdo da plataforma de distribuição digital YouTube, inclusive pela via legal, a ordem judicial de retirada foi proferida apenas 4 anos mais tarde.[116] Frente a casos como esse, há que se ponderar sobre a questão suscitada por Viktor Mayer-Schönberger: é razoável que todos os que publicam informações sobre si na Internet percam o controle sobre elas para sempre?[117]

Assumir que a resposta é afirmativa nos conduz a uma realidade preocupante. Significa aceitar que o poder de desenvolvimento e evolução dos seres humanos está limitado: qualquer erro ou mesmo um acerto ultrapassado, que talvez sequer corresponda à realidade daquela pessoa, ficarão permanentemente gravados, como uma tatuagem,

---

113. Assim, SCHREIBER, Anderson. Marco Civil da Internet: avanço ou retrocesso? A responsabilidade civil por dano derivado do conteúdo gerado por terceiro. In. DE LUCCA, Newton; SIMÃO FILHO, Adalberto; LIMA, Cintia Rosa Pereira de (Coord.). *Direito & Internet III* – Tomo II: Marco Civil da Internet (Lei n. 12.965/2014). São Paulo: Quartier Latin, 2015., p. 282.
114. Por respeito à privacidade dos envolvidos, esse trabalho se limita a usar as siglas de seus nomes sempre que tratar de exemplos concretos.
115. MAYER-SCHÖNBERGER, Viktor. *Delete*, cit., pp. 2-3.
116. Como o processo corre em segredo de justiça, não foi possível apurar o andamento mais atualizado da ação. Não obstante, em acesso ao site do YouTube na data de 02.10.2019, foi possível encontrar mais de 7.000 vídeos como resultado ao termo de pesquisa "N.O.".
117. MAYER-SCHÖNBERGER, Viktor. *Delete*, cit., p. 4.

na sua pele digital.[118] Há espaço para um direito à privacidade nesse cenário, ou ele se torna completamente esvaziado?

Ao refletir sobre o conceito de privacidade nos dias atuais, Rodotà propõe uma releitura interessante, passando a identifica-la com a capacidade de controlar as próprias informações.[119] Considerando as transformações ocasionadas pelas novas tecnologias, inclusive ao próprio fluxo de informações, parece razoável reconhecer que o direito à privacidade não pretende mais ou necessariamente restringir o acesso de terceiros a informações pessoais, e sim garantir aos indivíduos o controle sobre aquelas informações que lhes dizem respeito.[120]

Nessa concepção atualizada do *right of privacy*, faz-se necessário reconhecer um poder negativo, ou seja, de exclusão de certas informações da esfera privada, permitindo, assim, a efetiva autodeterminação informativa.[121] Observa-se, ainda, uma profunda mudança na função social e política da privacidade, que vai além da esfera privada do indivíduo, tornando-se um componente da cidadania no novo milênio.[122] Nas palavras de Rodotà:

> Sem que haja uma forte proteção das informações que lhes digam respeito, os indivíduos correm o risco cada vez maior de serem discriminados em razão de suas opiniões, crenças religiosas e saúde. A privacidade deve ser, assim, considerada um elemento essencial da *sociedade de igualdade*. Na ausência de proteção efetiva dos dados referentes às opiniões políticas [...], os indivíduos correm o risco de serem excluídos dos processos democráticos. Portanto, a privacidade está se tornando um pré-requisito para a inclusão na *sociedade de participação*. Na falta de proteção concreta do *corpo eletrônico*, [...] coloca-se em risco a liberdade individual como tal e reforça-se a tendência de construção de uma sociedade de vigilância, classificação e seleção social: torna-se evidente, assim, que a privacidade é um instrumento necessário para salvaguardar a *sociedade de liberdade*. Sem resistência [...] a um controle contínuo, nos encontraremos despidos e impotentes perante os poderes públicos e privados: a privacidade se identifica, assim, como um componente ineliminável da *sociedade de dignidade*.[123]

Nesse sentido, nota-se que o direito à privacidade não se destina exclusivamente à proteção da vida privada de cada um, mas também à garantia de outros direitos fun-

---

118. MAYER-SCHÖNBERGER, Viktor. *Delete*, cit., p. 14.
119. RODOTÀ, Stefano. *A vida na sociedade de vigilância*, cit., p. 109. Em linha similar, Anderson SCHREIBER observa que "[o] direito à privacidade abrange, hoje, não apenas a proteção à vida íntima do indivíduo, mas também a proteção de seus dados pessoais. Em outras palavras: o direito à privacidade hoje é mais amplo que o simples direito à intimidade. Não se limita ao direito de cada um de ser 'deixado só' ou de impedir a intromissão alheia na sua vida íntima e particular. [...] Nesse sentido, a privacidade pode ser definida sinteticamente como o direito ao controle da coleta e da utilização dos próprios dados pessoais". (*Direitos da personalidade*, cit., p. 139).
120. Sobre o tema, Charles FRIED afirma que "a privacidade não é simplesmente uma ausência de informações sobre o que está na mente dos outros, e sim o controle que possuímos sobre as informações que nos dizem respeito". (Tradução livre. No original: "privacy is not simply an absence of information about what is in the minds of others; rather it is the control we have over information about ourselves". (Privacy. *The Yale Law Journal*, vol. 77, n. 3, jan. 1968, p. 482)).
121. Merece destaque a contribuição do Tribunal Constitucional alemão que, em decisão de 1983, tratou pela primeira vez da noção de autodeterminação informativa. (BundesVerfassungsGericht, 1983)
122. Ainda sobre a relevância da privacidade para além da esfera individual, Priscilla M. REGAN observa que a privacidade não é importante apenas em razão da sua proteção do indivíduo enquanto tal, mas também porque os indivíduos compartilham uma percepção comum sobre a importância e significado da privacidade, porque ela opera como uma restrição à forma como as organizações usam seu poder e porque a privacidade – ou a falta dela – está integrada aos nossos sistemas, práticas e procedimentos organizacionais. (*Legislating privacy*: technology, social values, and public policy. EUA: The University of North Carolina Press, 1995, p. 23)
123. RODOTÀ, Stefano. *Intervista su Privacy e Libertà*, cit., p. 148.

damentais e liberdades, sendo, ela própria, um aspecto da liberdade individual.[124] O direito à privacidade se revela, ainda, como um elemento essencial à manutenção de um ambiente verdadeiramente democrático.

Essa percepção é particularmente relevante ao se considerar que, muitas vezes, defende-se a prevalência das liberdades comunicativas em confronto com o direito à privacidade justamente sob o argumento de que as primeiras instrumentalizam o exercício dos demais direitos,[125] sendo um direito multifuncional[126] e, ainda, um pressuposto democrático,[127] na medida em que criam um ambiente propício para a confrontação de ideias dos diversos membros da sociedade.[128]

Embora a liberdade de expressão seja inegavelmente um dos elementos fundamentais da democracia, obviamente não é o único. Além dela, a igualdade, solidariedade e o direito ao livre desenvolvimento da personalidade de cada indivíduo, dentre outros, são reconhecidos pela Constituição Federal de 1988[129] e indispensáveis para a existência de um verdadeiro ambiente democrático.

Além disso, a ideia de democracia está ligada à construção de um ambiente de debate livre e racional, em que os diferentes membros da sociedade possam argumentar e contrapor suas visões sobre temas variados. A liberdade de expressão, nesse contexto, é um meio para um fim (e não um fim em si mesma).

Nesse sentido, é necessário pensar se a liberdade de expressão ocupa, de fato, uma posição privilegiada no ordenamento brasileiro. Esse questionamento não pretende desmerecer ou negar a sua importância, apenas refletir criticamente se há uma preponderância da mesma. O próprio Ministro Luís Roberto Barroso, defensor da posição

---

124. FRIED, Charles. Privacy, cit., 483.
125. Sobre o tema, Daniel SARMENTO defende o "caráter instrumental da liberdade de expressão para a garantia de todos os demais direitos. (...) Por isso, a Comissão Interamericana de Direito Humanos [sic] afirmou que a carência de liberdade de expressão é uma causa que contribui ao desrespeito de todos os outros direitos". (*Liberdades Comunicativas e "Direito ao Esquecimento" na ordem constitucional brasileira*. Disponível em: <http://www.migalhas.com.br/arquivos/2015/2/art20150213-09.pdf>. Acesso em 02.05.2017. p. 25)
126. "A liberdade de expressão permite assegurar a continuidade do debate intelectual e do confronto de opiniões, num compromisso crítico permanente. (...) A liberdade de expressão em sentido amplo é um direito multifuncional (...)". (CANOTILHO, J. J. Gomes; MACHADO, Jónatas E.M. Constituição e código civil brasileiro: âmbito de proteção de biografias não autorizadas. In JÚNIOR, Antônio Pereira Gaio; SANTOS, Márcio Gil Tostes. *Constituição Brasileira de 1988. Reflexões em comemoração ao seu 25º aniversário*. Curitiba: Juruá, 2014, p. 132.).
127. Sobre o tema, Stefano RODOTÀ sustenta que: "Na democracia, a verdade é filha da transparência; como já foi recordado, Louis Brandeis escreveu que a luz do sol é o melhor desinfetante". (RODOTÀ, Stefano. O direito à verdade. Trad. Maria Celina Bodin de Moraes e Fernanda Nunes Barbosa. *Civilistica.com*. Rio de Janeiro, a. 2, n. 3, jul.-set./2013. Disponível em: <http://civilistica.com/o-direito-a-verdade/>. Acesso em 02.05.2017. p. 17). Nas palavras de Daniel SARMENTO: "A liberdade de expressão é peça essencial em qualquer regime constitucional que se pretenda democrático. Ela permite que a vontade coletiva seja formada através do confronto livre de ideias, em que todos os grupos e cidadãos devem poder participar". (SARMENTO, Daniel. *A liberdade de expressão e o problema do hate speech*. Revista de Direito do Estado, Rio de Janeiro, v. 01, n. 04, p. 53-105, out./dez. 2006. p. 81.)
128. SARMENTO, Daniel. *A liberdade de expressão e o problema do hate speech*, cit., p. 34.
129. Sobre o tema, importante notar, inclusive, a ausência de hierarquia constitucional entre os direitos fundamentais. Nas palavras de Celso Ribeiro BASTOS: "(...) importante ressaltar que no Brasil, assim como noutros países, a limitação do direito de se expressar e do direito de comunicação jornalística guarda perfeita consonância com a clássica definição de que os direitos fundamentais não são absolutos" (Os limites à liberdade de expressão na Constituição da República. *Revista Forense*, Vol. 349 Doutrina, p. 47).

preferencial da liberdade de expressão, reconhece que, em não havendo hierarquia entre os direitos fundamentais, não se pode conceber uma regra abstrata e permanente de preferência de um sobre o outro, exigindo-se, assim, a análise do caso concreto para a efetiva solução do conflito entre dois ou mais direitos fundamentais.[130]

Os que defendem a primazia da liberdade de expressão baseiam-se, em larga escala, na noção de "*preferred rights*" importada do direito norte-americano.[131] Malgrado exista nos EUA uma tradição consolidada de privilégio ao *freedom of speech*,[132] transpor essa noção para a ordem jurídica brasileira parece impróprio. Isso porque, além de se tratar de sistemas jurídicos distintos, vivemos em outro ambiente social e cultural, cujas peculiaridades influenciam diretamente nossa experiência jurídica.

Se, na realidade pátria, o legislador constituinte se absteve de fixar uma regra de preferência de um direito fundamental sobre outro, não parece razoável, ou mesmo legítimo, que a legislação ordinária, o judiciário ou a doutrina o faça: em caso de conflito entre tais direitos, competirá ao Poder Judiciário avaliar e decidir qual deles deve prevalecer no caso concreto.[133] O trauma do passado autoritário é justificável, mas não legitima, por sua vez, a adoção de outras posturas arbitrárias, como atribuir maior relevância às liberdades comunicativas quando a própria Constituição não se dispôs a fazê-lo.

Tendo em vista todo o exposto, é imperioso promover uma releitura do direito à privacidade à luz da noção mais atual da própria privacidade, o enxergando não mais (ou apenas) como um direito a ser deixado só ou de excluir o outro, e sim como um direito ao livre e pleno desenvolvimento dos indivíduos, que só pode ocorrer a partir da autodeterminação informativa. Desvincula-se, por assim dizer, a concepção de privacidade da ideia de sigilo ou ausência de informação, sendo essencial pensar na privacidade também e justamente em hipóteses em que as informações pessoais vêm à tona, voluntariamente ou não.

Nesse contexto, a função do direito à privacidade não deve se restringir à prevenção de invasões da esfera privada individual, e sim voltar-se à proteção do indivíduo em todas as situações em que ela possa ser ou seja efetivamente violada, inclusive em casos envolvendo informações que não foram obtidas a partir da invasão de privacidade, mas se tornam ou se revelam invasivas em determinado contexto.[134]

Perceber a privacidade de forma diversa de sua concepção original não significa, contudo, que a vida privada passou a exigir menos proteção; ao contrário, faz-se necessário, cada vez mais, repensar os instrumentos aptos a realizar a tutela adequada do direito à privacidade. É nesse contexto que se insere a discussão sobre o direito ao esquecimento.

---

130. BARROSO, Luís Roberto. Liberdade de expressão *versus* direitos da personalidade: colisão de direitos fundamentais e critérios de ponderação. In. *Temas de direito constitucional*. T.3. Rio de Janeiro: Renovar, 2005, p. 86.
131. Sobre o tema, v. SARMENTO, Daniel. *Liberdades Comunicativas e "Direito ao Esquecimento" na ordem constitucional brasileira*, cit., p. 26.
132. Sobre a posição preferencial da liberdade de expressão no direito norte-americano, v. caso *Thomas v. Collins*, disponível em https://supreme.justia.com/cases/federal/us/323/516/case.html. Acesso em 03.10.2017.
133. Nesse sentido, v. SCHREIBER, Anderson. *Direito ao esquecimento*: críticas e respostas, cit.
134. JONES, Meg Leta. *Ctrl + Z*, cit., p. 88.

Nota-se que o direito ao esquecimento está intrinsicamente ligado à dimensão substancial da privacidade, que diz respeito à utilização das informações pessoais obtidas de cada indivíduo.[135] Se todos possuem um direito à privacidade, entendido como o direito à autodeterminação informativa, devem poder controlar qualitativamente a projeção de seus dados pessoais perante os demais e exigir que essa representação seja fidedigna e não contribua, de qualquer forma, para condutas discriminatórias contra o indivíduo representado.[136]

Nas palavras de Irwin Altman, os mecanismos de privacidade servem para me ajudar a me definir.[137] Nesse sentido, o direito ao esquecimento se relaciona com o direito à privacidade na medida em que promove a interação dos indivíduos com a representação de si próprios, permitindo que se insurjam contra uma projeção pública que os defina a partir de uma informação verídica e obtida licitamente, porém desatualizada sob o ponto de vista temporal ou fático.[138]

Isso não significa dizer que, para o exercício legítimo do direito ao esquecimento, basta *querer* modificar a representação exterior em razão de fatos considerados desabonadores. Essa vontade é até válida e bastante usual, porém, é insuficiente, por si só, para o reconhecimento do direito ao esquecimento em concreto, e não deve ser confundida com ele. Na realidade, o aspecto volitivo sequer é o fator principal a se considerar para que o direito ao esquecimento seja aplicado na prática, sendo necessário, em verdade, que a informação supostamente violadora da privacidade de um indivíduo afete a realização de sua personalidade.

Para essa verificação, deve-se considerar tanto o impacto do fato sobre o livre desenvolvimento da pessoa e de sua existência digna quanto os efeitos de sua eventual remoção ou edição para a coletividade, em um exercício de ponderação dos direitos fundamentais à privacidade e liberdade de expressão, direito à informação e/ou liberdade de imprensa, conforme o caso. Isso porque, como já mencionado, o ordenamento jurídico brasileiro não reconhece direitos absolutos, exigindo, pois, que casos de colisão sejam resolvidos a partir do sopesamento dos interesses em conflito.

1.4.2.1.2. Base legal

Embora tudo leve a crer que, na prática, a ideia de privacidade passa por um profundo processo de erosão, o ordenamento jurídico brasileiro adota postura bastante protetiva desse direito, ao menos do ponto de vista teórico. O tema é reconhecido constitucionalmente, sendo consideradas invioláveis a intimidade, a vida privada, a honra e a imagem das pessoas, bem como assegurado o direito a indenização pelo dano material ou moral decorrente de sua violação.[139]

---

135. SCHREIBER, Anderson. *Direitos da personalidade*, cit., p. 141.
136. SCHREIBER, Anderson. *Direitos da personalidade*, cit., p. 141.
137. ALTMAN, Irwin. *The environment and social behavior*: privacy, personal space, territory and crowding. Califórnia: Brooks/Cole Pub. Co., 1975, p. 50. (Tradução livre)
138. SCHREIBER, Anderson. *Direito ao esquecimento*: críticas e respostas, cit.
139. Art. 5º, inciso X da CF88.

Além de considera-lo um direito fundamental, a Constituição Federal de 1988 institui o *habeas data* como um dos instrumentos para proteção do direito à privacidade, o qual, nos termos do inciso LXXII do art. 5º, será concedido para assegurar o conhecimento de informações relativas à pessoa do impetrante, constantes de registros ou bancos de dados de entidades governamentais ou de caráter público, e para retificação de dados, quando não se prefira fazê-lo por processo sigiloso, judicial ou administrativo.

Também é possível encontrar menção à privacidade no Código Civil, o qual determina, em seu artigo 21, que o direito à privacidade, elencado como um dos direitos da personalidade, pode ser tutelado tanto preventivamente como *a posteriori*. A tutela preventiva desse direito, porém, é tema controverso, debatida, inclusive, pelo Supremo Tribunal Federal, que, no caso da exigibilidade de autorização de pessoas retratadas em obras biográficas, conferiu interpretação conforme dos artigos 20 e 21 do CC, dispensando, assim, o requisito de autorização prévia do biografado.[140]

Não obstante o reconheça como um direito fundamental personalíssimo e inviolável, o ordenamento jurídico brasileiro foi econômico quanto aos remédios aplicáveis em caso de violação ao direito à privacidade. Era de se esperar que as formas de proteção de um direito tão importante fossem melhor desenvolvidas, especialmente pelo Código Civil de 2002, que, ao contrário, limitou-se a mencionar, de forma genérica, a tomada de providências necessárias para impedir ou fazer cessar ato contrário à norma.

Considerando a complexidade dos conflitos envolvendo o direito à privacidade, não basta facultar a tutela preventiva ou assegurar o recurso à tutela reparatória, ainda mais considerando que, muitas vezes, a via indenizatória se revela insuficiente para compensar todos os danos oriundos da violação em questão. Não se pretende, por óbvio, defender o esgotamento dos mecanismos de tutela de tal direito pela via legislativa, porém, há que se reconhecer a importância de uma base legal sólida para orientar a escolha e aplicação, pelo intérprete, dos remédios aptos a prevenir e solucionar conflitos envolvendo a privacidade.

Além disso, deve-se refletir sobre a qualificação da privacidade como um direito inviolável, sobretudo nos dias atuais. Isso não significa questionar o direito em si ou sua importância, apenas reconhecer que, em algumas circunstâncias, a privacidade, assim como os demais direitos fundamentais, pode ser pontualmente relativizada em prol de outros valores igualmente reconhecidos pelo ordenamento jurídico brasileiro que, naquela situação, merecem prevalecer.[141]

É essencial admitir, portanto, que o direito à privacidade não é, em última instância, inviolável, sendo mais oportuno que o ordenamento jurídico brasileiro se dedique a fornecer instrumentos que orientem a ponderação entre direitos fundamentais. Novamente, não se pretende afirmar que a legislação deve tratar do tema de forma exaustiva, mas fornecer ao intérprete o aparato fundamental para solucionar adequadamente os casos envolvendo a colisão de interesses e valores merecedores de tutela.

---

140. ADI. 4.815, Rel. Min. Carmen Lúcia, j. 10.06.2015.
141. Sobre a crítica à inviolabilidade do direito à privacidade, v. SCHREIBER, Anderson. *Direitos da personalidade*, cit., pp. 144-145.

1.4.2.2. Dignidade da pessoa humana

Além do direito à privacidade, costuma-se considerar a dignidade da pessoa humana como um dos fundamentos do direito ao esquecimento. Antes de refletir sobre a correlação entre ambos, vale notar que a dignidade humana é, acima de tudo, um dos fundamentos da República Federativa do Brasil enquanto Estado Democrático de Direito, tendo sido consagrada como um princípio fundamental pela Constituição Federal de 1988.[142]

Trata-se, assim, de um dispositivo constitucional de suma importância, cujo valor deve permear os setores da ordem jurídica brasileira como um todo.[143] Apesar da indiscutível relevância e aplicabilidade universal da dignidade humana, o conteúdo desse princípio é de difícil definição, sendo a dignidade, de acordo com Maria Celina Bodin de Moraes, uma daquelas palavras que parece ter mais valor do que sentido.[144]

Tal dificuldade, porém, não pode ser considerada justificativa para o intérprete se escusar da árdua tarefa de delimitar os contornos do princípio da dignidade humana; pelo contrário, sua multiplicidade de conotações faz com que uma melhor definição hermenêutica seja ainda mais necessária. Sem isso, o alto grau de abstração da dignidade humana ameaçaria, inclusive, a sua aplicabilidade prática.[145]

Em busca de maior concretude – e partindo da concepção kantiana de dignidade – Maria Celina Bodin de Moraes identifica quatro corolários da dignidade humana, quais sejam, os direitos à igualdade (atualmente entendida como um verdadeiro direito à diferença),[146] à integridade psicofísica, à liberdade individual e à solidariedade.[147] Isso significa que a dignidade humana se funda na ideia de que os indivíduos não devem ser tratados de forma discriminatória, fazendo jus à plena proteção e promoção de seu bem-estar tanto físico quanto psíquico, à capacidade de fazer suas próprias escolhas individuais e, ainda, à igual dignidade social.[148]

Uma vez compreendida a noção de dignidade humana, ainda que em linhas gerais, e partindo dos substratos acima, é possível traçar paralelos entre ela e o direito ao esquecimento, bem como perceber a importância do último para uma existência verdadeiramente digna. Afinal, como questiona Rodotà, que dignidade resta a um prisioneiro do seu próprio passado?[149]

---

142. Art. 1º, inciso III da Constituição Federal de 1988.
143. BODIN DE MORAES, Maria Celina. *Danos à pessoa humana*: uma leitura civil-constitucional dos danos morais. Rio de Janeiro: Processo, 2017, p. 84.
144. BODIN DE MORAES, Maria Celina. Liberdade individual, acrasia e proteção da saúde. In LOPEZ, Teresa Ancona (coord.). *Estudos e Pareceres sobre Livre-Arbítrio, Responsabilidade e Produto de Risco Inerente: o paradigma do tabaco – aspectos civis e processuais*. Rio de Janeiro: Renovar, 2009.
145. BODIN DE MORAES, Maria Celina. *Danos à pessoa humana*, cit., p. 84.
146. Posição sustentada por Maria Celina BODIN DE MORAES. *Danos à Pessoa Humana*, cit., p. 86.
147. BODIN DE MORAES, Maria Celina. *Danos à pessoa humana*, cit., p. 85.
148. BODIN DE MORAES, Maria Celina. *Danos à pessoa humana*, cit., p. 114.
149. Tradução livre do questionamento proposto por Stefano RODOTÀ in. *Privacy, freedom and dignity*, cit., p. 7. (No original: "what dignity may be left to an individual who has become a prisoner of his past [...]?")

a. Direito ao esquecimento e igualdade material

Como se sabe, a diversidade é um dos (poucos) traços comuns a todos os seres humanos. Em um ambiente multicultural, permeado pela multiplicidade de ideologias e crenças, em que se reúnem as mais diferentes realidades socioeconômicas, políticas e familiares, parece utópico supor que os indivíduos são verdadeiramente iguais entre si. Na ausência de uma identidade humana universal, comum a todos, revela-se insuficiente garantir um tratamento isonômico do ponto de vista formal.

Atenta à importância da diversidade para uma ordem de fato democrática, a Constituição Federal de 1988 elegeu a igualdade como um dos valores supremos de uma sociedade fraterna, pluralista e sem preconceitos, estabelecendo como um dos objetivos fundamentais da República a promoção do bem de todos, sem preconceitos de origem, raça, sexo, cor, idade e quaisquer outras formas de discriminação.[150]

Ao falar em igualdade, não se pode pretender mais – ou apenas – reconhecer direitos iguais a todos: os indivíduos que integram uma sociedade plural reivindicam um legítimo direito à diferença,[151] diferença essa que não se destina a aniquilar, mas a promover os demais direitos.[152]

Para definir o tratamento adequado a ser dispensado a cada um, é interessante recorrer à lição de Boaventura de Sousa Santos, que sugere que as pessoas sejam tratadas como iguais quando a diferença as inferiorizar e como diferentes quando a igualdade as descaracterizar, sendo necessário que a concepção de igualdade inclua o reconhecimento das diferenças e a de diferença não produza, alimente ou reproduza as desigualdades.[153]

Sob essa perspectiva, a igualdade se revela como um direito essencial ao livre desenvolvimento e construção da identidade individual de cada um, o qual será violado, por sua vez, quando um ou mais indivíduos forem tratados de forma discriminatória por questões particulares que, muitas vezes, são justamente os traços que os distinguem.

Além de serem diferente dos demais, as pessoas também possuem o direito de serem diferentes de si próprias.[154] Assim como a diversidade, a imperfeição é inerente a todo ser humano que é, ao mesmo tempo, dotado da capacidade de se transformar. A identidade humana não é universalmente idêntica, como já dito, tampouco estática.

A verdade é que a identidade individual está em constante construção, sendo influenciada pelas diferentes experiências, acontecimentos, estímulos e desafios a que cada um se submete ao longo da vida. Conforme já mencionado, tais transformações

---

150. Art. 3º, inciso IV.
151. Sobre a igualdade material orientada pelo reconhecimento de diferentes identidades, v. BARBOSA, Heloísa Helena. Proteção dos vulneráveis na constituição de 1988: Uma questão de igualdade. In. NEVES, Thiago Ferreira Cardoso (Coord.). *Direito& Justiça Social: Por uma sociedade mais justa, livre e solidária*. São Paulo: Atlas, 2013, p. 104.
152. PIOVESAN, Flávia. Ações afirmativas no Brasil: desafios e perspectivas. In. MATOS, Ana Carla Harmatiuk (Org.). *A construção dos novos direitos*. Porto Alegre: Núria Fabris, 2008, p. 138.
153. SANTOS, Boaventura de Sousa. *Reconhecer para libertar*: os caminhos do cosmopolitanismo multicultural. Introdução: para ampliar o cânone do reconhecimento, da diferença e da igualdade. Rio de Janeiro: Civilização Brasileira, 2003, p. 56.
154. ANDRADE, Norberto Nuno Gomes de. *Oblivion*, cit., p. 126.

são socialmente aceitas, sendo os esforços rumo à evolução pessoal, via de regra, positivamente valorizados e até mesmo estimulados.

Seria paradoxal, no entanto, reconhecer a capacidade de os indivíduos progredirem e negar a eles a respectiva atualização de sua identidade perante os demais. Isso significaria, em última instância, a impossibilidade prática da reabilitação, afinal, independentemente do que faça para progredir, o sujeito continuará sendo reconhecido e tratado da mesma maneira. O tratamento igual, nesse caso, seria uma espécie de punição, e não uma forma de exercício do direito à igualdade.

Considerando o exposto, o direito ao esquecimento revela-se útil à proteção e promoção do direito à igualdade na medida em que permite que os indivíduos reconstruam externamente suas próprias identidades ao longo do tempo. É importante insistir que isso não significa que o direito ao esquecimento permite reescrever a história ou apagar fatos pretéritos, apenas conta-la de forma adequada, atualizada e fiel à realidade atual dos fatos. Também não se trata de direito absoluto e oponível em qualquer circunstância, sendo essencial, para sua aplicação prática, o sopesamento dos interesses envolvidos em concreto.

Entendido como um verdadeiro direito à atualização, o direito ao esquecimento ajuda na prevenção do tratamento discriminatório na medida em que permite o reconhecimento da versão mais atual de cada identidade individual. Exemplo disso é o caso das pessoas *trans*,[155] cuja escolha de remodelar a própria identidade de gênero ficaria ameaçada caso fossem continuamente apresentadas à sociedade como alguém que mudou de gênero.[156]

Nesse caso, o que se pretende é permitir efetivamente que as pessoas *trans* sigam suas vidas de acordo com a identidade de gênero que adotaram para si, o que parece impraticável se continuarem a ser constantemente lembradas e confrontadas com eventos que remontam à sua identidade anterior. Sem isso, além do comprometimento do efetivo desenvolvimento e da concretização da identidade de gênero, restaria ameaçada sua integridade psicofísica, bem como o seu tratamento isonômico, haja vista o ambiente (infelizmente) preconceituoso e intolerante em que ainda vivemos.

b. Direito ao esquecimento e integridade psicofísica

Conforme mencionado no exemplo das pessoas *trans* do item *a* acima, a exposição de certas informações pessoais pode, dentre outros, causar impactos à integridade psicofísica individual. Antes de elaborar melhor essa afirmativa, contudo, é importante discorrer brevemente sobre a noção de integridade psicofísica e o que ela representa atualmente.

---

155. De acordo com a Opinião Consultiva OC-24/17, emitida pela Corte Interamericana de Direitos Humanos em novembro de 2017, transgênero ou pessoa trans é aquela cuja identidade ou gênero difere do que está tipicamente associado ao sexo designado ao nascer. Segundo a Opinião Consultiva, as pessoas trans constroem sua identidade independentemente de tratamento médico ou intervenções cirúrgicas, sendo o termo *trans* uma expressão guarda-chuva, que compreende as diversas variáveis de identidade de gênero e que tem como denominador comum a desconformidade entre o sexo designado à pessoa no momento de seu nascimento e a identidade de gênero tradicionalmente atribuída ao primeiro.

156. SCHREIBER, Anderson. *Nossa ordem jurídica não admite proprietários de passado*, cit.

Nas palavras do Ministro Luís Roberto Barroso, o direito à integridade psicofísica (CF/1988, art. 5º, caput e III) protege os indivíduos contra interferências indevidas e lesões aos seus corpos e mentes, relacionando-se, ainda, ao direito à saúde e à segurança.[157] Trata-se, em essência, da proteção e promoção do bem-estar físico, mental e social de cada um, indispensáveis para uma existência efetivamente digna.

Embora a preocupação subjacente ao direito à integridade psicofísica tenha surgido no sentido de coibir interferências externas no corpo humano, evitando, assim, a repetição de barbaridades cometidas em períodos autoritários,[158] é possível notar a sua evolução, que assume conteúdo mais geral e função não somente repressiva, mas também promocional. Em sua concepção atual, o direito à integridade psicofísica não se resume à proibição da tortura ou de punições bárbaras, atuando de forma ampla como instrumento de garantia de direitos da personalidade, como os direitos à imagem, privacidade e identidade pessoal.[159]

Sobre esse aspecto, é importante observar que o pleno desenvolvimento da pessoa e, por via de consequência, sua existência digna, requer tanto o autorreconhecimento como o reconhecimento social em consonância com o primeiro.[160] Um descompasso entre ambos pode gerar verdadeiras angústias, ora impedindo que os indivíduos se desenvolvam livremente, ora marginalizando aqueles que o fazem, mas não enxergam, na comunidade em que vivem, o reflexo de quem são verdadeiramente.

Nessa perspectiva, o direito ao esquecimento é capaz de instrumentalizar a preservação da integridade psicofísica na medida em que contribui para a (re)construção da identidade individual, evitando que informações desatualizadas tenham reflexos negativos ou indesejados na percepção externa do indivíduo e, consequentemente, impactem o seu bem-estar psicofísico e social.

O tratamento discriminatório, além de violador do direito à igualdade, fere a integridade psicofísica da vítima. No caso dos *trans* acima exemplificado, a discriminação, bem como a violência verbal e física, reprováveis por tantos motivos, abalam a autoestima e prejudicam o livre desenvolvimento de sua identidade de gênero, podendo até, em última instância e em certos casos, contribuir para a tomada de decisões drásticas.[161]

---

157. Vide voto do Ministro Luís Roberto Barroso no H.C. 124.306/RJ, 1ª T., Rel. Min. Marco Aurélio, j. 29.11.2016.
158. SCHREIBER, Anderson. *Direitos da personalidade*, cit., p. 32.
159. BODIN DE MORAES, Maria Celina. *Danos à pessoa humana*, cit., p. 94.
160. FACHIN, Luis Edson. O corpo do registro no registro do corpo; Mudança de nome e sexo sem cirurgia de redesignação. *Revista Brasileira de Direito Civil*. vol. 1 – jul/set 2014, p. 55.
161. Em estudo sobre suicídios, João Luís da SILVA observa que "[...] o documento mais recente da OMS sobre o autocídio, afirma que os idosos e os adolescentes são os grupos mais propensos a se suicidar. De acordo com Bertolote, neste último grupo, as taxas de suicídio têm crescido numa velocidade maior do que o observado na população geral. Essas taxas também são elevadas em grupos que sofrem discriminação histórica e ostensiva como refugiados e migrantes, indígenas, LGBTI (lésbicas, gays, bissexuais, transgêneros e intersexuais) e pessoas privadas de liberdade. Nesses casos, cabe salientar que a vulnerabilidade que os torna mais inclinados ao suicídio não reside na sua condição em si. Por exemplo, não é o fato de ser LGBTI que aumenta a vulnerabilidade desse grupo, mas a forma como a sociedade lida e acolhe esses sujeitos [...]". (*Suicídios invisibilizados: Investigação dos óbitos de adolescentes com intencionalidade indeterminada*. 2017. Tese (Doutorado em Epidemiologia). Faculdade de Saúde Pública, Universidade de São Paulo, São Paulo, p. 23.)

Não se pretende defender aqui que o direito ao esquecimento é a única solução para esse tipo de questão. Por óbvio, o Direito, as autoridades competentes e a sociedade como um todo devem tomar as medidas necessárias para prevenir e punir, conforme cabível, condutas violadoras da igualdade e integridade psicofísica. O que este item busca concluir é que o direito ao esquecimento, se bem aplicado, pode servir como ferramenta útil para criação de um ambiente mais aberto, tolerante e receptivo à evolução humana. Isso compreende, necessariamente, o poder de transformação e a capacidade de aceitação da pluralidade de identidades, essenciais para assegurar, na prática, o bem-estar físico, psíquico e social dos indivíduos.

c. Direito ao esquecimento e liberdade individual

A liberdade é, inquestionavelmente, um dos principais valores previstos e promovidos pela Constituição Federal de 1988. Uma rápida busca no texto da Carta Magna pelos termos *liberdade* e *livre*, por exemplo, releva um total de 48 resultados. Além de expressiva do ponto de vista quantitativo, a proteção constitucional dispensada ao direito à liberdade é qualitativamente substancial.

Com base nos dispositivos constitucionais, a liberdade é um dos direitos fundamentais e invioláveis,[162] caracterizando-se como livres a manifestação do pensamento,[163] a consciência e a crença,[164] a expressão da atividade intelectual, artística, científica e de comunicação,[165] o exercício de qualquer trabalho,[166] a locomoção no território nacional[167] e a associação,[168] dentre outros.

Apesar de ser amplamente tutelada pelo ordenamento jurídico brasileiro, a liberdade não é um direito absoluto e ilimitado. Na realidade, assim como todos os demais direitos subjetivos, ele se revelará efetivamente merecedor de tutela quando, além de consoante à vontade do titular, estiver em conformidade com o interesse social.[169]

Essa relativização, por assim dizer, da vontade individual pode ser compreendida a partir da evolução do conceito de autonomia privada, que perde o viés essencialmente individualista e patrimonialista característico do liberalismo jurídico para assumir conteúdo existencial.[170]

Sob essa perspectiva, parece impróprio afirmar que a liberdade é completamente inviolável, embora a sua inviolabilidade esteja prevista na Constituição. Tal qual observado no tocante à privacidade (vide item 1.4.2.1.2 acima), certas situações exigem ou justificam o comprometimento, em certa medida, desse direito: a título exemplificativo, é possível restringir a liberdade de expressão para evitar a disseminação de ideias

---

162. Art. 5º, *caput*.
163. Art. 5º, inciso IV.
164. Art. 5º, inciso VI.
165. Art. 5º, inciso IX.
166. Art. 5º, inciso XIII.
167. Art. 5º, inciso XV.
168. Art. 8º; Art. 37, inciso VI.
169. PERLINGIERI, Pietro. *Perfis de direito civil*, cit., pp. 121-122.
170. BODIN DE MORAES, Maria Celina. Liberdade individual, acrasia e proteção da saúde, cit.

preconceituosas.[171] Pode-se concluir, portanto, que o direito à liberdade, assim como os demais direitos fundamentais, pode ser pontualmente relativizado se assim necessário para concreta e efetiva proteção de valores também acolhidos pelo ordenamento jurídico brasileiro.

É preciso, porém, muita cautela na aplicação prática desse exercício ponderativo, especialmente considerando-se que, muitas vezes, certas ameaças são criadas ou levadas ao extremo para justificar o afastamento de direitos fundamentais em favor de interesses que não se orientam, de fato, à promoção da dignidade humana. Um exemplo atual disso é a crescente e ostensiva vigilância a que os indivíduos se submetem em benefício de um suposto aumento da sua própria segurança.

Aterrorizados por uma sensação de perigo onipresente, os indivíduos aceitam as mais variadas formas de interferência em sua esfera de liberdade sob a promessa de que, com isso, estarão mais protegidos. Os avanços tecnológicos tornam tais mecanismos de controle cada vez mais refinados, abrangentes e, ao mesmo tempo, invasivos e invisíveis: seja através da digitalização de imagem, reconhecimento facial, técnicas de localização e monitoramento de movimentação, obtenção e processamento de dados, criação de perfis pessoais, familiares, territoriais ou de grupo.

Conforme observado por Rodotà, os indivíduos estão sempre conectados e podem ser configurados de formas distintas para que, de tempos em tempos, possam transmitir e receber sinais que permitam o rastreamento e definição dos seus movimentos, hábitos e contatos, o que certamente enseja a modificação do significado e do conteúdo da autonomia individual e, consequentemente, afeta a dignidade de cada um.[172]

Contudo, valores fundamentais como a dignidade, liberdade e privacidade não devem ser redefinidos pela tecnologia, ao contrário, é a última que deve ser conformada e utilizada de acordo e dentro dos limites permitidos pelos primeiros: o simples fato de uma funcionalidade ser tecnicamente viável não significa que ela é admissível.[173]

Além disso, embora a valorização da coletividade seja louvável e o conceito de autonomia privada não possa, de fato, corresponder ao arbítrio total e irrestrito do indivíduo, não se pode admitir o esvaziamento das liberdades individuais por completo em nome de um suposto "bem comum". Não há que se preocupar apenas com a segurança dos cidadãos frente à ameaça do terrorismo, da violência ou do autoritarismo tal qual costumeiramente concebidos, mas também em assegurar a proteção de todos contra o terror, a tirania e a arbitrariedade que a vigilância ilimitada representa.

Nesse contexto, é importante buscar mecanismos de proteção e promoção da liberdade individual, particularmente quando necessária à realização de escolhas de caráter existencial, indispensáveis para a vida humana com dignidade. A capacidade de decisão sobre aspectos essencialmente particulares da pessoa, que permite justamente a

---

171. Vide H.C. 82.424/RS, Tribunal Pleno, Rel. Min. Moreira Alves, j. 17.09.2003.
172. RODOTÀ, Stefano. Privacy, freedom and dignity, cit., p. 5.
173. RODOTÀ, Stefano. Privacy, freedom and dignity, cit., p. 8.

livre construção da identidade pessoal, deve ser legalmente garantida como se fosse um espaço vazio, a ser concreta e individualmente preenchido por cada um.[174]

O direito ao esquecimento pode ser entendido como um desses mecanismos, através do qual permite-se que o indivíduo exerça a sua liberdade individual rumo ao desenvolvimento de sua própria personalidade. Ele se revela ainda mais oportuno ao se considerar a realidade acima descrita, em que a tecnologia viabiliza a obtenção e veiculação das mais diversas informações pessoais, além de amplificar o seu alcance.

No cenário atual, a gestão das informações pessoais não é somente uma questão de privacidade, mas também de liberdade, sendo essencial que as pessoas tenham meios eficazes de exercer ativamente seus direitos, sem que se tornem reféns daqueles que possuem informações sobre si.[175] O direito ao esquecimento é, sob essa perspectiva, um instrumento de liberdade individual, por meio do qual não se permite apenas a livre construção da identidade de cada um, mas que também confere um efetivo poder de gerenciamento autônomo das informações pessoais.

Sob o risco de soar repetitivo, vale insistir que não se trata de dar um "cheque em branco" para que as pessoas controlem todas as informações sobre si, porém, é igualmente inaceitável que o oposto seja verdadeiro, ou seja, que não se reconheça qualquer possibilidade ou grau de ingerência do indivíduo sobre o que lhe diz respeito. A liberdade individual e o direito ao esquecimento não devem ser onipotentes e onipresentes, mas também não podem ser impotentes, devendo coexistir com os demais direitos, valores e interesses protegidos pelo ordenamento jurídico e prevalecer quando se revelarem, em concreto, merecedores de tutela.

d. Direito ao esquecimento e solidariedade

De acordo com o inciso I do artigo 3º da Constituição Federal de 1988, um dos objetivos fundamentais da República consiste na construção de uma sociedade livre, justa e solidária. A proteção dispensada pela Carta Magna à solidariedade se explica por ser ela, nas palavras de Perlingieri, inseparável do conceito de pessoa[176] e, ainda pela sua importância para manutenção de um ambiente democrático.

Conforme observado por Rodotà, pode-se notar uma evolução da qualificação histórica do princípio da solidariedade, que passa a se identificar com uma solidariedade *democrática*, e não mais *social*. Isso possibilita, segundo ele, a conclusão de que um sistema político somente pode continuar a ser definido como *democrático*[177] se verificados os sinais efetivos da solidariedade.

De fato, uma democracia só existe e se sustenta em um ambiente de respeito e cooperação mútua,[178] em que haja uma verdadeira integração da coletividade, e não o

---

174. BODIN DE MORAES, Maria Celina. Liberdade individual, acrasia e proteção da saúde, cit.
175. RODOTÀ, Stefano. *Intervista su Privacy e Libertà*, cit., p. 116.
176. PERLINGIERI, Pietro. *O direito civil na legalidade constitucional*. Rio de Janeiro: Renovar, 2008, p. 461.
177. RODOTÀ, Stefano. *Solidarietà: un'utopia necessaria*. Bari: Laterza, 2014, p. 9.
178. Segundo Maria Celina BODIN DE MORAES: "[...] a lei maior determina – ou melhor, exige – que nos ajudemos, mutuamente, a conservar nossa humanidade, porque a construção de uma sociedade livre, justa e solidária cabe

primado da individualidade. O princípio da solidariedade atua, assim, como um comando constitucional de colaboração recíproca rumo ao atingimento da igual dignidade social, entendida por Pietro Perlingieri como o instrumento que confere a cada um o direito de 'respeito' inerente à qualidade de homem, assim como a pretensão de ser colocado em condições idôneas a exercer as próprias aptidões pessoais.[179]

Isso não significa, vale dizer, a imposição de um comportamento caridoso ou beneficente, e sim de um direito-dever que simultaneamente garante e exige o respeito a cada um.[180] Nesse contexto, o que se pretende com o direito ao esquecimento, não apenas sob o aspecto individual, mas também coletivamente, se revela condizente com a concretização da sociedade solidária que a Constituição Federal de 1988 busca promover.

Para alcançarem uma posição de igual dignidade social, é essencial que os indivíduos possam se desenvolver livre e amplamente e agir de forma autônoma, sem que suas escolhas pessoais sejam condicionadas pela influência pública e/ou privada[181] ou posteriormente discriminadas por elas.

Por óbvio, a construção da identidade pessoal de cada um não depende apenas de si, tampouco ocorre de forma isolada dos demais. Como seres sociais, os indivíduos vivem em constante diálogo com aqueles que o cercam e seu desenvolvimento, portanto, contará com a participação de terceiros. Justamente por isso, a cooperação e o respeito mútuo se revelam indispensáveis a uma convivência saudável e uma existência digna.

Sob essa perspectiva, o reconhecimento do direito ao esquecimento, entendido como uma importante ferramenta para a (re)construção da identidade individual, não é apenas compatível com o princípio da solidariedade, mas também um indício da sua materialização. Isso porque, quando cabível, aplicar tal direito se revela um exercício de respeito ao próximo, uma forma de admitir a transformação do outro e permitir a atualização de sua identidade perante os demais. Trata-se, essencialmente, de assumir uma postura menos marginalizante, mais acolhedora ou, com o perdão do trocadilho, efetivamente solidária.

1.4.2.3. Direito à imagem

Assim como o direito à privacidade, o direito à imagem é assegurado pelo texto constitucional nos termos dos incisos V e X do artigo 5º,[182] sendo a imagem considerada inviolável, assim como a intimidade, vida privada e a honra das pessoas. No Código Civil, esse direito é disciplinado pelo artigo 20, que autoriza a proibição da publicação, exposição ou utilização da imagem de uma pessoa se lhe atingirem a honra, a boa fama ou a respeitabilidade.

---

a todos e a cada um de nós." (O princípio da solidariedade. In. MATOS, Ana Carla Harmatiuk (Org.). *A construção dos novos direitos*. Porto Alegre: Nuria Fabris, 2008, p. 247).
179. PERLINGIERI, Pietro. *Perfis de direito civil*, cit., p. 37.
180. BODIN DE MORAES, Maria Celina. *Danos à pessoa humana*, cit., p. 116.
181. RODOTÀ, Stefano. Privacy, freedom and dignity, cit., p. 4.
182. O direito à imagem também está previsto no inciso XXVIII, alínea a, do art. 5º da Constituição Federal de 1988.

Vale registrar, ainda que de forma breve, que o dispositivo da codificação civil é criticável sob diversos aspectos. Uma das possíveis críticas se deve ao fato de que, ao vincular a proibição da publicação, exposição ou utilização da imagem alheia às hipóteses em que sejam atingidas a honra, boa fama ou a respeitabilidade da pessoa, o artigo em questão deixa de tratar o direito à imagem como direito autônomo que é.[183]

Além de autônomo,[184] o direito à imagem deve ser entendido e tutelado de forma ampla, o que não significa, ressalta-se, que seja tratado como absoluto ou irrestrito, apenas que, da mesma forma, não se sujeite a restrições injustificadas ou excessivas. Assim, não se pode reconhecer o direito à imagem a determinadas pessoas e em determinados locais, como se alguns não fizessem jus a tal proteção ou, ainda, a merecessem em menor grau.

Nesse sentido, critérios como o do local público ou da pessoa "pública"[185] se revelam insuficientes para justificar, por si só, o afastamento da proteção que o ordenamento jurídico brasileiro dispensa à imagem, enxergada não apenas sob o perfil estático da imagem-retrato, mas também na função de imagem-atributo.

Em síntese, conforme observado por Carlos Affonso Pereira de Souza, o termo *imagem* "passa a significar não apenas a fisionomia e a sua reprodução, mas também o conjunto de características comportamentais que identificam o sujeito".[186] Nota-se, portanto, uma identificação da imagem do sujeito com a sua identidade individual, que engloba, além de atributos físicos, os mais diversos traços que constituem e expressam a sua personalidade.

Ao se conceber a imagem como um conjunto de características comportamentais individuais que compõem a representação de cada um no meio social, percebe-se que, além da divulgação não autorizada, o uso da imagem de forma incompatível com a identidade socialmente construída pelo sujeito retratado também viola o seu direito à imagem.[187]

É possível perceber, ainda, uma aproximação dos direitos à privacidade e à imagem: trata-se, em ambos os casos, de reconhecer a cada um o poder de controlar ativamente, ainda que não de forma plena ou incondicional, o desenvolvimento da sua identidade pessoal e a projeção que ela assume perante os demais, o que é, por sua vez, imprescindível para uma existência digna.

Assim entendido, o direito à imagem se relaciona profundamente com o direito ao esquecimento, que atua justamente como um instrumento através do qual o indivíduo é capaz de corrigir e reprojetar sua imagem atualizada perante a sociedade. Analisado

---

183. Sobre os aspectos criticáveis do artigo 20 do Código Civil, vide SCHREIBER, Anderson. *Direitos da personalidade*, cit., pp. 109-111.
184. Importante mencionar que a autonomia do direito à imagem já foi reconhecida pelo Superior Tribunal de Justiça no contexto do REsp. 46.420/SP, 4ª T., Rel. Min. Ruy Rosado de Aguiar, j. 12.9.1994.
185. Vide posicionamento crítico de Anderson SCHREIBER sobre os parâmetros do lugar público e pessoa pública, rejeitando, inclusive, a qualificação de qualquer pessoa humana como pública (*Direitos da personalidade*, cit., pp. 112-114).
186. SOUZA, Carlos Affonso Pereira de. Contornos atuais do direito à imagem. *Revista Trimestral de Direito Civil*, v. 13, jan/mar 2003, p. 33-71, p. 42.
187. BODIN DE MORAES, Maria Celina; KONDER, Carlos Nelson. *Dilemas de direito civil-constitucional*. Rio de Janeiro: Renovar, 2012, p. 207.

sob essa ótica, o direito ao esquecimento confere efetividade ao direito à imagem em sua dimensão mais dinâmica, permitindo justamente um processo contínuo de (re)construção da imagem individual.

Não se trata, repita-se, de conferir um poder ilimitado ou arbitrário, tampouco ignorar ou desmerecer a importância da coletividade e a relação entre as pessoas e a sociedade; pelo contrário, admitir a aplicação do direito ao esquecimento significa reconhecer que essa conexão existe e que, por isso mesmo, a representação fidedigna da imagem individual é tão importante.[188]

Além disso, ressalta-se, mais uma vez, que o exercício do direito ao esquecimento não pode ser arbitrário e meramente voluntarista, inclusive porque, como os direitos à imagem e à privacidade, ele vive em permanente tensão com os demais interesses e valores protegidos pelo ordenamento jurídico. Em caso de colisão, será necessária uma análise concreta dos direitos em conflito a fim de avaliar a possibilidade de protege-los totalmente ou, se assim não for possível, pondera-los com base em critérios objetivos que permitam, em última instância, verificar qual deles deve prevalecer naquele determinado contexto.

1.4.3. A posição da jurisprudência

A discussão sobre o direito ao esquecimento também está presente no âmbito judiciário. Como se verá adiante, há decisões – inclusive do STJ – que, a despeito da ausência de dispositivo legal sobre a matéria, admitem a sua existência, divergindo, porém, sobre a sua aplicação no caso concreto.

Ao se falar em precedentes brasileiros emblemáticos de direito ao esquecimento, costuma-se citar, dentre outros, os casos conhecidos como Chacina da Candelária[189] e A.C.[190] Ambos têm como pano de fundo a veiculação de programa televisivo, tendo sido o primeiro iniciado por JPJ, que, mesmo absolvido das acusações de envolvimento na Chacina da Candelária, foi nominalmente mencionado em programa sobre o ocorrido.

Já no segundo, a família de A.C., vítima de crime notório dos anos 50, ingressou contra a mesma emissora de televisão envolvida no caso acima por esta ter exibido um programa que retratava o evento criminoso, reabrindo, nas palavras dos autores, antigas feridas.

No primeiro caso, o STJ decidiu em favor de JPJ sob o argumento de que a história seria bem contada sem a exposição da imagem e o nome do autor, reconhecendo a ele, portanto, o direito ao esquecimento. Para o Ministro Luis Felipe Salomão, relator do caso, nem a liberdade de imprensa seria tolhida nem a honra do autor seria maculada se o nome e a fisionomia do autor tivessem sido ocultados.

Muito embora o Ministro Salomão, também relator do caso A.C., tenha seguido a mesma lógica do caso Chacina da Candelária, conclui que o direito ao esquecimento

---

188. ANDRADE, Norberto Nuno Gomes de. *Oblivion*, cit., p. 133.
189. REsp. 1.334.097/RJ, 4ª T. Rel. Min. Luis Felipe Salomão, j. 28.05.2013.
190. REsp. 1.335.153/RJ, 4ª T., Rel. Min. Luis Felipe Salomão, j. 28.05.2013

não seria aplicável à família de A.C. Isso porque, segundo ele, o cerne do programa foi o crime em si, além de entender que seria impraticável para a atividade da imprensa retratar o caso de A.C. sem fazer referência à própria vítima.

Inconformados, os familiares levaram a questão ao Supremo Tribunal Federal, que concluiu o julgamento do caso em 11 de fevereiro de 2021,[191] oportunidade em que desproveu o recurso e fixou tese de repercussão geral. Ainda que a intenção do julgamento fosse, por óbvio, dirimir a controvérsia, a tese fixada acabou por fomentar as discussões preexistentes sobre o tema.

Antes de analisar a tese adotada pelo STF, é importante observar alguns aspectos do julgamento. Como se pode notar ao longo dos votos (e também da própria tese), a defesa da liberdade de expressão foi a tônica do julgamento, tendo-se seguido lógica bastante similar com a já adotada pelo STF na ADI 4.815, conhecida como o caso das biografias.[192]

Não obstante a inquestionável relevância da liberdade de expressão no ordenamento jurídico brasileiro, a proteção concreta dos direitos da personalidade é igual e indiscutivelmente relevante. Ao passar grande parte do julgamento exaltando a liberdade de expressão e tratando o direito ao esquecimento como seu antagonista, perdeu-se a oportunidade de analisar o tema de modo mais profundo, de definir os contornos e critérios para sua aplicação, o que contribuiria, inclusive, para evitar abusos e usos indevidos no futuro.

Além disso, durante as discussões, os ministros adotaram acepções distintas de direito ao esquecimento, muitas vezes o atrelando meramente ao decurso do tempo ou à remoção de informações, ambas ideias que não refletem a noção mais completa e atualizada do tema.

Conforme detalhado ao longo deste trabalho, o direito ao esquecimento está intimamente ligado à necessidade de contextualização dos fatos. Como se sabe, a internet desafia as noções tradicionais de tempo cronológico e espaço geográfico e, ao conservar toda sorte de fatos indeterminadamente, eles acabam destacados do seu contexto original e, muitas vezes, reproduzidos de modo desatualizado.[193]

A desatualização a que se faz referência, contudo, não se restringe ao decurso do tempo. Isso porque a relevância ou atualidade de um fato não são determinadas apenas ou necessariamente pela data do ocorrido, caso contrário, não haveria história. De fato, não seria razoável defender a aplicação do direito ao esquecimento apenas porque a informação foi divulgada há certo tempo, e não é isso que se pretende com o seu reconhecimento.

Para uma aplicação responsável do direito ao esquecimento, não basta, portanto, averiguar se o fato sob discussão é recente ou remoto: a avaliação em concreto, conforme melhor detalhado no Capítulo III, deve se pautar no fato em si e na relevância que

---

191. RE 1.010.606/RJ, Plenário, Rel. Min. Dias Toffoli, julg. 11.02.2021.
192. ADI. 4.815, Rel. Min. Carmen Lúcia, j. 10.06.2015.
193. Conforme observa Anderson Schreiber: "Ao contrário dos jornais e revistas de outrora, cujas edições antigas se perdiam no tempo, sujeitas ao desgaste do seu suporte físico, as informações que circulam na rede ali permanecem indefinidamente" (SCHREIBER, Anderson. *Direitos da Personalidade*, cit., p. 172).

ele assume, tanto para o indivíduo retratado quanto para a coletividade. Assim, não se trata de passar uma borracha na história, como mencionou o ministro Marco Aurélio,[194] inclusive porque a implementação do direito esquecimento não requer, necessariamente, a remoção da informação.

Sobre esse aspecto, é fundamental que se desfaça a confusão que vem se repetindo entre o direito ao esquecimento e os seus mecanismos de tutela, que é, inclusive, um dos esforços deste trabalho. Como observado pelo ministro Dias Toffoli em seu voto,[195] o direito ao esquecimento passou a ser erroneamente atrelado à desindexação, que é apenas um dos meios de aplicar o direito ao esquecimento. Da mesma forma, não se deve reduzir o direito ao esquecimento à remoção de conteúdo.

Ao longo do julgamento, o Supremo pareceu tratar o direito ao esquecimento como se a sua aplicação importasse, necessariamente, na exclusão da informação. No entanto, a remoção de conteúdo, tal qual a desindexação, é um mecanismo de tutela e, como tal, não se confunde com o direito em si. Aliás, a exclusão é o meio mais extremo para aplicação do direito ao esquecimento e, conforme demonstrado ao longo dos Capítulos II e III, só se aplica em casos cujos elementos concretos justificam essa restrição mais intensa à liberdade de expressão.

Como observado pelo próprio ministro Dias Toffoli,[196] deve-se priorizar o complemento da informação ao invés da sua exclusão, a retificação no lugar da ocultação, e essa é a mesma lógica seguida pela proposta do direito ao esquecimento (em sua acepção mais moderna). Como a intenção é instrumentalizar a proteção de interesses fundamentais do indivíduo, o direito ao esquecimento pode ser exercido, na prática, através de mecanismos de tutela diversos, tanto para prevenir quanto para reparar lesões à personalidade.

Em alguns casos, a atualização da informação pode ser um mecanismo que atenda e proteja suficientemente os direitos personalíssimos do sujeito da informação. Outros mecanismos, como anonimização, edição de conteúdo, alteração no ranking de resultados, também podem e devem ser utilizados. Algumas alternativas – e os critérios para optar dentre elas – podem ser encontrados ao longo dos próximos capítulos, que buscam justamente oferecer opções para implementação do direito ao esquecimento de

---

194. Em seu voto, o ministro Marco Aurélio entendeu que "[e]m situação como essa, em que apenas se observou o direito de informar – e de informar às novas gerações –, não cabe simplesmente passar a borracha e partir-se para verdadeiro obscurantismo, partir-se para retrocesso em termos de ares democráticos" (V. inteiro teor do acórdão do RE 1.010.606/RJ, p. 292. Disponível em: http://portal.stf.jus.br/processos/downloadPeca.asp?id=15346473757&ext=.pdf. Acesso em: 29 ago. 2021).
195. Nas palavras do ministro Dias Toffoli, relator do processo: "(...) a desindexação foi apenas o meio de que se valeu o TJUE para garantir ao interessado o direito pretendido (que a informação que englobava seus dados pessoais deixasse de estar à disposição do grande público), não se confundindo, portanto – e ao contrário do que muito se propala –, desindexação com direito ao esquecimento" (V. inteiro teor do acórdão do RE 1.010.606/RJ, p. 45. Disponível em: http://portal.stf.jus.br/processos/downloadPeca.asp?id=15346473757&ext=.pdf. Acesso em: 29 ago. 2021).
196. Segundo o relator do caso: "Tanto quanto possível, portanto, deve-se priorizar: o complemento da informação, em vez de sua exclusão; a retificação de um dado, em vez de sua ocultação (...)". (V. inteiro teor do acórdão do RE 1.010.606/RJ, p. 83. Disponível em: http://portal.stf.jus.br/processos/downloadPeca.asp?id=15346473757&ext=.pdf. Acesso em 29.08.2021).

modo criterioso. Sob essa perspectiva, o temor da censura e do apagamento da história não se mostra razoável.

A distinção entre o direito ao esquecimento e seus remédios também é capaz de mitigar outro receio demonstrado ao longo do julgamento do STF, qual seja, o do empobrecimento cultural e histórico que o direito ao esquecimento poderia provocar. Sobre esse ponto, é igualmente importante notar que muitas informações publicadas pela mídia não possuem caráter informativo: nem tudo que é noticiado é digno de notícia.

Pensemos no exemplo do vídeo de N.O., citado acima. Ainda que se adotasse, nessa hipótese, a medida mais extrema, qual seja, a remoção de conteúdo, tirar esse vídeo do ar prejudicaria ou empobreceria a cultura e a história do país? Conforme destacado pelo ministro Luis Felipe Salomão ao decidir os casos Chacina da Candelária e A.C., há que se que diferenciar o 'interesse público' do 'interesse do público' e verificar, no caso concreto, qual o interesse realmente é merecedor de tutela.

De modo similar, Rodotà alerta que a cobiça por informações não pode se disfarçar de necessidade de verdade.[197] Apesar de ser uma tarefa árdua, essa definição é indispensável para que se verifique se, em certa situação, a liberdade de expressão deve prevalecer sobre a privacidade do sujeito a quem a informação diz respeito.

Ao final do julgamento, após a maioria votar pela incompatibilidade do direito ao esquecimento com a ordem constitucional, foi aprovada a tese abaixo, proposta pelo ministro Dias Toffoli, relator do caso:

> É incompatível com a Constituição Federal a ideia de um direito ao esquecimento, assim entendido como o poder de obstar, em razão da passagem do tempo, a divulgação de fatos ou dados verídicos e licitamente obtidos e publicados em meios de comunicação social – analógicos ou digitais. Eventuais excessos ou abusos no exercício da liberdade de expressão e de informação devem ser analisados caso a caso, a partir dos parâmetros constitucionais, especialmente os relativos à proteção da honra, da imagem, da privacidade e da personalidade em geral, e as expressas e específicas previsões legais nos âmbitos penal e cível.

Embora uma leitura apressada da tese acima possa sugerir que o STF inviabilizou o reconhecimento do direito ao esquecimento no Brasil, é importante notar, primeiramente, que o conceito dito incompatível com a Constituição Federal não corresponde à definição mais atualizada de direito ao esquecimento utilizada pela doutrina e largamente defendida ao longo desta obra.

Conforme já mencionado, o direito ao esquecimento não está atrelado ao decurso do tempo. Para que se possa averiguar a sua aplicabilidade em determinado caso, não basta observar a data do episódio – se ele se passou há dias ou décadas – mas se o acontecimento ou o contexto em que ele ocorreu corresponde à realidade dos fatos.

É claro que a probabilidade de um evento mais antigo se revelar ultrapassado é, geralmente, maior, porém, é perfeitamente possível que um evento recente se torne ra-

---

197. RODOTÀ, Stefano. *O Direito à Verdade*. O direito à verdade. Trad. Maria Celina Bodin de Moraes e Fernanda Nunes Barbosa. *Civilistica.com*. Rio de Janeiro, a. 2, n. 3, jul.-set./2013. Disponível em: http://civilistica.com/o-direito-a-verdade/. Acesso em 27.08.2021, p. 13.

pidamente desatualizado, especialmente nos tempos atuais, marcados pela velocidade e quantidade de informações que circulam a todo instante.

Além disso, fatos passados podem permanecer atuais, não sendo a passagem do tempo, por si só, suficiente para que eles percam a sua atualidade, muito menos a relevância. Do mesmo modo, informações recentes podem ser eminentemente irrelevantes sob o ponto de vista material. Por esse motivo, não se considera possível determinar prazos fixos e abstratos de validade das informações.

Nesse sentido, a ideia de direito ao esquecimento que a tese afirma ser incompatível com a Constituição Federal de 88 é igualmente incompatível com a noção que se considera mais atual, adequada e razoável do direito ao esquecimento. Tendo em vista a redação adotada, é questionável se, aos olhos do STF, uma outra acepção de direito ao esquecimento, baseada em outras justificativas que não o decurso do tempo, poderia ser enxergada como compatível com a Constituição Federal.

Adicionalmente, é interessante observar o disposto na segunda parte da tese, que menciona a necessidade da avaliação casuística de situações excessivas ou abusivas. Com base no texto aprovado, nesses casos, devem ser considerados os parâmetros constitucionais, destacando-se, dentre eles, os relativos à proteção da honra, da imagem, da privacidade e da personalidade em geral.

Ocorre que os parâmetros listados na tese são extremamente amplos – e são justamente os que dão suporte ao reconhecimento do direito ao esquecimento – o que leva a crer que a tese fixada dá margem a eventual aplicação do direito ao esquecimento em sua acepção mais moderna.

Analisando-se a tese com a devida cautela, é possível perceber, pois, que existem lacunas que, futuramente, poderão dar espaço a novas discussões e possíveis decisões diferentes sobre a adoção do direito ao esquecimento no Brasil. Isso, de certa forma, já era esperado, especialmente considerando que o caso em discussão se referia à veiculação de programa televisivo e as questões mais espinhosas sobre o direito ao esquecimento encontram-se, hoje, no ambiente virtual.

Por esse motivo, inclusive, este item não pretende fazer uma análise minuciosa de precedentes que não se refiram à Internet. Isso não significa, de modo algum, desmerecer a importância de outros precedentes e da discussão nas demais mídias; porém, sendo o objetivo do trabalho refletir sobre o direito ao esquecimento na Internet, parece mais produtivo concentrar as atenções nos casos que tratam do tema central deste estudo.

1.4.3.1. Precedentes brasileiros de desindexação

Traçando um paralelo com a experiência europeia, melhor detalhada no item 1.3 acima, é interessante notar que, diferentemente do entendimento do ECJ, boa parte dos precedentes nacionais sobre a aplicação do direito ao esquecimento pela via da desindexação se baseia na ideia de que o buscador é apenas o meio de acesso ao conteúdo e, como tal, não pode ser responsabilizado.

Nesse sentido, em oportunidades diversas, o judiciário brasileiro se opôs à desindexação. São exemplos desse posicionamento as decisões proferidas no contexto das ações movidas por M.G.X.M.,[198] S.M.S.,[199] J.R.F.,[200] M.S.J.,[201] A.P.S.,[202] M.A.F.C.[203] e M.C.L.D.,[204] todas contra o Google e pretendendo a remoção de certos resultados de busca.

Apesar de as decisões se basearem em argumentos e fundamentos diversos, é possível identificar como denominador comum a ideia acima mencionada, ou seja, de que não se deve responsabilizar o buscador na medida em que ele atua como mera ferramenta de pesquisa. De acordo com a posição da Ministra Nancy Andrighi, o provedor de busca não é capaz de controlar os resultados das pesquisas nele realizadas, inexistindo, segundo ela, fundamento no ordenamento pátrio capaz de atribuir ao buscador a obrigação de implementar o direito ao esquecimento, sob pena de exercer, com isso, função de "censor digital".[205]

Em direção diametralmente oposta a esse entendimento – até então dominante no STJ – é imperioso destacar recente decisão da 3ª Turma que, por maioria, reconheceu o direito à remoção de certos resultados referentes ao envolvimento da recorrente em fraude de concurso público.[206]

Nos termos do acórdão, há circunstâncias excepcionalíssimas em que se faz necessária a intervenção pontual do poder judiciário para fazer cessar o vínculo criado, nos bancos de dados dos provedores de busca, entre dados pessoais e resultados de busca, que não guardam relevância para o interesse público à informação, seja pelo conteúdo eminentemente privado, seja pelo decurso do tempo. Ao acompanhar o voto-vencedor do Ministro Marco Aurélio Bellizze, o Ministro Moura Ribeiro refutou, ainda, o argumento de impossibilidade do pedido, afirmando que, se a desindexação se mostrou viável no caso M.C.G., a argumentação da inviabilidade técnica do procedimento não se sustenta.

Vale mencionar que, não obstante raro, a desindexação já havia sido autorizada em juízo anteriormente à decisão acima, a exemplo do caso C.P.,[207] em que foi determinada a retirada do resultado de busca tal qual solicitado pelo autor e reconheceu-se, ainda, o dever indenizatório do buscador. Além disso, em decisão recente, o Tribunal de Justiça de Pernambuco acatou o pedido de desindexação de um desembargador, determinando ao Google que se abstenha de exibir notícias sobre o autor nas pesquisas realizadas através de sua plataforma.[208]

---

198. REsp. 1.316.921/RJ, 3ª T., Rel. Min. Nancy Andrighi, j. 26.06.2012.
199. REsp. 1.593.873/SP, 3ª T., Rel. Min. Nancy Andrighi, j. 10.11.2016.
200. Apelação cível n. 0161033-79.2009.8.19.0001, TJRJ, 1ª Câmara Cível, Rel. Des. Jose Carlos Maldonado de Carvalho, j. 26.10.2010.
201. Apelação cível n. 0280797-93.2008.8.19.0001, TJRJ, 9ª Câmara Cível, Rel. Des. Rogerio de Oliveira Souza, j. 15.02.2011.
202. Apelação cível n. 0165842-73.2013.8.19.0001, PJERJ, 23ª Câmara Cível, Rel. Des. Sonia de Fátima Dias, j. 18.05.2016.
203. Apelação cível n. 0315365-04.2009.8.19.0001, TJRJ, 7ª Câmara Cível, Rel. Des. Ricardo Couto de Castro, j. 1.08.2012.
204. Apelação cível n. 0003983-65.2011.8.19.0212, TJRJ, 20ª Câmara Cível, Rel. Des. Letícia Sardas, j. 05.09.2012.
205. V. voto da Min. Nancy Andrighi no REsp. 1.593.873/SP, 3ª T., Rel. Min. Nancy Andrighi, j. 10.11.2016.
206. REsp. 1.660.168/RJ, 3ª T., Rel. Min. Nancy Andrighi, j. 08.05.2018.
207. Apelação Cível n. 0425157-48.2013.8.19.0001, PJERJ, 12ª Câmara Cível, Rel. Des. Jaime Dias Pinheiro Filho, j. 12.02.2015.
208. Apelação Cível n. 40589-41.2016.8.17.2001, TJPE, 5ª Câmara Cível, Rel. Des. Jovaldo Nunes Gomes, j. 10.10.2018.

De forma similar, o Tribunal de Justiça de São Paulo também decidiu, em algumas oportunidades, pela remoção dos resultados de busca. São exemplos disso a decisão da 2ª Câmara de Direito Privado, que determinou a exclusão de diversos links que remetem a notícias relacionadas a um advogado das pesquisas realizadas pelo buscador Yahoo![209] e, ainda, a decisão da 42ª Vara Cível Central, que deu provimento ao pedido de desindexação referente à notícia que retratava a discussão de uma mulher com policiais.[210]

1.4.3.2. Precedentes brasileiros de remoção de conteúdo

Com relação ao último precedente mencionado no item 1.4.3.1. acima, é interessante destacar que, embora tenha acolhido o pedido de desindexação da autora, o magistrado negou o pedido de remoção do conteúdo da matéria do site em que ela fora disponibilizada, sob o argumento de que isso equivaleria ao apagamento da história.

Na realidade, nota-se que o posicionamento contrário à exclusão da informação é predominante na jurisprudência brasileira, que costuma identificar tal remoção com a prática de censura. Além de ter assumido posição similar ao decidir o já mencionado caso das biografias, o STF se manifestou nesse sentido em outras ocasiões, inclusive ao tratar de caso em que se pretendia a supressão de determinada notícia do sítio eletrônico da revista Veja.[211]

No caso acima mencionado, a revista apresentou reclamação contra a decisão proferida pela 7ª Vara Cível da Comarca do Rio de Janeiro, que determinou a retirada de matéria referente à P.T.S. do sítio eletrônico da reclamante. A 1ª Turma, por unanimidade, julgou procedente o pedido formulado na inicial da reclamação, opondo-se, assim, à remoção da matéria.

É importante observar que, apesar da decisão unânime pela manutenção do conteúdo, o Ministro Marco Aurélio revelou preocupação com a disponibilidade *ad aeternum* de informações no ambiente digital. Na ocasião, o Ministro ressaltou a importância de se discutir a perpetuação imposta pela Internet, a qual, como reconhecido pelo Ministro Barroso na mesma oportunidade, ainda não foi enfrentada pelo STF.

Não obstante o entendimento do STF, há precedentes favoráveis à remoção de conteúdo, como, por exemplo, a decisão proferida pela 2ª Câmara de Direito Privado do Tribunal de Justiça de São Paulo, que, por maioria, determinou a retirada de matérias sobre uma ex-participante de *reality show* e reconheceu à autora o direito de indenização por danos morais.[212]

---

209. Apelação Cível n. 1073052-18.2014.8.26.0100, TJSP, 2ª Câmara de Direito Privado, Rel. Des. José Carlos Ferreira Alves, j. 07.03.2017.
210. O processo corre em segredo de justiça. Informações obtidas em: <https://www.migalhas.com.br/Quentes/17,-MI272421,31047-Direito+ao+esquecimento+permite+ocultar+links+em+pesquisa+mas+nao>. Acesso em 23.11.2018.
211. Reclamação 22.328, 1ª T., Rel. Min. Luís Roberto Barroso, j. 6.03.2018.
212. Apelação Cível n. 1024293-40.2016.8.26.0007, TJSP, 2ª Câmara de Direito Privado, Rel. Des. Alcides Leopoldo e Silva Júnior, j. 11.01.2018.

1.4.3.3. Posição jurisprudencial sobre outros mecanismos de tutela

Embora o judiciário já tenha decidido, tanto favorável quanto contrariamente, sobre a desindexação e remoção de conteúdo, ou seja, sobre a aplicação de soluções mais drásticas, restam inexploradas alternativas mais brandas. Faltam, assim, precedentes que empreguem mecanismos como os de anonimização, atualização e alteração do ranking de resultados de pesquisa, os quais, a depender do caso, são aptos à efetivação do direito ao esquecimento na Internet.

Há que se refletir, porém, se o julgador pode se valer dessas soluções caso o pedido formulado pelo autor se limite ao pleito de desindexação e/ou indisponibilização da informação ou se, por outro lado, isso significaria a violação do princípio da adstrição. Se, por exemplo, uma pessoa ingressa em juízo para solicitar a remoção de certa reportagem e o magistrado entende que a anonimização é um meio eficaz para atingir o objetivo por ela perseguido, pode ele determinar que o provedor exclua as referências ao indivíduo, mas mantenha a matéria no ar? Nesse caso, estar-se-á diante de uma sentença extra petita?

A discussão acima se assemelha, em certa medida, ao debate travado em sede de responsabilidade civil sobre a possibilidade de o juiz reconhecer a reparação não pecuniária caso o pedido do autor trate apenas da indenização em dinheiro. Em posição favorável à combinação dos remédios pecuniário e não pecuniário, Anderson Schreiber argumenta que, em sendo a indenização um dos meios capazes de atender o direito material, qual seja, a reparação integral do dano, pode o juiz combinar a indenização monetária com outros remédios.[213]

O ministro Luís Roberto Barroso manifestou entendimento similar no contexto do RE n. 580.252/MS ao defender que, mesmo se o pedido corresponder à indenização em dinheiro, o juiz não estaria limitado a tal solução. Isso porque o direito material a ser tutelado é a efetiva reparação das lesões sofridas, e não o recebimento de dinheiro. Acredita, assim, que as restrições impostas pelo princípio da congruência devem se relacionar com a tutela do direito material do autor, e não com o remédio pleiteado.[214]

Aplicando essa lógica às decisões concernentes ao direito ao esquecimento, pode-se refletir se, da mesma forma, o direito material do autor não consiste justamente na proteção de seus direitos fundamentais personalíssimos, cabendo ao julgador, pois, avaliar e determinar, em concreto, a medida que melhor atende a essa pretensão. Seguindo essa linha de raciocínio, a desindexação, remoção de conteúdo e outros podem ser entendidos, tal qual a indenização pecuniária no caso da responsabilidade civil, como alguns dos possíveis meios de promover os interesses subjacentes ao direito ao esquecimento.

Além disso, há que se considerar que, muitas vezes, o autor sequer tem ciência de outros remédios aptos a concretizar a tutela pretendida, tampouco possui conhecimento técnico (ou competência) para discernir o mecanismo mais adequado para atender a sua

---

213. SCHREIBER, Anderson. Reparação não pecuniária dos danos morais. *Direito Civil e Constituição*. 1. ed. São Paulo: Atlas, 2013, p. 217.
214. RE. 580.252/MS, Rel. Min. Alexandre de Moraes, j. 16.02.2017.

demanda e possibilitar, tanto quanto possível, a coexistência dos direitos fundamentais em conflito.

Nesse sentido, e tendo em vista, ainda, o disposto no § 1º do artigo 324 do CPC/15, é interessante refletir sobre a possibilidade de formulação de pedidos genéricos, seja pela impossibilidade de determinar, no momento do pedido, as consequências do ato ou fato,[215] seja porque a determinação do objeto da condenação, ou seja, a medida a ser adotada, depende de ato a ser praticado pelo provedor de aplicações.[216]

É possível argumentar, portanto, que existem fundamentos para que o juiz avalie e aplique, no caso concreto, o remédio que melhor realiza os interesses merecedores de tutela, ainda que, eventualmente, ele não corresponda ao remédio sugerido pela parte autora. Assumir essa posição, porém, não elimina todos os problemas; na verdade, torna necessário enfrentar outras dificuldades.

Uma delas é a possibilidade de reconhecimento de ofício de mecanismo de tutela diverso. Recorrendo novamente às discussões mantidas no tocante à responsabilidade civil, parece razoável que o julgador ao menos permita às partes que se manifestem sobre a medida distinta que, ao seu ver, melhor ampara o direito material do autor, respeitando, assim, o princípio do contraditório.[217]

Outro ponto que se deve afrontar é o possível excesso de liberdade que seria conferido ao juiz caso fique a critério dele decidir o remédio mais adequado. Aqui, é importante esclarecer uma contradição aparente: sugerir que cabe ao magistrado selecionar o mecanismo apropriado para tutela em concreto não significa que essa seleção será feita livremente ou de forma arbitrária.

Na realidade, reconhecer o óbvio – qual seja, que é o julgador a figura competente para analisar e decidir o caso concreto – não equivale a conferir a ele poderes amplos e irrestritos. Em todas as situações, o juiz deve seguir critérios claros e decidir de maneira fundamentada. É essencial, portanto, deixar que o juiz desempenhe o seu papel, e igualmente imprescindível que a doutrina cumpra a sua função crítica, criativa e questionadora, permanecendo atenta aos precedentes e cooperando com o judiciário sempre que possível, em especial através da formulação de parâmetros capazes de orientar as decisões judiciais.

Sem prejuízo das considerações acima, há que se destacar que essa é uma discussão de alta complexidade e que envolve questões eminentemente processuais, as quais o presente trabalho, por óbvio, não poderia pretender aprofundar ou esgotar, sob pena de desviar significativamente dos fins aqui perseguidos.

Esse debate, acima de tudo, tem por objetivo provocar uma reflexão sobre a real possibilidade de escolha de remédios eficazes para proteção e promoção dos valores

---

215. Nos termos do inciso II do § 1º do art. 324, é lícito formular pedido genérico quando não for possível determinar, desde logo, as consequências do ato ou do fato.
216. De acordo com o inciso III do § 1º do art. 324, o pedido genérico também poderá ser formulado quando a determinação do objeto ou do valor da condenação depender de ato que deva ser praticado pelo réu.
217. SOUZA, Tayná Bastos de. A reparação não pecuniária dos danos: aplicabilidade no direito brasileiro. In. SOUZA, Eduardo Nunes de; SILVA, Rodrigo da Guia. (Coord.) *Controvérsias atuais em responsabilidade civil*. São Paulo: Almedina, 2018, pp. 537-538.

tutelados pelo ordenamento jurídico. Ao interpretar o princípio da congruência de forma rigorosa, pode-se estar fechando as portas para mecanismos menos severos de implementação do direito ao esquecimento, que, em certos casos, possibilitariam inclusive a preservação dos diferentes interesses conflitantes.

Conforme mencionado anteriormente, apesar de sua popularidade, o direito ao esquecimento é fonte de muitas dúvidas, poucas certezas e quase nenhum consenso. Embora se observe uma crescente preocupação com o tema, os contornos e os critérios para sua aplicação não parecem estar suficientemente claros para os próprios juristas, que tendem a oscilar entre posicionamentos muito refratários ou excessivamente complacentes.

Não bastasse o silêncio do legislador e os ruídos doutrinários, a concretização do direito ao esquecimento exige o enfrentamento de dificuldades práticas das mais variadas ordens. Na Internet, por exemplo, há que se enfrentar diversas questões técnicas que se multiplicam e representam grandes desafios à efetivação do direito ao esquecimento na esfera online. Possivelmente em razão do exposto, embora presente no âmbito judicial, o tema vem sendo tratado e aplicado de forma bastante irregular e desordenada.

Conforme se pôde notar ao longo do presente item, há decisões que reconhecem o direito ao esquecimento de forma extremamente ampla, enquanto outras adotam posições radicalmente restritivas, praticamente inviabilizando sua aplicação. Nesse cenário jurisprudencial oscilante, resta sacrificada a segurança jurídica. Embora as dificuldades apresentadas pelo tema sejam evidentes, não se pode conceber que o direito ao esquecimento seja definido e aplicado de forma imprevisível e casuística, a depender do entendimento particular de cada intérprete.

Para além do principal problema decorrente da falta de uniformidade jurisprudencial, qual seja, a insegurança jurídica, tal dissonância contribui para uma abordagem confusa do tema, o que dificulta ainda mais o seu tratamento equilibrado e uma aplicação prudente.

Embora (repita-se) a presente análise não pretenda tratar detalhadamente de aspectos processuais, é interessante observar que há, em especial nos dias de hoje, uma grande preocupação com a uniformização jurisprudencial. O CPC/15 traduziu a relevância do tema em seu artigo 926, impondo aos tribunais um esforço unificador para que a jurisprudência se mantenha estável, íntegra e coerente.

É importante, pois, que haja um esforço de harmonização do posicionamento jurisprudencial sobre o direito ao esquecimento, o que depende, em certo grau, do empenho doutrinário para definição de diretrizes claras e sensatas. Com uma atuação mais colaborativa e equilibrada, espera-se que as decisões sejam mais lineares, assegurando, assim, previsibilidade às partes.

1.4.4. A expressão "direito ao esquecimento": crítica

Conforme já mencionado, a temática do direito ao esquecimento ainda é permeada de incertezas e indefinições, a começar pelo próprio termo, criticado por aqueles que enxergam a pretensão de "ser esquecido" como algo inexequível ou contraproducente.[218] Fato é que o ato de esquecer não é voluntário ou mesmo intencional, identificando-se mais com a ideia de um lapso do que de uma ação deliberada.

Sob essa perspectiva, embora atrativo, o uso do termo *esquecimento* é criticável por sua imprecisão técnica, o que pode gerar confusões sobre os efeitos do direito ao esquecimento e até prejudicar a proteção dos valores que ele se propõe a tutelar.[219] Pretender a não veiculação de determinado fato sobre si não significa que o sujeito da informação se esqueceu dele, ou que poderá fazê-lo um dia.

Apesar de a memória humana não ser perfeita, há coisas que não se esquece, ainda que se queira e muito. Porém, o fato de a informação permanecer ou não na memória do retratado não é suficiente para justificar que ela seja divulgada perante todos, o que significaria inadmitir a própria concepção de vida íntima.

Da mesma forma, a aplicação do direito ao esquecimento não promove a eliminação da lembrança porventura mantida pelos demais indivíduos a respeito de certo fato. Recorrendo novamente à distopia de Orwell,[220] nem mesmo a destruição de todos os registros documentais de um determinado evento – o que, na realidade dos tempos atuais, é impossível – impedia que as pessoas se recordassem de sua ocorrência.

Esse aniquilamento, aliás, não é sequer o resultado que o direito ao esquecimento se propõe a concretizar. Novamente, não se trata de reescrever a história, de eliminar uma parte do passado, e sim de permitir que ele efetivamente passe. O objetivo é não trazer à tona ou manter em foco permanente uma informação desatualizada que afeta o livre desenvolvimento e a existência digna do sujeito retratado.

Não se pretende, pois, esquecer ou ser esquecido, mas evitar que um fato pretérito seja relembrado de uma determinada forma, ou simplesmente, nas palavras de Luciano Floridi, "*remembering without recalling*".[221] Uma leitura rápida pode sugerir que se trata essencialmente da mesma coisa, porém, é necessário refletir por um instante.

O cérebro humano contém uma enormidade de informações e recordações: elas estão ali, armazenadas, mas não pensamos sobre cada uma delas a todo tempo. Nos lembramos dos mais variados eventos (marcantes e banais), mas essas lembranças estão, por assim dizer, arquivadas. Não pensar com frequência em algo não significa que aquilo foi esquecido, apenas que a memória em questão não está em destaque permanente.

Conforme observam Ingo Wolfgang Sarlet e Arthur M. Ferreira Neto, a ideia fundamental do direito ao esquecimento não se baseia no esquecimento em si, mas em não sujeitar alguém a uma lembrança permanente do seu passado, identificando-se, segundo eles, como um *direito de não ser forçado a lembrar*.[222]

---

218. Vide posição do Procurador-Geral da República, Rodrigo Janot Monteiro de Barros, no parecer apresentado no contexto do ARE. 833.248/RJ, referente ao caso A.C., de relatoria do ministro Dias Toffoli.
219. JONES, Meg Leta. *Ctrl+Z*, cit., p. 12.
220. ORWELL, George. *1984*, cit.
221. FLORIDI, Luciano. *The right to be forgotten: a philosophical view*. Disponível em: https://www.academia.edu/16491066/_The_Right_to_Be_Forgotten_a_Philosophical_View_-_forthcoming_in_Annual_Review_of_Law_and_Ethics. Acesso em 01.03.2018. p. 16.
222. *O direito ao "esquecimento" na sociedade da informação*, cit., p. 65.

O objetivo do direito ao esquecimento não é, e nem poderia ser, intervir na conservação das lembranças preexistentes sobre determinado fato, mas não colocar o episódio em si em evidência, evitando, com isso, a sua constante recordação e, ainda, que os que não tem ciência do ocorrido dele tomem conhecimento de modo descontextualizado.

Faz-se referência à contextualização porque o direito ao esquecimento também não requer necessariamente a abstenção de divulgação ou remoção total de uma informação. Como se verá nos Capítulos 2 e 3, há casos em que a proteção da imagem, privacidade e dignidade do indivíduo e a preservação da informação não são de todo incompatíveis, existindo outras formas de proteger os interesses envolvidos, como, por exemplo, através da atualização ou anonimização.

Em uma tentativa de resolver o imbróglio terminológico e, com isso, afastar-se daquilo que a leitura literal pode sugerir, alguns autores defendem que o direito ao esquecimento busca promover, na verdade, o perdão ou a redenção do sujeito.[223] Embora estudos indiquem que desculpar ajuda a esquecer,[224] não parece razoável inferir que o objetivo subjacente ao direito ao esquecimento seja obter o perdão, alheio ou próprio. Primeiro porque, tal qual o esquecimento, o perdão não pode ser imposto a ninguém, nem a si próprio. Nessa hipótese, continuar-se-ia na presença de um direito inexequível, incapaz de promover os efeitos a que se destina.

Além disso, no campo afetivo, a redenção é normalmente associada ao arrependimento. Seguindo o esforço de objetivação, não devem entrar em questão os sentimentos que o sujeito possui quanto ao fato sobre o qual pretende exercer o direito ao esquecimento. Não se deve perquirir, portanto, se o indivíduo se arrepende ou não do ocorrido, se ele entende que precisa ser perdoado (ou se perdoar). Os fatores emocionais e a repercussão subjetiva do fato não devem assumir relevo para a concepção jurídica do direito ao esquecimento e para sua aplicação prática.

Embora a escolha do termo *esquecimento* se revele claramente inadequada para os fins pretendidos, acredita-se que os questionamentos sobre a precisão terminológica não legitimam a sua rejeição de plano, sob pena de, com isso, jogar o bebê fora com a água do banho. Restam, então, duas opções: cunhar um novo termo ou ressignificar o que está em uso.

A primeira opção, apesar de instigante, parece pouco oportuna. Isso porque a expressão *direito ao esquecimento* já se popularizou e corresponde, na verdade, à tradução para o vernáculo da terminologia adotada em outras jurisdições e idiomas, a exemplo do *droit à l'oubli*, em francês, o *diritto all'oblio*, em italiano, o *right to be forgotten*, em inglês e o *derecho al olvido*, em espanhol.

---

223. JONES, Meg Leta. *Ctrl+Z*, cit., pp. 12-13.
224. De acordo com estudos realizados por psicólogos na Universidade de St. Andrew, na Escócia, os indivíduos estão mais propensos a suprimir informações associadas a certas recordações caso as respectivas ofensas tenham sido perdoadas. (Resumo do estudo disponível em: <https://news.st-andrews.ac.uk/archive/forgive-to-forget/>. Acesso em 05.11.2018)

Tem-se, pois, uma expressão amplamente difundida, cuja substituição exigiria, dentre outros, um empenho de uniformização.[225] Sobre os termos em língua estrangeira, é interessante observar que, tanto na expressão em inglês quanto na alemã (*recht auf vergessen werden*), faz-se referência ao direito "a ser esquecido", e não "ao esquecimento".

Embora isso exprima, para alguns, uma noção distinta – considerando-se, inclusive, que o primeiro seria a opção mais apropriada – não parece existir diferença substancial prática entre o uso do substantivo ou do verbo na voz passiva, especialmente em se entendendo que o resultado concreto buscado não é nem o esquecimento, nem ser esquecido.

Considerando o exposto, assim como as tantas dificuldades que o tema já enfrenta, despender tempo e energia com a propositura de um novo termo talvez seja um esforço criativo de utilidade prática questionável. Isso não significa, de modo algum, desmerecer a importância de defini-lo adequadamente – o que permite, em última instância, selecionar o tratamento mais adequado – mas apenas abrir espaço para a reflexão de que, em certas ocasiões, pode ser mais proveitoso debruçar-se sobre o conteúdo do que sobre o título, evitando-se uma mera "guerra de etiquetas".[226]

A alternativa da ressignificação, portanto, se revela mais conveniente, especialmente no contexto da metodologia civil-constitucional,[227] que prioriza a análise funcional dos institutos.[228] Ao refletir sobre a função do direito ao esquecimento, ou seja, para que ele serve, nota-se claramente que ele não pretende fazer com que se esqueça uma informação, apenas que, em certas situações, ela não seja divulgada ou se mantenha acessível. Com isso, a referência ao termo usual pode ser mantida, conferindo-se, contudo, uma interpretação mais adequada aos fins realmente objetivados.

1.4.5. Qualificação do direito ao esquecimento

Além da controvérsia terminológica, é comum que os críticos do direito ao esquecimento afirmem que ele não corresponde, de fato, a um *direito*. Seja pela ausência de previsão legal ou por acreditar que, na realidade, ele é apenas um novo nome para lesões

---

225. Também se mostram contrários à substituição da expressão "direito ao esquecimento", inobstante críticos à precisão terminológica, os autores Ingo Wolfgang SARLET e Arthur M. FERREIRA NETO (*O direito ao "esquecimento" na sociedade da informação*, cit., p. 63).
226. Expressão usada pelo Ministro Ruy Rosado de Aguiar, em voto proferido no REsp. 65.393/RJ, Rel. Min. Ruy Rosado de Aguiar, j. 30.10.2005.
227. A respeito da constitucionalização do direito civil, v. KONDER, Carlos Nelson. Desafios da constitucionalização do direito civil. In. AZAR, Celso Martins; FONSECA, Maria Guadalupe Piragibe da. *Constituição, Estado e Direito: reflexões contemporâneas*. Rio de Janeiro: Qualitymark, 2009, pp. 214-215.
228. Nas palavras de Anderson SCHREIBER e Carlos Nelson KONDER, "[a] interpretação com fins aplicativos conduz à prioridade do perfil funcional dos institutos sobre o perfil estrutural. Superada a matriz positivista de priorizar a análise estrutural dos institutos – a composição de seus elementos –, como forma de salvaguardar a pesquisa teórica contra a infiltração de juízos de valores e de evitar a confusão entre direito positivo, o único objeto possível de uma teoria científica do direito, e direito ideal, defendeu-se a importância de priorizar, na análise de um instituto, seu perfil funcional, seus efeitos, passando do "como ele é" para o "para que ele serve". Sob a perspectiva civil-constitucional, isso implica que não apenas deve-se priorizar a análise da função do instituto, mas também verificar sua compatibilidade com os valores que justificam a tutela jurídica do instituto por parte do ordenamento, positivados sob a forma de preceitos constitucionais" (Uma agenda para o direito civil-constitucional. *Revista brasileira de direito civil*, vol. 10, out.-dez./2016, pp. 13-14).

a outros direitos fundamentais,²²⁹ como o direito à privacidade, há quem questione a própria qualificação do direito ao esquecimento como tal.

Conforme detalhado no item 1.4.1 acima, acredita-se que a falta de base legal específica não impede o reconhecimento do direto ao esquecimento. Uma vez que a personalidade é concebida como um valor e a dignidade humana como um dos fundamentos da República, é possível e, inclusive, desejável tutelar de forma elástica e aberta as mais variadas manifestações da personalidade humana, ainda que o legislador tenha sido silente com relação a elas.²³⁰

Superada essa primeira objeção, faz-se necessário refletir sobre outras questões atinentes à caracterização do direito ao esquecimento como um direito. Partindo de uma abordagem conceitual, o direito subjetivo costuma ser entendido como o poder reconhecido pelo ordenamento a um sujeito para a realização de um interesse individual.²³¹

Com relação ao reconhecimento de direitos personalíssimos pelo ordenamento, permita-se remeter à discussão anterior sobre a proteção da personalidade como valor fundamental do ordenamento. Nas palavras de Perlingieri, a diversidade dos interesses fundamentais do homem não se traduz em uma pluralidade de direitos fundamentais diversificados por conteúdo e disciplina,²³² reiterando, assim, a opção por uma tutela irrestrita, fundada na elasticidade.²³³ Conforme sintetiza Gustavo Tepedino:

> A personalidade humana mostra-se insuscetível de recondução a uma relação jurídica-tipo ou a um novelo de direitos subjetivos típicos, sendo, ao contrário, valor jurídico a ser tutelado nas múltiplas e renovadas situações em que o homem possa se encontrar a cada dia. Daí resulta que o modelo do direito subjetivo tipificado será necessariamente insuficiente para atender às possíveis situações em que a personalidade humana reclame tutela jurídica.²³⁴

Na realidade, há que se destacar a insuficiência da própria noção tradicional do direito subjetivo que, embora surja para exprimir um interesse individual, só será digno de tutela se, e enquanto for, conforme não apenas ao interesse do titular, mas também àquele da coletividade.²³⁵ Observa-se, portanto, uma crise do direito subjetivo, cujo reconhecimento e tutela dependerão da orientação de tal direito à efetiva concretização dos valores tutelados pela ordem jurídica.²³⁶

Dentre as diferentes classificações de direitos subjetivos, destaca-se a distinção entre o direito subjetivo principal, qual seja, o direito que existe de modo autônomo

---

229. SOUZA, Carlos Affonso Pereira de. Dez dilemas sobre o chamado direito ao esquecimento, cit., p. 1.
230. SCHREIBER, Anderson. *Direitos da personalidade*, cit., p. 15. Em linha similar, vide BRANCO, Sérgio. *Memória e esquecimento na Internet*, cit., p. 131.
231. PERLINGIERI, Pietro. *Perfis de direito civil*, cit., p. 120.
232. PERLINGIERI, Pietro. *Perfis de direito civil*, cit., p. 159.
233. Nas palavras de Pietro PERLINGIERI, "a elasticidade torna-se o instrumento para realizar as formas de proteção também atípicas, fundadas no interesse à existência e no livre exercício da vida de relações." (*Perfis de direito civil*, cit., p. 156.)
234. A tutela da personalidade no ordenamento civil-constitucional brasileiro. In TEPEDINO, Gustavo (Coord.). *Temas de Direito Civil*, 3ª ed. Rio de Janeiro: Renovar, 2004, p. 47.
235. PERLINGIERI, Pietro. *Perfis de direito civil*, cit., p. 121.
236. SCHREIBER, Anderson. *Manual de Direito Civil contemporâneo*, cit., p. 89.

e independente, e o acessório, que depende, por sua vez, da existência de um direito principal, com ele se relacionando.

Para melhor compreensão, tome-se como exemplo o direito à informação e a liberdade de informação jornalística, constitucionalmente protegidos nos termos do inciso XIV do art. 5[237] e § 1º do art. 220,[238] respectivamente. Conforme observa Perlingieri, a atividade informativa não é culturalmente neutra tampouco se desenvolve em função de si mesma, sendo garantida constitucionalmente justamente para contribuir com o desenvolvimento humano e viabilizar a efetiva participação de cada um na vida comunitária.[239]

Assim sendo, a liberdade de imprensa deve ser entendida como um direito destinado a instrumentalizar a promoção e proteção de um interesse fundamental dos indivíduos, qual seja, o acesso à informação. Nessa perspectiva, pode-se entender a liberdade de informação jornalística como um direito acessório ao direito principal à informação, cuja existência independente não encontraria razão de ser. Isso não significa que se trata de um direito menos importante, inclusive porque, na hipótese em questão, a liberdade de imprensa é essencial para viabilizar o acesso à informação, que é, por sua vez, fundamental para a participação dos cidadãos em uma sociedade democrática.[240]

Além de serem ambos relevantes, tanto o direito subjetivo principal quanto o acessório devem ser concebidos como direitos limitados, na medida em que, como já mencionado, nenhum direito subjetivo é atribuído ao interesse exclusivo do sujeito.[241] Não há que se falar, portanto, em um direito subjetivo (principal ou acessório) absoluto, sendo os limites externos, na verdade, aspectos qualitativos intrínsecos dos próprios direitos.[242]

Feitas essas considerações, é possível questionar a afirmativa de que o direito ao esquecimento seria apenas uma nomenclatura diferente para lesões a outros direitos fundamentais. Essa interpretação, inclusive, reduziria a sua aplicabilidade ao momento patológico, ou seja, às hipóteses em que os direitos fundamentas já foram violados, o que não condiz com a proteção constitucional a eles destinada.

Na realidade, o direito ao esquecimento parece se aproximar mais da figura do direito acessório, pois instrumentaliza a efetiva proteção e promoção de direitos fundamentais como privacidade e imagem e, principalmente, da dignidade humana, considerada o valor maior tutelado pelo ordenamento jurídico brasileiro.

---

237. Art. 5. Todos são iguais perante a lei, sem distinção de qualquer natureza, garantindo-se aos brasileiros e aos estrangeiros residentes no País a inviolabilidade do direito à vida, à liberdade, à igualdade, à segurança e à propriedade, nos termos seguintes: [...] XIV – é assegurado a todos o acesso à informação e resguardado o sigilo da fonte, quando necessário ao exercício profissional.
238. Art. 220. A manifestação do pensamento, a criação, a expressão e a informação, sob qualquer forma, processo ou veículo não sofrerão qualquer restrição, observado o disposto nesta Constituição.
   § 1º Nenhuma lei conterá dispositivo que possa constituir embaraço à plena liberdade de informação jornalística em qualquer veículo de comunicação social, observado o disposto no art. 5º, IV, V, X, XIII e XIV.
239. PERLINGIERI, Pietro. *Perfis de direito civil*, cit., p. 192.
240. PERLINGIERI, Pietro. *Perfis de direito civil*, cit., p. 186.
241. PERLINGIERI, Pietro. *Perfis de direito civil*, cit., p. 121.
242. PERLINGIERI, Pietro. *Perfis de direito civil*, cit., p. 122.

Além disso, conforme já mencionado acima, o direito ao esquecimento não se confunde com os remédios disponíveis para sua aplicação, como, por exemplo, a desindexação, a remoção de conteúdo, a anonimização, dentre outros. O direito ao esquecimento instrumentaliza a proteção de interesses fundamentais do indivíduo e pode ser exercido, na prática, através de mecanismos de tutela diversos, tanto para prevenir quanto para reparar lesões à personalidade.

Tendo em vista todo o exposto, admitir o direito ao esquecimento como tal é condizente com a busca por uma proteção abrangente da personalidade humana, irredutível à tipificação exaustiva de direitos subjetivos pré-determinados e já positivados.

Esse reconhecimento também se encaixa em um contexto jurídico voltado à real concretização dos interesses fundamentais da pessoa humana, em que se busca justamente as mais variadas ferramentas capazes de realiza-los. Como observa Norberto Bobbio, na chamada *Era dos Direitos*:

> [O] importante não é fundamentar os direitos do homem, mas protegê-los. Não preciso aduzir aqui que, para protegê-los, não basta proclamá-los. [...] O problema real que temos de enfrentar, contudo, é o das medidas imaginadas e imagináveis para a efetiva proteção desses direitos.[243]

O desafio da efetivação dos direitos do homem é especialmente complexo ao se considerar a universalização e multiplicação de tais direitos. Sobre essa proliferação, Bobbio acredita que se trata de fenômeno decorrente, dentre outros, da passagem do homem em abstrato para o homem específico.

Ao se considerar os variados critérios de diferenciação da pessoa humana, como sexo, idade e condições físicas, evidenciam-se diferenças específicas, que não podem ser tratadas e protegidas da mesma forma.[244] Nesse cenário, é natural que se identifique uma pluralidade de interesses cuja existência não é exatamente nova, mas que tampouco haviam sido expressamente reconhecidos ou mesmo tutelados em todas as suas possíveis manifestações, concebendo-se, consequentemente, uma gama de direitos destinados a proteger esses interesses.

É nesse contexto que o direito ao esquecimento surge e se insere, tornando-se especialmente relevante na *sociedade da informação*, que faz surgir e amplifica diversos desafios e riscos ao livre desenvolvimento dos indivíduos. Assim, para além de debates sobre terminologia e qualificação, é salutar que se discuta os mecanismos adequados para concretização dos interesses subjacentes ao direito ao esquecimento.

1.4.6. A tutela do direito ao esquecimento no Brasil

Conforme observado ao longo deste Capítulo 1, o direito ao esquecimento é um tema em desenvolvimento, cujo desenrolar ainda é particularmente embrionário na realidade brasileira. Sem reconhecimento legal expresso e com tratamento jurisprudencial inconstante, a sua tutela no Brasil acaba sendo, muitas vezes, relegada ao puro casuísmo.

---

243. BOBBIO, Norberto. *A Era dos Direitos*. 7ª reimpressão. Rio de Janeiro: Elsevier, 2004, p. 22.
244. BOBBIO, Norberto. *A Era dos Direitos*, cit., pp. 33-34.

Na verdade, parece prematuro, *rectius*, impreciso afirmar que já existe "a" tutela do direito ao esquecimento no Brasil, especialmente no que diz respeito a sua aplicação na Internet. Diferentemente da experiência europeia, os tribunais brasileiros não parecem convencidos de que a desindexação é um mecanismo adequado para implementar o direito ao esquecimento.

Ao mesmo tempo, em linha com a clara preferência que o Marco Civil da Internet manifestou pela liberdade de expressão, o judiciário se mostra resistente à remoção de conteúdo, utilizando-se, inclusive, desta suposta preferência para justificar o indeferimento de pedidos de retirada de informações.

O fantasma da ditadura e a "história acidentada"[245] da liberdade de expressão no Brasil são o pano de fundo para o desenvolvimento da corrente de pensamento que a considera como uma "liberdade preferencial",[246] com dimensão e peso *prima facie* maiores.[247] Em que pese a excelência dessa corrente – e a indiscutível importância da liberdade de expressão – há que se refletir criticamente se esse posicionamento encontra amparo no ordenamento jurídico brasileiro.

Sobre o tema, melhor explorado no item 1.4.2.1.1 acima, acredita-se que, na ausência de regra constitucional estabelecendo uma maior importância ou preferência de um direito fundamental sobre outro, não parece razoável, ou mesmo legítimo, que a legislação ordinária, o judiciário ou a doutrina o faça. Assim, em caso de conflito entre tais direitos, faz-se necessário investigar, em concreto, a possibilidade de coexistência dos direitos em colisão ou, alternativamente, sopesá-los para definir qual deles deve prevalecer naquela situação.

Além do estranhamento jurisprudencial à desindexação e à remoção de conteúdo, são tímidas as iniciativas que buscam aplicar o direito ao esquecimento através de instrumentos alternativos, como, por exemplo, a exigência de atualização da informação ou de anonimização do conteúdo.

Justiça seja feita, esse acanhamento pode ser explicado, ao menos em parte, pelo fato de o tema envolver uma multiplicidade de aspectos que fogem à esfera jurídica, pela questão imposta pelo princípio da adstrição, abordada no item 1.4.3 acima, e, ainda, pela bibliografia ainda incipiente sobre os mecanismos de tutela aplicáveis, o que certamente dificulta a tarefa de efetivar o direito ao esquecimento em termos práticos. O socorro doutrinário é, sem dúvida, desejável, mas falta aos juristas consensos mínimos sobre o tratamento adequado do direito ao esquecimento e os parâmetros para sua aplicação. Fato é que a doutrina brasileira sequer concorda, em linhas gerais, que *há* um direito ao esquecimento.

Frequentemente, os debates giram em torno de aspectos eminentemente teóricos e de questões que, embora relevantes, não são reconduzíveis a fórmulas estáticas e universais. Exemplo disso é a discussão sobre interesse público: costuma-se afirmar que o direito ao

---

245. Expressão usada pelo Ministro Luís Roberto Barroso em voto proferido no contexto da ADI 4.815, cit.
246. Tese defendida pelo Ministro Luís Roberto Barroso no voto acima mencionado.
247. Em defesa da primazia da liberdade de expressão, v. voto proferido pelo Ministro Carlos Ayres Britto no contexto da Arguição de Descumprimento de Preceito Fundamental nº 130 (ADPF. 130, Rel. Min. Carlos Britto, j. 30.04.2009).

esquecimento não pode alcançar informações revestidas de interesse público, o que muitas vezes inspira tentativas de definir, a priori e de forma genérica, as situações e fatos que se qualificam (ou não) como relevantes para a sociedade ou, ao revés, apenas para o particular.

Não se pretende desmerecer, por óbvio, o importante papel que o interesse público desempenha no tocante ao direito ao esquecimento, tampouco sugerir o abandono da árdua tarefa de selecionar critérios para a sua aplicação ou propor a justiça do caso concreto – isso seria, inclusive, contraditório com o que se defendeu até aqui. Na realidade, as discussões sobre o direito ao esquecimento não podem ser travadas exclusivamente nem no campo abstrato, nem no concreto. Tentar antever e fixar um rol taxativo de hipóteses de incidência é tão improdutivo quanto deixar a cargo exclusivo do judiciário decidir, em cada caso, a forma e as circunstâncias em que ele se aplica.

É oportuno, assim, que a doutrina avance para além de altercações teóricas, que, apesar de interessantíssimas no ambiente acadêmico, pouco contribuem para a real concretização do direito ao esquecimento. Além disso, faz-se necessária uma maior abertura e interação entre a ciência jurídica e outras disciplinas, uma vez que, como já mencionado, o Direito não dispõe de todo o conhecimento e dos instrumentos necessários para efetiva implementação do direito ao esquecimento na Internet.

Percebe-se, portanto, que a tutela adequada do direito ao esquecimento exige esforços conjuntos e coordenados do legislador, dos juristas e do julgador. Quanto ao primeiro, acredita-se que a regulação pela via legislativa, embora não seja essencial para o seu reconhecimento, ajudaria na melhor definição do direito ao esquecimento e lhe conferiria, aos olhos dos positivistas, maior legitimidade.

Não obstante, a previsão legal em nada afasta ou supre a atuação da doutrina, especialmente caso se opte pela técnica legislativa de cláusulas gerais, tal qual sugerido no item 1.4.1. Compete aos juristas a tarefa de refletir criticamente sobre o tema, de interpretá-lo e compreendê-lo nas suas mais variadas manifestações, buscando, com isso, traçar diretrizes gerais para sua aplicação.

Tendo a lei como ponto de partida e o suporte doutrinário, o judiciário contará com mais subsídios para a análise do caso concreto. Vale ressaltar que, mesmo na presença de dispositivo legal expresso, a decisão judicial não deve ser fruto de um exercício meramente subsuntivo, tampouco da escolha livre e subjetiva do julgador, o qual deverá demonstrar, através da fundamentação, o que o levou àquela determinação.

Firmes nesse propósito, os próximos capítulos buscarão, ainda que de forma modesta, contribuir para a evolução das discussões sobre o direito ao esquecimento e sua aplicação na Internet. Para tanto, eles abordarão (alguns dos) mecanismos de tutela aplicáveis, sugerindo, ao final, possíveis parâmetros para orientar a seleção e aplicação do instrumento mais adequado.

Capítulo II
Tutela do direito ao esquecimento na Internet

> Não existem fatos eternos:
> assim como não existem verdades absolutas.
> - Friedrich Nietzsche

2.1. DESINDEXAÇÃO E A TUTELA DO DIREITO AO ESQUECIMENTO NO PROVEDOR DE BUSCA

Conforme mencionado no Capítulo 1, desde a decisão do ECJ sobre o caso M.C.G., a desindexação passou a ser adotada na Europa como o mecanismo por excelência para implementar o direito ao esquecimento na Internet. No entanto, como se buscará demonstrar ao longo deste segundo capítulo, a remoção de resultados não deve ser enxergada como o único mecanismo de tutela do direito ao esquecimento, tampouco se confundir com ele. Na verdade, a desindexação é um dos remédios capazes de instrumentalizar o direito ao esquecimento no que diz respeito aos provedores de busca, devendo-se pensar em meios diversos para tutelá-lo nas situações que envolvam outros provedores de aplicações da Internet.

Antes de tratar de cada uma dessas medidas, cumpre conceituar, de forma breve, o que se entende por provedores de busca, de conteúdo e de informação e compreender a relevância dessa diferenciação. Vale esclarecer que essa distinção não foi adotada pelo Marco Civil da Internet, que faz referência a provedores de conexão e provedores de aplicações de internet. Nos termos da lei, considera-se conexão à internet a habilitação de um terminal para envio e recebimento de pacotes de dados pela internet, mediante a atribuição ou autenticação de um endereço IP,[1] e aplicações de internet o conjunto de funcionalidades que podem ser acessadas por meio de um terminal conectado à internet.[2]

Com base na definição acima, os provedores de aplicações de Internet desempenham qualquer atividade na rede, podendo corresponder a uma plataforma de pesquisa, uma rede social, um blog pessoal, dentre outros. Ocorre que, como mencionado por Carlos Affonso Pereira de Souza e Ronaldo Lemos, a compreensão das atividades desempenhadas pelos provedores, assim como seus contornos técnicos, é extremamente relevante para definição do regime de responsabilização adequado[3] e, permita-se incluir, para seleção do remédio apropriado em caso de interesses conflitantes na rede. Por isso, optou-se por diferenciar os provedores de aplicações da Internet entre si e classificá-los, ainda que de forma geral, nessas três categorias, considerando-se, para tanto, as singularidades de cada uma delas e, ao mesmo tempo, os pontos comuns que apresentam.

---

1. Inciso V do art. 5º do Marco Civil da Internet.
2. Inciso VII do art. 5º do Marco Civil da Internet.
3. *Marco Civil da Internet*: construção e aplicação. Juiz de Fora: Editar, 2016, p. 69.

Para facilidade de referência, os provedores de conteúdo e informação serão conceituados no item 2.2, que abordará a tutela do direito ao esquecimento no âmbito dos mesmos. Com relação aos provedores de busca, que serão tratados neste item 2.1, pode-se dizer que eles são sites que rastreiam, indexam e armazenam as mais variadas informações disponíveis online, organizando-as e classificando-as para que, uma vez consultados, possam fornece-las através de sugestões (ou resultados) que atendam aos critérios de busca informados pelos próprios usuários.

Os buscadores, como Google, Bing e Yahoo, estão presentes ao redor do mundo e são utilizados como ferramentas de pesquisa por milhões de pessoas, oferecendo, em uma fração de segundos, uma infinidade de possíveis respostas para as mais diferentes perguntas. Justamente pela quantidade e pluralidade de informações que reúnem, assim como pela velocidade e alcance das funcionalidades oferecidas pelos provedores de busca, o conteúdo que disponibilizam pode impactar severamente o sujeito que se vê objeto de busca realizada por terceiros.

Embora controlem o que é exibido para cada pesquisa, os buscadores não são responsáveis pelo conteúdo que cada site disponibiliza e, assim, não poderiam intervir na sua substância. É possível, contudo, que eles exerçam controle sobre a forma de exibição, afinal, são eles os responsáveis pela seleção do que consta da lista de resultados para certos termos de busca, bem como pela ordem de cada um deles na relação disponibilizada ao usuário.

A desindexação total, ou remoção de resultados, assim como a desindexação "parcial", que corresponde à alteração do ranking de resultados, são, portanto, mecanismos que estão ao alcance dos provedores de busca e que, como se verá a seguir, podem instrumentalizar os interesses subjacentes ao direito ao esquecimento. Isso não quer dizer que tais remédios são onipotentes ou perfeitos, tampouco que sua aplicação deve ser irrestrita e absoluta. Ao longo dos itens abaixo, as principais vantagens e potencialidades positivas desses mecanismos serão destacadas, ao mesmo tempo em que se indicará e debaterá sobre seus riscos e pontos negativos, de modo a compreender os seus benefícios e fragilidades e, a partir disso, pensar sobre a construção de um modelo mais completo, seguro e eficaz.

2.1.1. Google e o delist na Europa

Conforme mencionado no item 1.3 acima, a decisão proferida pelo ECJ no caso M.C.G. levou o Google a implementar um procedimento próprio de remoção de resultados de pesquisa, conhecido como desindexação ou *delist*. Atualmente, o pedido de remoção pode ser apresentado por indivíduos localizados em países da União Europeia, assim como na Islândia, Liechtenstein, Noruega e Suíça. Com base no relatório de transparência do buscador[4], para que se sujeitem à remoção, os resultados apresentados devem ser inadequados, irrelevantes, não mais relevantes ou excessivos. Nesses casos, o

---

4. Maiores detalhes sobre o processo de remoção do Google encontram-se disponíveis em https://www.google.com/transparencyreport/removals/europeprivacy/ e < https://www.google.com/transparencyreport/removals/europeprivacy/faq/?hl=pt-BR>. Acesso em 17.12.2018.

usuário deve transmitir a sua solicitação em um formulário eletrônico,[5] através do qual comprovará sua identidade e informará os URLs objeto do pedido de desindexação.

Vale mencionar que a Microsoft, assim como o Google, disponibilizou uma ferramenta online para pedidos de remoção de resultados do buscador Bing. Embora o modelo e procedimento adotados pelo Bing se assemelhem bastante aos seguidos pelo Google, o formulário disponibilizado pelo primeiro[6] requer informações mais detalhadas sobre o perfil do solicitante. Para solicitar a desindexação perante o Bing, é necessário informar, nas palavras do buscador, se é uma pessoa "pública",[7] bem como se desempenha ou espera vir a desempenhar algum cargo na comunidade local ou em um contexto mais alargado, com um cariz de liderança, confiança ou segurança (por exemplo, se é professor, membro do clero, líder da comunidade, agente da polícia, médico etc.).[8]

De acordo com o Google, há uma equipe de avaliadores treinados especialmente para analisar cada caso manualmente e realizar as determinações relevantes, sendo eventuais casos complexos submetidos a uma equipe sênior e aos advogados do buscador. Segundo dados disponibilizados pelo próprio Google, desde 1º de novembro de 2015, cerca de 30% dos requerimentos de remoção foram escalados para uma segunda opinião.[9] A decisão final sobre o pedido de desindexação é formalizada por um e-mail, o qual, em caso de negativa da remoção, conterá uma breve explicação. Nessa hipótese, o requerente poderá submeter a decisão à avaliação da autoridade local de proteção de dados.

Nos termos do Relatório de Transparência, a decisão de não desindexar leva em consideração fatores como a existência de soluções alternativas, motivos técnicos ou URLs duplicados. Ainda de acordo com o documento, é possível que se rejeite o pedido de remoção caso o Google determine que a página tem informações de grande interesse público. Ao desenvolver melhor esse ponto, o buscador admite a complexidade de definir se determinado conteúdo reveste-se ou não de interesse público e destaca, dentre os aspectos considerados para tanto, o fato de o conteúdo guardar relação com a vida profissional do solicitante, com crimes cometidos no passado ou com a ocupação de cargos políticos e públicos, considerando-se, ainda, se o material é de autoria do próprio solicitante ou se corresponde a documentos governamentais ou jornalísticos.

Em fevereiro de 2018, o Google disponibilizou um estudo conduzido por alguns autores a ele afiliados acerca dos três primeiros anos do processo de desindexação,[10]

---

5. Formulário disponível em: https://www.google.com/webmasters/tools/legal=-removal-request?hl=pt-PT&pid-0&complaint_type=14. Acesso em 10.12.2018.
6. Formulário disponível em: https://www.bing.com/webmaster/tools/eu-privacy-request. Acesso em 18.12.2018.
7. Faz-se referência à crítica formulada no item 1.4.2.3 acima sobre a qualificação de pessoas como "públicas" ou "privadas". Por esse motivo, ao longo do presente trabalho, referências a pessoa "pública" e "privada" serão feitas entre aspas.
8. Embora o presente item não pretenda explorar detidamente cada aspecto dos formulários, chama a atenção o fato de o solicitante ter que informar, em pedidos dirigidos ao Bing, se ocupa ou mesmo se possui a expectativa de ocupar um cargo nos moldes acima descritos, como se a atuação profissional de um indivíduo fosse determinante para exclusão ou não de dado resultado de pesquisa.
9. Informação disponível na seção de respostas ao item "Quem toma as decisões relacionadas à remoção de conteúdo?" (https://support.google.com/transparencyreport/answer/7347822/?hl=pt-BR).
10. BERTRAM, Theo; BURSZTEIN, Elie; CARO, Stephanie; CHAO, Hubert; FEMAN, Rutledge Chin; FLEISCHER, Peter; GUSTAFSSON, Albin; HEMERLY, Jess; HIBBERT, Chris; INVERNIZZI, Luca; DONNELLY, Lanah Kammou-

o qual aborda a análise dos pedidos de remoção de forma mais detalhada. Com base nesse documento, os analistas do Google utilizam quatro critérios para sopesar o interesse público e a privacidade individual do solicitante.[11] O primeiro deles diz respeito à validade do pedido, avaliando-se, para tanto, se há indicação exata dos URLs que se pretende remover e a conexão entre o solicitante e um país da UE/EEA.

Em seguida, examina-se a identidade do solicitante, tanto para prevenir falsificações ou outros pedidos abusivos quanto para identificar se o solicitante é menor de idade, político, profissional ou figura "pública", podendo haver, de acordo com o estudo, um maior interesse público em caso de conteúdos relativos a pessoas "públicas" do que aqueles que dizem respeito a pessoas "privadas".

O conteúdo referido no URL é objeto de análise própria, correspondendo ao terceiro critério que orienta a análise dos pedidos de remoção. Segundo o estudo, informações referentes ao negócio do solicitante podem ser de interesse público para potenciais clientes, assim como conteúdos referentes a um crime violento podem ser de interesse público em geral. Outras dimensões dessa consideração incluem informações sensíveis e de natureza privada, bem como o grau de consentimento do solicitante para a publicização da informação.

O quarto e último critério é a fonte da informação, ou seja, se o URL indicado é um sítio eletrônico governamental ou de notícias, um blog, um fórum, dentre outros. O estudo destaca que, em casos de páginas governamentais, o acesso ao URL pode refletir a decisão do governo de informar a sociedade de um determinado assunto de interesse público, não ficando claro, contudo, se o Google consulta as autoridades governamentais para determinações dessa natureza.

Para ilustrar a extensão da desindexação em termos quantitativos, o relatório de transparência do Google aponta que, desde o lançamento oficial do processo em 29 de maio de 2014, já foram avaliados quase três milhões de URLs, dos quais pouco mais de um milhão (aproximadamente 44%) foram removidos. Esses números são destrinchados ao longo da análise dos três anos de vigência do *delist*, a qual se dedica, dentre outros, a identificar os traços comuns das solicitações de exclusão e de seus solicitantes.

Entre maio de 2014 a dezembro de 2017, 33% dos URLs objeto de pedido de remoção correspondiam a mídias sociais e diretórios contendo informações pessoais, sendo o Facebook, YouTube e Twitter alguns dos alvos mais frequente desses pedidos. Dentro do mesmo período, cerca de 20% dos URLs se relacionavam a *sites* de notícias ou governamentais que, na maioria dos casos, tratam do histórico legal do solicitante, enquanto os demais 47% se referiam a uma vasta gama de conteúdos diversos da Internet.[12] Ainda com base no estudo, 51% das solicitações de remoção foram geradas pela França, Alemanha e Reino Unido, sendo que os solicitantes localizados nos dois

---

rieh; KETOVER, Jason; LAEFER, Jay; NICHOLAS, Paul; NIU, Yuan; OBHI, Harjinder; PRICE, David; STRAIT, Andrew; THOMAS, Kurt; VERNEY, Al. *Three years of the Right to be Forgotten*. Disponível em: < https://elie.net/static/files/three-years-of-the-right-to-be-forgotten/three-years-of-the-right-to-be-forgotten-paper.pdf >. Acesso em 17.12.2018.

11. BERTRAM, Theo *et all*. *Three years of the Right to be Forgotten,* cit., pp. 2-3.
12. BERTRAM, Theo *et all*. *Three years of the Right to be Forgotten,* cit., p. 1.

primeiros costumam solicitar a desindexação de páginas de mídias sociais, enquanto os do último e da Itália são três vezes mais propensos a direcionar seus pedidos contra *sites* de notícias.[13]

Quanto ao perfil dos solicitantes, o estudo aponta que 85% dos URLs que foram objeto de pedido de remoção advém de solicitações realizadas por pessoas "privadas", sendo 5% dos solicitantes menores de idade. Nos últimos dois anos, verificou-se que pessoas "públicas" sem relação com o governo, como celebridades, solicitaram a desindexação de cerca de 41.000 URLs, enquanto políticos e oficiais do governo buscaram a remoção de aproximadamente 34.000 URLs.

É interessante observar que, de acordo com o levantamento, os responsáveis por múltiplos pedidos de remoção, considerados *solicitantes frequentes*, são, via de regra, escritórios de advocacia e empresas que prestam serviços de gestão de reputação. Sobre as últimas, nota-se que o próprio mercado, ciente da busca por um maior controle informacional, passou a disponibilizar serviços voltados à reabilitação da imagem digital.

Empresas como reputation.com, truerep.com, gofishdigital.com, dentre outras, permitem que os usuários administrem informações que lhe dizem respeito no universo online,[14] possibilitando a alteração de sugestões automáticas de pesquisa (função *autocomplete*), e, ainda, que certas informações sejam ocultadas ou se tornem menos aparentes – desde que, claro, se pague por isso. A popularização desse tipo de serviço é facilmente explicável quando se observa o impacto do conteúdo online nas relações pessoais e profissionais.

Sob o aspecto comercial, um estudo promovido pelo TripAdvisor em parceria com Ipsos MORI concluiu que, para 98% dos participantes, as avaliações online são importantes para os seus negócios.[15] Em linha similar, uma pesquisa promovida por um *site* de gestão de reputação em 2015 indicou o risco de perda de 22% de negócios quando potenciais clientes encontram um artigo negativo sobre o respectivo prestador de serviço ou vendedor na primeira página dos resultados de busca.[16]

A preocupação com a reputação digital não acomete apenas as pessoas jurídicas com interesses mercantis. Alguns estudos demonstraram que, em quase 80% dos casos, empregadores e recrutadores pesquisam os seus candidatos pelo nome no Google, enquanto mais de 90% dos recrutadores usam ou pretendem utilizar-se das mídias sociais para avaliar candidatos a vagas de emprego.[17] Nesse sentido, o interesse por serviços de reabilitação digital não é privativo de empresas, sendo igualmente oferecidos a (e buscados por) indivíduos que pretendem melhorar seus perfis online. Para isso, as gestoras

---

13. BERTRAM, Theo *et all. Three years of the Right to be Forgotten,* cit., pp. 1-2.
14. Sobre o tema, vide JONES, Meg Leta. *Ctrl+Z*, cit., pp. 74-75.
15. Estudo disponível em <https://www.prnewswire.com/news-releases/online-reputation-management-mobile-experience-and-driving-direct-bookings-critical-areas-of-focus-for-us-travel-businesses-according-to-new-tripadvisor-ipsos-mori-study-300686840.html>. Acesso em 17.12.2018.
16. Estudo disponível em: < https://moz.com/blog/new-data-reveals-67-of-consumers-are-influenced-by-online-reviews>. Acesso em 16.12.2018.
17. Informações extraídas de matéria redigida por Susan P. Joyce na versão eletrônica da Forbes, disponível em: <https://www.forbes.com/sites/forbescoachescouncil/2017/05/17/to-be-hired-you-first-must-be-found/#44f17caa3394>. Acesso em 17.12.2018.

disponibilizam serviços como a contínua criação de conteúdo positivo sobre o usuário, o que faz com que as informações negativas anteriormente exibidas se tornem menos relevantes e sejam, por assim dizer, "enterradas".[18]

Essa é, sem dúvidas, uma prática questionável sob diversos aspectos, seja por impor uma espécie de preço à privacidade,[19] seja por criar, ao mesmo tempo, soluções artificiais e empecilhos obscuros a um verdadeiro equilíbrio entre a liberdade de expressão e a privacidade. Na verdade, como se procurará demonstrar no item 2.1.4.1 abaixo, não é aconselhável confiar ao mercado, única ou primordialmente, a resolução dos problemas criados ou intensificados por ele próprio, tampouco exclui-lo totalmente desse processo.

Não obstante criticável, o sucesso desses sistemas de gerenciamento denota o interesse, tanto individual quanto corporativo, por meios de controle das próprias informações. Esse anseio é reforçado pela popularidade de tecnologias que fazem uso da efemeridade,[20] como o Snapchat, Insta Stories, Wickr e Silent Phone. Através deles, o usuário pode disponibilizar conteúdos de forma relativamente controlada, seja por terem a capacidade de remover as informações compartilhadas, seja porque a informação só permanecerá disponível por um curto período de tempo.

Nota-se que um dos principais atrativos dessas tecnologias é o fato de prometerem ao usuário, cada uma a sua maneira, um certo grau de previsibilidade, muito embora não lhe garantam ingerência absoluta sobre o conteúdo compartilhado – que pode, ainda assim, vir a público e acabar perpetuado na Internet. Os aplicativos acima mencionados também se mostram convidativos por serem grátis, o que os torna mais acessíveis. Aos olhos dos usuários, trata-se de uma oferta de facilidades aparentes a título gratuito.

No entanto, há que se considerar que tais aplicativos são criados por pessoas ou empresas com fins lucrativos e, se o usuário não paga diretamente para obtê-los, ele provavelmente não é apenas o consumidor, mas também o produto.[21] Isso porque, ao fazer uso desses serviços, ele fornecerá dados pessoais que são, muitas vezes, comercializados pelo provedor do serviço ou mesmo processados pelo próprio (ou por terceiros) para criação de perfis de consumo.

Nesse cenário, percebe-se que, enquanto o Direito tateia por respostas adequadas e equilibradas, o mercado se apressa para oferecer meios lucrativos que atendam, ainda que de maneira superficial, os anseios sociais por uma participação mais ativa em suas versões digitais. Ainda que esses mecanismos possam promover, de forma aparente e imediatista, os objetivos de quem busca a aplicação do direito ao esquecimento, eles não foram concebidos para isso e, evidentemente, não o fazem para promoção da privacidade individual ou pelos meios menos gravosos à liberdade de expressão.

---

18. Esse é um dos serviços anunciado pela gestora de reputação online Brand Yourself em seu sítio eletrônico, disponível em: https://brandyourself.com/online-reputation-management-services. Acesso em 17.12.2018.
19. JONES, Meg Leta. *Ctrl+Z*, cit., p. 74.
20. JONES, Meg Leta. *Ctrl+Z*, cit., p. 78.
21. Vide aforismo citado por Jonathan ZITTRAIN, em tradução livre: "quando algo online é gratuito, você não é o consumidor, você é o produto" (no original: *"when something online is free, you're not the customer, you're the product"*). (Meme patrol: "When something online is free, you're not the customer, you're the product." Disponível em: http://blogs.harvard.edu/futureoftheInternet/2012/03/21/meme-patrol-when-something-online-is-free-you-re-not-the-customer-youre-the-product. Acesso em 29.10.2018)

A partir de um olhar atento sobre os apontamentos do estudo promovido pelo Google, nota-se que a grande maioria dos pedidos de desindexação é formulada por pessoas que não possuem projeção pública, cujo objetivo é remover, boa parte das vezes, resultados de pesquisa relativos a informações disponibilizadas em mídias sociais. Certamente não se pode presumir que todo e qualquer conteúdo constante das mídias sociais não se reveste de interesse público; contudo, parece razoável assumir que, em muitos casos, o teor dessas informações não assume relevância social expressiva.

Não se pretende sugerir, com isso, que o interesse público pode ou deve ser determinado em bases abstratas, apenas ressaltar que, diferentemente do temor de alguns, a desindexação não tem sido, ao menos por ora, um recurso largamente utilizado por políticos e pessoas com atuação pública para ocultar crimes ou condutas reprováveis do passado.

Poder-se-ia argumentar que, mesmo sem manifesto interesse público, as informações pessoais disponíveis em mídias sociais podem assumir um valor histórico, sendo, em certa medida, fontes para melhor compreensão, pelas gerações seguintes, dos hábitos e tradições passados de uma determinada sociedade[22] e, inclusive, do seu processo evolutivo. Sob essa perspectiva, tais registros ilustrariam, de forma concreta, as reações sociais a eventos que marcaram determinada época, a forma como os indivíduos se comportavam e interagiam entre si, a percepção social sobre certas práticas em diferentes momentos e locais do mundo, sendo esse legado digital interessante para traçar um panorama civilizatório e cultural mais preciso.[23]

Entretanto, a utilidade das informações pessoais para uma suposta memória coletiva não se justifica caso elas tenham sido obtidas ou mantidas às custas da violação dos direitos de gerações anteriores.[24] Conforme observado por Ana Paula Barcellos, o registro historiográfico, embora relevante, não é valorativa ou normativamente superior às pessoas e aos seus direitos fundamentais.[25] Além disso, o conhecimento histórico não

---

22. Sobre o tema, Gustavo BINENBOJM lembra a interessante síntese de Paulo Otero, segundo o qual "conhecer o passado é mergulhar nas raízes do presente". (BINENBOJM, Gustavo. *Direito ao Esquecimento: a censura no retrovisor*. Disponível em < https://jota.info/artigos/direito-ao-esquecimento-censura-retrovisor-16102014 >. Acesso em 08.05.2017)
23. Conforme observado por Paul-CHOUDHURY sobre as informações pessoais, "todos esses dados se mostrarão fascinantes para sociólogos, arqueólogos e antropólogos estudando o despertar da era digital. Para eles, a vida cotidiana pode ser tão interessante quanto momentos que definem uma época. Enquanto os pesquisadores tiveram que se basear, até aqui, em quaisquer documentos físicos que eventualmente sobreviveram, nossos vastos legados digitais significam que nossos sucessores poderão ser mimados por opção". (Tradução livre. No original: "all this data will prove fascinating to sociologists, archaeologists and anthropologists studying the dawn of the digital age. For them, everyday life can be just as interesting as epoch-defining moments. Whereas researchers have hitherto had to rely on whatever physical documents happen to survive, our vast digital legacies mean their successors could be spoiled for choice"). (Digital legacy: the fate of your online soul. Disponível em: https://www.newscientist.com/article/mg21028091-400-digital-legacy-the-fate-of-your-online-soul/. Acesso em 19.12.2018)
24. SZEKELY, Ivan. Right to be forgotten and the new archival paradigm. In. GHEZZI, Alessia; PEREIRA, Ângela Guimarães; VESNI-ALUJEVI, Lucia (Coord.) *The ethics of memory in a digital age*: interrogating the right to be forgotten, cit., p. 36. Em linha similar, v. ANDRADE, Norberto Nuno Gomes de. *Oblivion*, cit., p. 131.
25. *Intimidade e pessoas notórias. Liberdades de expressão e de informação e biografias. Conflito entre direitos fundamentais. Ponderação, caso concreto e acesso à justiça. Tutela específica e indenizatória*. Parecer jurídico. Disponível em: < https://www.migalhas.com.br/arquivos/2014/5/art20140522-01.pdf>. Acesso em 10.05.2018. p. 14.

depende da preservação dos pormenores ou da identificação dos sujeitos da informação, podendo ser obtido, por exemplo, com base em dados anonimizados.[26]

É necessário, portanto, conjugar a preservação das liberdades comunicativas, tanto dos meios de comunicação quanto da sociedade como um todo, e a conservação das informações para fins históricos sem que se perca de vista o interesse e os direitos do sujeito retratado. Conforme observa Pietro Perlingieri, a atividade informativa deve ser exercida de forma respeitosa ao valor da pessoa e condicionada internamente, ou seja, ao motivo pelo qual é reconhecida, qual seja, para a promoção, formação e informação ou, em síntese, para colaborar com o desenvolvimento da personalidade dos indivíduos, inclusive dos que são objeto da crônica ou de crítica.[27]

Considerando o exposto e os moldes pelos quais o *delist* vem sendo praticado, há que se reconhecer que, embora criticável sob diversos aspectos (alguns dos quais serão abordados a seguir) e apesar de ser um trabalho em andamento, a desindexação pode representar, em alguns casos, um ponto de partida para conciliar os interesses particulares, públicos e mercantis envolvidos em discussões sobre a publicização de certos conteúdos.

2.1.2. Panorama nacional da desindexação

Diferentemente dos europeus, os cidadãos brasileiros não contam com mecanismos online para solicitar aos próprios buscadores a remoção de resultados de pesquisa, sendo o uso das ferramentas já existentes restritas aos usuários localizados em países da União Europeia, assim como na Islândia, Liechtenstein, Noruega e Suíça, vide item 2.1.1 acima. Além disso, conforme abordado no item 1.4.3, os tribunais brasileiros já trataram, em algumas ocasiões, sobre a aplicação da desindexação em concreto.

Não obstante, ainda não há, na realidade pátria, um caso paradigmático de remoção de resultados de busca como o caso M.C.G., tampouco uma definição jurisprudencial clara de como e quando essa exclusão deve ocorrer. Isso não significa que inexistem precedentes nacionais favoráveis à desindexação – inclusive, como visto no Capítulo 1, o STJ reconheceu o direito à remoção de certos resultados em decisão recente.[28] Porém, mesmo no exemplo acima, entendeu-se que a desindexação somente seria cabível em situações excepcionalíssimas, reconhecendo-se que, em regra, o prejudicado deve direcionar sua pretensão contra os provedores de conteúdo, responsáveis pela disponibilização do conteúdo indevido na Internet.

Assim, ainda que existam decisões pontuais em contrário, nota-se que, no Brasil, ainda há uma forte resistência em determinar a remoção aos provedores de busca, muitas vezes enxergados como meras ferramentas de pesquisa, incapazes de controlar os resultados das buscas neles realizadas. Aos olhos do judiciário, ou melhor, de parte

---

26. ANDRADE, Norberto Nuno Gomes de. *Oblivion*, cit., p. 131.
27. PERLINGIERI, Pietro. *Perfis de direito civil*, cit., pp. 186-187.
28. REsp. 1.660.168/RJ, 3ª T., Rel. Min. Nancy Andrighi, j. 08.05.2018.

dele, decidir pela desindexação equivaleria a responsabilizar os buscadores, sem que haja fundamento legal correspondente para tanto.

Há que se refletir, porém, se a desindexação significa, de fato, a responsabilização dos provedores de busca. Como já mencionado, o próprio Google criou um mecanismo interno para receber e processar pedidos de remoção de resultados de pesquisa formulados por cidadãos comunitários da UE, os quais serão excluídos se atendidos certos critérios específicos. Quando o Google decide, em determinado caso, acatar a solicitação de desindexação, ele não está assumindo responsabilidade por ter disponibilizado o resultado até aquele momento. Inclusive, não seria razoável responsabilizar o buscador por simplesmente exibir resultados incontroversos criados a partir de seu algoritmo.

Mesmo se o provedor de busca decidir pela não remoção e a autoridade responsável pelo controle de dados – ou o próprio judiciário – vier a determina-la, não parece correto afirmar que isso implicaria a responsabilização do buscador, apenas que se concluiu que o direito do solicitante, naquele caso específico, supera o interesse do site. Os parâmetros utilizados para definir se o resultado deve ser desindexado dizem respeito ao próprio conteúdo questionado, e não à conduta do buscador. O que se pretende verificar é se a informação objeto do pedido é excessiva, irrelevante ou incorreta, o que, em caso afirmativo, justificará a sua retirada.

Fazendo um paralelo com um pedido hipotético de remoção de certa matéria de um provedor de conteúdo e/ou informação, eventual decisão judicial que acatasse a solicitação de retirada não estaria responsabilizando o provedor, e sim relativizando a sua liberdade de expressão (ou de imprensa, a depender do caso) para proteção dos direitos personalíssimos do sujeito da informação.

Nesse sentido, embora a desindexação possa representar um ônus financeiro aos provedores de busca – na medida em que eles terão que arcar com os custos necessários para a remoção – não parece adequado dizer que ela é uma forma de responsabilizar os buscadores, e sim o resultado do sopesamento de interesses. A responsabilização pode vir a ocorrer em momento posterior se, determinada a remoção, o buscador deixar de implementá-la, colaborando, assim, para perpetuação do dano causado pelo resultado em questão.

Adotando essa visão, também não seria apropriado afirmar, a priori, que a desindexação exige circunstâncias excepcionais, tampouco que sua aplicação atribui ao buscador a função de censor.[29] Se a decisão de retirar ou não certo resultado depende da análise concreta dos elementos de cada caso e a ponderação dos direitos em conflito, não é possível sustentar que há uma regra abstrata de prevalência dos interesses do buscador vis-à-vis os interesses do solicitante. Quanto à segunda afirmativa, não parece correto identificar a desindexação com censura. Ainda que o judiciário, via de regra, relacione a remoção de conteúdo com a repressão à liberdade de expressão e use o repúdio cons-

---

29. Tanto a excepcionalidade da desindexação como a ideia de que o buscador agiria como um censor encontram-se presentes na ementa do REsp. 1.660.168/RJ, 3ª T., Rel. Min. Nancy Andrighi, j. 08.05.2018. O risco de atribuir ao buscador a função de "censor digital" também é levantado pela Ministra Nancy Andrighi no voto proferido no contexto do REsp. 1.593.873/SP, 3ª T., Rel. Min. Nancy Andrighi, j. 10.11.2016.

titucional à censura como argumento para evitar a retirada de informações, há que se questionar se a noção de *censura* expressa na constituição é necessariamente coincidente com qualquer controle da disponibilização de informações na Internet.

Para tal reflexão, é importante notar que a censura é tradicionalmente concebida como um ato de repressão, normalmente desempenhado pelo Estado, tendo sido amplamente praticada, durante a ditadura militar, em dois campos institucionais distintos.[30] Durante esse período, houve grande intervenção estatal nas manifestações artísticas através da chamada censura de diversões públicas,[31] voltada à vigilância das expressões culturais e com o objetivo de (supostamente) preservar a moral e os bons costumes.[32] Além disso, o Estado costumava intervir nas atividades de cunho jornalístico para evitar a veiculação de informações sobre as autoridades ou as estruturas que sustentavam o regime militar. Através da censura à imprensa, impedia-se a publicação de notícias que tratassem de assuntos politicamente sensíveis, como o relato de práticas de tortura e desaparecimentos, assim como da própria prática desse tipo de censura, que não era sequer reconhecida pelas autoridades da época.[33]

Com a retomada democrática, não é de se estranhar que a Constituição de 1988 tenha assumido postura de total repúdio a tais práticas arbitrárias, preocupando-se em vedar toda e qualquer censura de natureza política, ideológica e artística.[34] Vale lembrar que não se pretendia, com isso, conferir menos importância aos demais direitos fundamentais da pessoa humana: ao mesmo tempo em que protege a manifestação do pensamento, a criação, a expressão e a informação, a Constituição de 1988 remete à necessidade de serem observados seus outros dispositivos,[35] a exemplo do art. 5º, inciso X, que trata da inviolabilidade da intimidade, a vida privada, a honra e a imagem das pessoas.

Considerando o exposto, nota-se que a censura de que trata a Constituição de 1988 se identifica com a intervenção injustificada nas atividades da imprensa, nas manifestações artísticas, criativas, políticas e ideológicas. Isso não se confunde com a proibição de qualquer tipo de controle razoável ou interferência motivada que possam ser necessários à preservação de outros valores protegidos pelo ordenamento, o que permitiria, por sua vez, outras espécies de arbitrariedade e opressão.

Assim, a correlação automática entre remoção de conteúdo e censura não parece legítima, inclusive porque, em certos casos, a manutenção da informação pode resultar na violação desproporcional dos interesses previstos na Carta Magna e ameaçar a dignidade humana do sujeito da informação. No que se refere à desindexação, essa associação é ainda mais questionável, uma vez que o conteúdo em si permanecerá disponível,

---

30. CARVALHO, Lucas Borges de. A censura política à imprensa na ditadura militar: fundamentos e controvérsias. *Revista da Faculdade de Direito – UFPR*, Curitiba, vol. 59, n. 1, p. 79-100, 2014, p. 79.
31. De acordo com o art. 8º, inciso VII, alínea d da Constituição de 1967, competia à União organizar e manter a polícia federal com a finalidade de prover a censura de diversões públicas.
32. CARVALHO, Lucas Borges de. A censura política à imprensa na ditadura militar, cit., pp. 79-80.
33. CARVALHO, Lucas Borges de. A censura política à imprensa na ditadura militar, cit., p. 80.
34. Art. 220, § 2º.
35. Art. 220, § 1º.

suprimindo-se apenas a exibição do respectivo URL da lista de resultados de buscas realizadas pelo nome do sujeito da informação.

Sob essa perspectiva, é importante que os magistrados brasileiros relativizem alguns pré-conceitos acerca da remoção de resultados de busca, não para que ela se torne a regra ou seja aplicada irrestritamente, mas para que não fique relegada a hipóteses excepcionalíssimas e estigmatizada como uma espécie de censura digital.

Além da postura crítica dos julgadores, é válido refletir sobre a pertinência de se implementar, em outras partes do mundo, uma ferramenta online similar à criada pelo Google na Europa. Embora o modelo europeu de desindexação não seja ideal e ainda esteja em construção, parece difícil instrumentalizar o direito ao esquecimento na Internet sem a participação dos motores de busca, sob pena de os esforços empregados para esse fim serem tão eficazes quanto os de Sísifo.[36]

Há que se ressaltar que, apesar de oferecer vantagens, esse tipo de mecanismo envolve uma série de riscos e aspectos negativos, os quais devem ser levados em consideração para que, inclusive, o possível remédio não se torne, ele próprio, uma fonte de lesões. Para melhor reflexão sobre a conveniência de tal recurso, bem como sobre a aplicação da desindexação de forma geral, o item 2.1.4 abaixo tratará de algumas questões controversas atinentes ao tema.

2.1.3. Graus de desindexação

Ao longo do presente trabalho – e não por acaso – a desindexação foi tratada como um mecanismo de retirada de resultados de pesquisa de determinado provedor de busca. Isso se deve ao fato de que, até onde se tem notícia, o *delist* vem sendo aplicado pela lógica do "tudo ou nada": ou se mantém o resultado tal qual apresentado na relação de URLs sugeridos para certos critérios de busca, ou se opta por exclui-lo totalmente, de modo que ele deixe de constar dos resultados exibidos pelo buscador.

Nesse cenário, a coexistência dos interesses do solicitante e do provedor de busca torna-se impraticável, assim como a conjugação desses e dos interesses do respectivo provedor de informação e conteúdo, que pode perder visibilidade com a não exibição do resultado, e dos demais usuários, cujo acesso à informação também será impactado. Na prática, existem situações em que eles não são necessariamente excludentes, sendo possível preservá-los, mesmo que não de maneira absoluta, com a adoção de soluções menos radicais.

Acredita-se que a desindexação "parcial", a qual será melhor detalhada no item 2.1.3.2 abaixo, pode ser uma das formas aptas a alcançar esse resultado. Não se trata, vale ressaltar, de uma alternativa universal, capaz de superar a aplicação da desindexação total e, com isso, suprir a eventual necessidade da remoção por completo de certos resultados, e sim de um remédio que, em determinadas hipóteses, pode se revelar suficiente para os fins pretendidos pelo solicitante.

---

36. Na mitologia grega, Sísifo é condenado, por toda a eternidade, a levar uma enorme pedra até o topo de um morro, apenas para vê-la despencar morro abaixo.

Nos itens seguintes, buscar-se-á esclarecer, de forma geral, no que consistem essas duas medidas (i.e., desindexação total e "parcial") e, no Capítulo 3, investigar-se-á em que circunstâncias seria oportuno recorrer a cada uma delas. O objetivo não é esgotar as soluções disponíveis para a tutela do direito ao esquecimento nos provedores de pesquisa, tampouco as situações em que cada alternativa aparenta ser mais satisfatória, ou mesmo estabelecer regras fixas e abstratas para seleção de um ou outro remédio. O que se busca, em essência, não são respostas definitivas, mas elementos que, longe de criarem uma fórmula perfeita e acabada, contribuam para a construção de soluções mais atentas às particularidades do caso concreto e capazes de promover, da forma mais abrangente possível, os diferentes interesses em jogo.

2.1.3.1. *Desindexação total*

De acordo com a visão adotada neste trabalho, a concepção usual de desindexação consiste no que ora se convencionou chamar de *desindexação total*, assim denominada por corresponder à exclusão de um resultado, que deixa de ser exibido pelo buscador em certo território quando realizadas pesquisas a partir de determinados termos de busca. Vale lembrar que o resultado removido não se torna completamente inacessível, podendo ser sugerido para buscas realizadas com outros termos ou, ainda, acessado por usuários situados nas localidades que não foram objeto da decisão de desindexar. Além disso, a retirada não afeta o conteúdo em si, que seguirá disponível no respectivo provedor de informação ou conteúdo.

Apesar das ressalvas acima, há que se reconhecer que, na prática, o *delist* pode se revelar bastante eficaz. Conforme observa Luciano Floridi, na *infoesfera*, o mapa é, muitas vezes, mais relevante do que o território.[37] O alcance e a influência dos buscadores são evidentes: em pesquisa realizada em 2012, o Pew Research Center verificou que mais de 70% da população americana fazia uso dos motores de busca, sendo que, nesse período, quase 60% dos usuários adultos acessavam os buscadores diariamente.[38] Os provedores de busca também são extremamente populares dentre os *players* do mercado, muitos dos quais optam por fazer uso de ferramentas disponibilizadas pelo próprio buscador para aumentar a visibilidade dos seus negócios.[39]

Como reconhecido pelo ECJ no caso M.C.G., é inegável que a atividade desenvolvida pelos buscadores assume um papel decisivo na disseminação de informações na medida em que as torna mais facilmente acessíveis aos usuários da Internet, inclusive aqueles que, não fosse pelo provedor de busca, sequer teriam encontrado o site em que o conteúdo foi disponibilizado.[40] Sob essa perspectiva, mesmo que o conteúdo siga disponível, seria impróprio afirmar que ele não foi, ainda que indiretamente, afetado

---

37. FLORIDI, Luciano. *The right to be forgotten: a philosophical view*, cit., p. 6.
38. Os resultados da pesquisa encontram-se disponíveis em: <http://www.pewinternet.org/2012/03/09/search-engine-use-2012/>. Acesso em 10.12.2018.
39. Exemplo disso é o Google Ads, que, embora ofereça inscrição gratuita, requer do anunciante um pagamento por cada ligação recebida ou clique ao site via anúncio.
40. Vide item 36 da decisão do ECJ no caso M.C.G., disponível em: <http://curia.europa.eu/juris/document/document_print.jsf?doclang=EN&docid=152065>. Acesso em 10.07.2018.

pela remoção. Isso suscita algumas objeções à desindexação total, ao menos ao modo como ela vem sendo praticada, bem como questionamentos sobre a necessidade de envolvimento de quem disponibiliza o conteúdo desindexado no processo decisório.

Por um lado, a participação dos provedores de informação e conteúdo poderia conferir mais transparência ao processo, permitindo a manifestação de partes que são, de alguma maneira, afetadas pela desindexação.[41] Não obstante, isso também acarretaria alguns inconvenientes, como uma maior complexidade e tempo para tomada de decisão, sendo possível, ainda, que tais provedores, cientes da discussão, republicassem a mesma informação de forma a driblar os termos da remoção e facilitar o acesso ao conteúdo sob questão.

Sem prejuízo de existirem prós e contras, bem como possíveis falhas nos argumentos de parte a parte,[42] acredita-se que o envolvimento dos provedores de informação e conteúdo no processo decisório de pedidos de desindexação o transformaria em uma espécie de *Frankenstein*. Primeiro, porque seria necessário definir o peso dado à manifestação desses provedores. Seu consentimento seria requisito para o deferimento dos pedidos de desindexação? Em caso de oposição do provedor de conteúdo, o usuário teria que contestar os argumentos por ele levantados? Se o provedor de busca e o provedor de conteúdo discordarem, qual posição prevaleceria?

Além de questões de ordem prática, dar-se-ia aos demais provedores, nesse cenário, o poder de determinar, ou ao menos de intervir na decisão sobre o tratamento que o buscador deve dar a um conteúdo que, mesmo desindexado, permanecerá integralmente disponível. Não parece possível alegar que a eventual remoção do resultado violaria a liberdade de expressão ou de imprensa do provedor de informação, pois o conteúdo desindexado, se muito, apenas se tornaria menos evidente.

Fato é que, rotineiramente, os buscadores controlam o que é exibido em suas plataformas, assim como a forma de organização e classificação dos resultados. Através de algoritmos como *Panda* e *Penguim* e de avaliadores humanos, o Google analisa os sites com base em diversos critérios próprios,[43] os graduando de formas diferentes mediante a conferência de posições melhores ou piores no ranking de resultados.

O buscador pode até mesmo penalizar um site caso uma avaliação humana determine que ele não observa as suas diretrizes de qualidade,[44] o que resulta em uma ação manual ou *manual action*. Através de um relatório de ações manuais disponibilizado pelo Google, o *Manual Actions Report*, é possível verificar se o site sofreu algum tipo de penalidade. Nesses casos, o penalizado pode enviar um pedido de reconsideração para

---

41. Em posição favorável à participação dos responsáveis pela publicação no processo decisório da desindexação, vide FLORIDI, Luciano. *The right to be forgotten: a philosophical view*, cit., p. 7.
42. Para rebater a alegação de possibilidade de republicação, por exemplo, Luciano FLORIDI argumenta que tal possibilidade hipotética não é suficiente para derrubar o direito de os responsáveis pela publicação terem ciência da desindexação e sua habilidade de contestar tal decisão. (*The right to be forgotten: a philosophical view*, cit., p. 7)
43. O buscador possui um manual com as orientações e parâmetros que devem guiar a análise de qualidade realizada pelos avaliadores humanos, disponível em: https://static.googleusercontent.com/media/www.google.com/en//insidesearch/howsearchworks/assets/searchqualityevaluatorguidelines.pdf. Acesso em 12.11.2018.
44. As diretrizes de qualidade encontram-se disponíveis em: https://support.google.com/webmasters/answer/35769#-quality_guidelines. Acesso em 04.01.2019.

o buscador, que será analisado e decidido pelo próprio Google.⁴⁵ Esse procedimento, porém, é aplicável apenas para ações manuais, inexistindo orientações claras sobre a possibilidade de se questionar uma alteração de ranking ou outras penalidades, como a desindexação, decorrentes da atuação dos algoritmos. Há, inclusive, a teoria de que o Google filtra sites mais novos, conhecida como *sandboxing effect* (em tradução livre, efeito caixa de areia), prática essa que, contudo, ainda não foi expressamente reconhecida pelo buscador.

O que se percebe é que, em geral, os buscadores exercem um controle do que e de como cada resultado é exibido: não há um direito à indexação, tampouco um direito adquirido, por assim dizer, de um site continuar a ocupar certa posição no ranking de resultados para uma determinada pesquisa. Em qualquer hipótese de queda de posição ou desindexação por motivos outros que não a solicitação de um indivíduo, é provável que o site penalizado sofra com a perda de tráfego, o que não justifica, por si só, a sua manutenção dentre os resultados disponibilizados pelo buscador.

Assumindo que a gestão de resultados cabe aos provedores de busca e que, apesar de indiretamente impactados, os provedores de conteúdo e informação não terão sua liberdade de expressão ou imprensa violada em caso de mudança de ranking ou remoção do resultado, não parece razoável exigir que a decisão de retirada de conteúdo das plataformas dos buscadores passe pelo crivo dos sites que disponibilizam a informação. Em última instância, pode-se cogitar se isso levaria ao esvaziamento do mecanismo da desindexação, que representa, inclusive, uma alternativa menos extrema à remoção de conteúdo propriamente dita – essa sim potencialmente prejudicial à liberdade de expressão dos demais provedores.

Ainda que se entenda que o processo decisório dos pedidos de desindexação não deve ser triangular, é possível refletir sobre a necessidade de comunicar a retirada aos provedores de informação e conteúdo. Essa foi a linha seguida pelo Conselho Consultivo instituído pelo Google para implementação do processo de desindexação total, que sugeriu ao buscador notificar a remoção na extensão permitida pela lei.⁴⁶ Não obstante, conforme argumentado por alguns dos conselheiros ao longo do relatório, tal notificação pode impactar negativamente o direito à privacidade do solicitante.⁴⁷ Tais impactos também devem ser considerados no que diz respeito à divulgação, aos demais usuários, de que os resultados exibidos para determinada pesquisa sofreram algum tipo de restrição.

Embora informar os provedores e usuários possa ser considerada uma postura transparente, é essencial que isso não acabe por conferir mais notoriedade ao URL que se decidiu remover – o chamado efeito *Streisand*⁴⁸ – e que, consequentemente, a desinde-

---

45. Mais informações das ações manuais encontram-se disponíveis em: <https://support.google.com/webmasters/answer/9044175?hl=en>. Acesso em 02.10.2019.
46. Vide p. 16 do relatório final produzido pelo Conselho Consultivo do Google (*The Advisory Council to Google on the Right to be Forgotten*), disponível em: https://static.googleusercontent.com/media/archive.google.com/pt-BR//advisorycouncil/advisement/advisory-report.pdf Acesso em 02.10.2019.
47. *The Advisory Council to Google on the Right to be Forgotten*, cit., p. 16.
48. O termo "efeito Streisand" remonta à tentativa da atriz norte-americana (a cujo sobrenome a expressão faz referência) de retirar uma foto área de sua casa da coleção de imagens disponibilizadas por um determinado site. Como consequência (obviamente indesejada) pela autora do processo, a foto que pretendia remover ganhou

xação, mesmo se implementada, deixe de produzir os efeitos pretendidos. Não obstante a importância de se proteger e promover o direito à informação, há que se considerar que a decisão de desindexar, se proferida corretamente, levou em consideração todos os interesses envolvidos, tendo concluído, após o sopesamento destes, que o direito do sujeito da informação deveria prevalecer no caso concreto. Em sendo esse o entendimento adotado, a desindexação deve ser implementada de modo a instrumentalizar adequadamente o interesse preponderante, e não criar oportunidades para sua violação.

O aviso de que certos resultados foram removidos, além de criar uma possível suspeita sobre o indivíduo que foi objeto da pesquisa – e, assim, impactar negativamente a sua imagem[49] – não instrumentaliza concretamente o direito à informação, pois o usuário, apesar de ciente da não exibição proposital de certos sites, não saberá propriamente o que foi suprimido: ou seja, a informação em si permanecerá desconhecida.

Na realidade, é extremamente importante que as decisões de desindexação total e os responsáveis por tal definição atentem para a efetividade da medida, sendo inócuo, por exemplo, que a autoridade competente determine a remoção dos resultados, mas divulgue a decisão identificando o solicitante. É o que ocorreu no caso M.C.G., em que o próprio comunicado de imprensa do ECJ[50] e a decisão pública disponível online[51] mencionam expressamente o nome do autor da ação, relatando, ainda, a situação que motivou a demanda e o site que continha as informações que foram objeto do pedido de remoção.

Por esse motivo, apesar de a solicitação formulada pelo cidadão espanhol ter sido atendida, é questionável se ele foi, de fato, vitorioso no processo. É contraditório, ainda, que o próprio tribunal tenha considerado aceitável publicizar as mesmas informações que são, em seu entendimento, sensíveis e ultrapassadas a ponto de justificar a remoção dos resultados associados ao nome do autor.[52] Mais do que um suposto efeito *Streisand*, há que se questionar se, em última instância, a forma como a decisão foi publicizada não tornou a desindexação por ela determinada essencialmente estéril.

Na realidade brasileira, embora a publicidade dos atos processuais seja a regra, a Constituição Federal de 1988[53] e o CPC/15[54] reconhecem que, em certos casos, o sigilo se faz necessário para preservar o direito à intimidade dos envolvidos. Nesse sentido, sem prejuízo da publicidade dos atos processuais, o CPC/15 determina que os processos

---

grande notoriedade na Internet, tendo sido objeto de inúmeras buscas e de milhares de visualizações no período de um mês. (Informações disponíveis em < https://www.economist.com/the-economist-explains/2013/04/15/what-is-the-streisand-effect>. Acesso em 04.01.2018)

49. Nesse sentido, v. FLORIDI, Luciano. *The right to be forgotten: a philosophical view*, cit., p. 7. Em linha similar, ZITTRAIN, Jonathan. Righting the right to be forgotten. Disponível em: < http://blogs.harvard.edu/futureoftheInternet/2014/07/14/righting-the-right-to-be-forgotten/>. Acesso em 29.10.2018.
50. Comunicado de imprensa disponível em: <https://curia.europa.eu/jcms/upload/docs/application/pdf/2014-05/cp140070en.pdf>. Acesso em 02.10.2019.
51. Decisão disponível em: <http://curia.europa.eu/juris/document/document_print.jsf?doclang=EN&docid=152065>. Acesso em 02.10.2019.
52. Nesse sentido, v. ZITTRAIN, Jonathan. Is the EU compelling Google to become about.me? Disponível em: <http://blogs.harvard.edu/futureoftheInternet/2014/05/13/is-the-eu-compelling-google-to-become-about-me/>. Acesso em 02.10.2019.
53. Art. 93, inciso IX.
54. Art. 189, inciso III.

em que constem dados protegidos pelo direito constitucional à intimidade correrão em segredo de justiça.

Acredita-se que essa providência é de suma importância nos casos envolvendo o direito ao esquecimento, pois possibilita que, independentemente da decisão tomada, a privacidade do sujeito da informação seja preservada e a informação em si não se dissemine ainda mais. Não se pretende, com isso, deixar de dar publicidade ao processo ou à decisão, apenas conjugar os direitos fundamentais personalíssimos do indivíduo afetado pela divulgação com o direito à informação da sociedade, que deve ter ciência do que foi decidido e da respectiva fundamentação, mas não necessariamente da identidade do envolvido.

Considerando todo o exposto, nota-se que a aplicação da desindexação total exige uma sintonia fina, necessária, na realidade, para implementação de qualquer remédio voltado a instrumentalizar o direito ao esquecimento. Ao mesmo tempo que se deve buscar a conjugação, na maior extensão possível, dos diferentes interesses em jogo, há que se atentar para que as medidas adotadas não acabem por prejudicar ou inviabilizar, na prática, a proteção do direito entendido como preponderante, resultando em uma coexistência meramente aparente e artificial.

Para tanto, além das módicas sugestões aqui sumarizadas, é importante que se reflita, antes de qualquer decisão final, sobre qual mecanismo de tutela se mostra concretamente capaz de promover, da forma mais ampla e eficaz, os interesses divergentes. Em algumas situações, é possível que a desindexação total se revele a resposta mais adequada, porém, em outras, alternativas diversas, como a desindexação "parcial", podem representar caminhos menos radicais e igualmente eficientes.

2.1.3.2. Desindexação "parcial"

Como mencionado anteriormente, a desindexação, tal qual vem sendo aplicada, consiste na remoção de resultados de buscas realizadas a partir de certos termos de pesquisa. Isso significa que, se deferido o pedido, os sites por ele compreendidos deixarão de ser exibidos quando os usuários recorrerem à base de dados do buscador para maiores informações sobre determinada pessoa. Em algumas ocasiões, as quais serão tratadas no Capítulo 3, essa medida pode corresponder ao remédio mais apropriado; porém, a remoção total de resultados de busca, além de se mostrar problemática por diversos aspectos, pode, se levada ao extremo, impactar negativamente a própria função dos buscadores – e, consequentemente, as facilidades por eles oferecidas aos usuários.

Considerando a importância de selecionar o remédio adequado, necessário e proporcional, há que se pensar em alternativas menos drásticas aptas a produzir os efeitos pretendidos. Um desses mecanismos é a desindexação "parcial", ou alteração de ranking dos resultados, que consiste, essencialmente, em tornar certo resultado menos visível, sem, contudo, retirá-lo da lista de sugestões exibida pelos buscadores. Nesse cenário, ao invés de não ser mais exibido, ele deixaria de aparecer, por exemplo, nas primeiras páginas de resultados. Isso se assemelha, em certa medida, à ideia de "obscuridade prática" (ou, em inglês, *practical obscurity*) desenvolvida pelos norte-americanos na década de 80, que se refere a informações que não foram apagadas, mas cuja localização tornou-se mais difícil.[55]

Acredita-se que os principais critérios para orientar a aplicação dessa medida, como se verá mais detidamente no Capítulo 3, são a relevância e a atualidade da informação contida no resultado. Em se tratando de um fato pretérito e/ou sem materialidade, seria razoável cogitar da sua exibição em uma posição de menos destaque, compatível com o teor e a época do ocorrido. Esses parâmetros, contudo, devem ser analisados com cautela, sendo necessária especial atenção ao aspecto temporal, que não se resume nem deve se confundir com a fixação de prazos abstratos de validade das informações.

Similarmente, a solução da desindexação "parcial" não será uma resposta aplicável e suficiente para todos os casos que questionam, de alguma forma, as sugestões oferecidas pelos buscadores. Tal qual a desindexação total, sua aplicação exige o enfrentamento de alguns desafios e dificuldades, inclusive do ponto de vista prático. Um dos primeiros questionamentos críticos sobre o tema diz respeito à responsabilidade e competência para determinar a posição apropriada do resultado na relação de sugestões oferecidas pelo buscador.

Assumindo que se decidiu, em juízo, pela aplicabilidade da desindexação "parcial", caberia ao próprio magistrado indicar, na respectiva decisão, a colocação do URL dali em diante? Em qualquer hipótese, é necessário que essa determinação seja precisa e específica – por exemplo, que a informação deverá aparecer na página X dos resultados da pesquisa – ou bastaria uma orientação mais genérica, como a indicação de que ela não deve constar das Y primeiras páginas da busca?

As dúvidas não se esgotam no momento decisório, sendo importante refletir, ainda, sobre a conservação da posição designada. Conforme mencionado acima, os buscadores constantemente indexam novos sites e (re)classificam os resultados por eles exibidos, havendo uma flutuação natural e contínua do ranking de sites indicados em cada busca. Se os resultados não ocupam lugares fixos no rol de sugestões oferecidas pelos buscadores, é possível manter, a longo prazo, um ou mais determinados sites em posições pré-definidas e invariáveis?

Seria excessivamente ambicioso oferecer respostas conclusivas para as questões acima, que envolvem, inclusive, aspectos técnicos estranhos à análise jurídica aqui desenvolvida. Justamente pela interdisciplinaridade inerente à matéria, os termos e condições da desindexação "parcial", assim como a sua implementação, exigem uma atuação conjunta e integrada dos julgadores e dos buscadores. Isso não significa, porém, que os últimos poderiam se valer meramente da argumentação simplista de impossibilidade técnica, não raro adotada em discussões envolvendo a Internet, como meio de se esquivar da concretização da desindexação "parcial". Conforme já mencionado, são os provedores de busca que controlam a hierarquia de resultados por eles exibidos com

---

55. DOJ v. Reporters Comm. for Free Press, 489 U.S. 749 (1989). Para uma análise mais detalhada sobre o uso do termo *"practical obscurity"* e a sua aplicação no contexto do direito ao esquecimento, v. BROCK, George. The right to be forgotten: privacy and the media in the digital age. Londres: I.B. Tauris & Co., 2016, versão eletrônica.

base em critérios próprios e, se conseguem fazer essa gestão, decerto são capazes de criar soluções hábeis para alteração dos rankings que eles próprios criam e organizam.

Vale notar que, para alguns, a modificação dos resultados compromete a objetividade da Internet e a transparência dos provedores de busca, tendo o próprio Google argumentado, durante a discussão do caso M.C.G., que esse tipo de conduta tornaria os buscadores imprecisos e incompletos.[56] Esse argumento, contudo, não se sustenta na medida em que a imprecisão e incompletude são características típicas dos buscadores, que não contém e jamais poderão almejar condensar todas as informações existentes sobre determinado sujeito ou objeto. Também parece curioso refutar a desindexação com base na ideia de que ela torna os buscadores menos objetivos quando, na realidade, a sua atuação já é, por si só, particularmente subjetiva. Nesse sentido, Norberto Nuno Gomes de Andrade observa que:

> Primeiramente, a noção de objetividade é bastante controversa vinda de um buscador que organiza suas listas de pesquisa através de algoritmos enigmáticos e não transparentes. Em segundo lugar, parece incongruente negar ao indivíduo o direito de remover informações pessoais que, dentre outros critérios, não sejam dignas de notícia ou de relevância histórica, somente com a finalidade de sustentar uma suposta memória coletiva.[57]

É importante frisar que a desindexação, seja total ou "parcial", não tem por objetivo penalizar os buscadores ou minar as suas atividades. Como mencionado repetidas vezes, eles exercem uma função extremamente relevante na sociedade contemporânea e, justamente pela magnitude do papel que representam, o conteúdo que exibem pode impactar severamente, tanto de maneira positiva quanto negativa, os indivíduos ali retratados.

Tendo em vista a repercussão que os resultados de pesquisa podem assumir, é imprescindível que a atuação dos buscadores seja conforme aos valores constitucionais, caso contrário, criar-se-ia um espaço de subjetividade imune ao raio de incidência do ordenamento.[58] Assim, além de observar critérios próprios, eles devem se submeter a disposições e restrições externas, sejam elas legais ou jurisprudenciais, que envolvem e exigem, por sua vez, um constante balanceamento de interesses.

Nesse sentido, os buscadores devem ser chamados a participar ativa e colaborativamente para a criação de um ambiente online mais equilibrado, assumindo, para tanto, alguns deveres, o que não se confunde, porém, com a sua responsabilização na acepção jurídica tradicional, identificada com a imputação de responsabilidade reparatória. Novamente, é necessário afastar o viés punitivo e reconhecer que se trata, em essência, de proteger e promover a concretização dos direitos fundamentais personalíssimos.

---

56. ANDRADE, Norberto Nuno Gomes de. *Oblivion*, cit., p. 131.
57. Tradução livre. No original: "First, the notion of objectivity is rather controversial coming from a search engine that organizes its search listings through enigmatic and non-transparent algorithms. Second, it seems unbalanced to deny the individual the right to erase personal information that is, among other criteria discussed below, not newsworthy or of historical relevance, only for the sake of sustaining a supposedly collective memory.". (ANDRADE, Norberto Nuno Gomes de. *Oblivion*, cit., p. 131)
58. TEPEDINO, Gustavo. A função social nas relações patrimoniais. In: MORAES, Carlos Eduardo Guerra de; RIBEIRO, Ricardo Lodi (Coord.). *Direito civil*. Rio de Janeiro: Freitas Bastos, 2015, p. 260.

Sob essa perspectiva, e com a contribuição dos buscadores, a desindexação pode ser enxergada e aplicada como um remédio, e não como um veneno.

2.1.4. Riscos e aspectos negativos da desindexação

Como já mencionado, embora possa ser um instrumento útil para concretizar os interesses dos usuários em certas situações, a desindexação, total ou "parcial", não está imune a críticas, sendo necessário enfrentar os seus aspectos controversos para refinar os termos e limites de sua aplicação. Seria, entretanto, impraticável enumerar todas as preocupações e questões polêmicas e trata-las exaustivamente, motivo pelo qual o presente item se dedicará a abordar três pontos principais.

Primeiramente, pretende-se discutir a capacidade decisória dos buscadores, discutível tanto sob o ponto de vista dos usuários quanto dos próprios provedores de busca. Apesar de o modelo apresentar algumas vantagens, é importante considerar os fatores negativos e se, realmente, a determinação de desindexar deve ser confiada aos buscadores, seja por atribuir a eles um poder desmedido, seja por impor um encargo demasiadamente custoso.

Após pensar sobre a incumbência da decisão, buscar-se-á refletir sobre a extensão territorial que ela deve assumir. Ainda que, atualmente, a desindexação seja implementada apenas na plataforma local/regional do buscador, há discussões em curso sobre a necessidade de tal decisão produzir efeitos extraterritoriais, sendo até mesmo defendido, por alguns, que ela possua alcance global.

Se a alteração dos resultados de pesquisa já suscita dúvidas quando aplicada pontualmente, em território certo e determinado, pode-se imaginar o quão questionada é a proposta de estender seus efeitos para além dos limites territoriais do local de residência do solicitante. Ao mesmo tempo, é incontroverso que a Internet é um ambiente *sui generis*, que desconhece fronteiras geográficas. Assim, utilizar uma abordagem baseada na concepção tradicional de espaço físico para formular soluções aplicáveis ao universo digital pode se revelar insuficiente e ineficaz, como fechar uma porta e manter as janelas abertas.[59]

Finalmente, e levando em conta as questões anteriormente abordadas, o último item buscará analisar os efeitos práticos da desindexação e se ela é realmente capaz de atingir os fins pretendidos pelo solicitante. Como o conteúdo seguirá disponível no provedor de informação e tendo em vista, ainda, as demais dificuldades práticas para aplicação do *delist*, há que se questionar se ele é um remédio apto a implementar o direito ao esquecimento ou uma medida paliativa que, embora disfarce, não concretiza efetivamente os interesses a ele subjacentes.

2.1.4.1. Decisão de desindexar: ônus excessivo ou excesso de poder?

Não obstante tenha sido criado para implementar a desindexação de modo mais rápido e eficaz, o mecanismo de *delist* adotado pelo Google na Europa se revela proble-

---

59. FLORIDI, Luciano. *The right to be forgotten: a philosophical view*, cit., p. 9.

mático sob diversos aspectos, a começar pelo fato de a sua concepção e aplicação terem ficado a cargo do próprio buscador.

Por um lado, é possível entender a praticidade desse modelo, sendo indiscutível, ainda, que a medida evita que se tenha que recorrer ao Poder Judiciário ou à autoridade de proteção de dados para qualquer demanda cujo objetivo seja a remoção de conteúdo. Previne-se, com isso, a "judicialização da vida".[60] No entanto, há que se questionar se o Google ou outros provedores de busca possuem competência e legitimidade para analisar e decidir sobre a inadequação, irrelevância, inexatidão ou excessividade do objeto dos pedidos de remoção. Mais do que isso, é preciso refletir sobre os riscos de confiar aos gestores, única ou primordialmente, a capacidade de solucionar os problemas e controvérsias decorrentes do uso de sua própria plataforma.

A regulamentação dos conflitos no ambiente digital é, sem dúvidas, uma missão extremamente desafiadora para o Direito, seja pela velocidade da propagação de dados e do constante surgimento de novas tecnologias e funcionalidades, seja por conta da anonimização dos usuários e da transnacionalidade da Internet. Tendo em vista essas particularidades, seria contraproducente atribuir apenas à via jurídica a tarefa de solucionar, sozinha, todas as questões relacionadas à rede. Como mencionado no item 2.1.3 acima, não parece possível conceber um mecanismo eficaz de desindexação total ou "parcial" que não envolva a participação ativa dos provedores de busca.

Todavia, deixar que tais conflitos sejam resolvidos apenas pela lógica de mercado é igualmente complicado e dá margem a riscos como de mercantilização (ou *commodification*) dos dados pessoais[61] e da censura exercida pelo próprio mercado.[62] Conforme adverte Manuel Castells, é a sociedade que determina a tecnologia, e não o contrário, sendo necessário, portanto, que a última se adeque às necessidades, valores e interesses sociais merecedores de tutela.[63]

Além da preocupação com a competência dos buscadores para decidir sobre a alteração dos resultados e de que isso represente um poder excessivo a eles conferido, há que se considerar que a análise das solicitações relevantes é financeiramente custosa para os provedores de busca. Como observado por Ivan Szekely, o esquecimento é um processo dispendioso, afinal, a remoção, ou mesmo a alteração do ranking de resultados, deve ser precedida da análise dos pedidos e de seus objetos, o que envolve, por sua vez, procedimentos custosos e trabalhosos.[64]

---

60. Expressão utilizada pelo Ministro Luís Roberto BARROSO em *A Judicialização da Vida*. Revista Consultor Jurídico, 2008. Disponível em < http://www.conjur.com.br/2008-dez-22/judicializacao_ativismo_legitimidade_democratica?pagina=2 >. Acesso em 03.10.2017.
61. RODOTÀ, Stefano. *A vida na sociedade de vigilância*, cit. pp. 130-133.
62. Anderson SCHREIBER observa que "enxergar o Direito como inimigo da liberdade é um equívoco metodológico profundo, na medida em que só em um ambiente normatizado o exercício da liberdade pode ocorrer sem o receio dos abusos, que representam a sua própria negação". (SCHREIBER, Anderson. Marco Civil da Internet: avanço ou retrocesso?, cit., p. 283)
63. *A sociedade em rede: do conhecimento à política*. Disponível em http://www.egov.ufsc.br/portal/sites/default/files/anexos/a_sociedade_em_rede_-_do_conhecimento_a_acao_politica.pdf. Acesso em 20.10.2018.
64. The right to forget, the right to be forgotten: personal reflections on the fate of personal data in the information society. In. GUTWIRTH, Serge; LEENES, Ronald; DE HERT, Paul; POULLET, Yves (Eds.). *European Data Protection: In Good Health?* Springer: Londres, 2012, p. 250.

Conforme mencionado no item 2.1.1 acima, o Google conta com uma equipe de avaliadores dedicada a analisar manualmente as solicitações de desindexação, bem como um time de advogados que cuida de casos mais complexos. Tendo em vista o exposto e o volume de pedidos direcionados ao Google, nota-se que armazenar dados pode acabar sendo mais barato do que destruir ou anonimizá-los.[65] Ainda que se possa pensar que isso faz parte do preço que os buscadores deveriam pagar, no sentido literal, para exercerem suas atividades, é importante refletir se, de fato, eles devem arcar com o custo para o exame e decisão dos pedidos de remoção ou modificação do ranking.

Para tanto, antes de uma análise econômica (que fugiria ao escopo desse estudo) e sob o risco de soar como uma argumentação cíclica, é importante considerar se a responsabilidade decisória pode ser realmente atribuída aos provedores de busca. Caso se conclua que eles não são a autoridade competente para esse tipo de determinação, não seria sequer relevante apurar se o custeio de tal procedimento representa ou não um ônus excessivo.

Retornando então à questão da competência, acredita-se que, embora a contribuição dos provedores de busca seja indispensável para implementar um modelo eficiente de desindexação, o poder decisório não deve caber a eles. Isso porque os critérios que orientam a tomada dessa decisão tomam por base valores do ordenamento voltados à promoção da pessoa humana e de seu livre desenvolvimento, enquanto os valores prezados pelos buscadores são, como não poderiam deixar de ser, de natureza mercantil.

Não se pretende, com essa constatação, criticar os buscadores ou retratá-los como vilões capitalistas. Sendo eles empresas que prestam um serviço (bastante útil para a sociedade, diga-se de passagem), é natural que suas atividades sejam desempenhadas com a finalidade de gerar lucros. Em se tratando de um negócio que consiste na disponibilização do maior número possível de informações para os seus usuários, que recorrem aos buscadores justamente pela diversidade e qualidade das respostas por ele oferecidas, é evidente que a remoção de resultados não é algo desejável ou interessante para os provedores de busca.

Deixar que os buscadores analisem e decidam as solicitações de alteração de resultados equivaleria a coloca-los em uma posição de claro conflito de interesses. Mais do que isso, significaria deixar que decidam sobre direitos que não lhe dizem respeito e que não possuem competência para ponderar, quais sejam, os direitos personalíssimos do sujeito da informação, o direito à informação e as liberdades comunicativas dos provedores de conteúdo.

Além disso, apesar de a falibilidade ser um traço característico dos seres humanos, as tecnologias e máquinas foram concebidas para não errar. Nesse sentido, o esquecimento, entendido como um lapso de memória, não é uma função típica dos meios tecnológicos. Sob essa perspectiva, a exclusão de informações mostra-se como algo contraintuivo

---

65. TERWANGNE, Cécile de. The right to be forgotten and informational autonomy in the digital environment. In. GHEZZI, Alessia; PEREIRA, Ângela Guimarães; VESNI -ALUJEVI , Lucia (Coord.) *The ethics of memory in a digital age*, cit., p. 85.

para os provedores de Internet, que foram programados para processar e acumular ao máximo os dados a eles fornecidos.

Pode-se argumentar que, mesmo não sendo o esquecimento uma função habitual, nada impede a criação de algoritmos, *softwares* ou outros meios que instituam e automatizem a sua efetivação. Essa é, inclusive, a solução sugerida por Viktor Mayer-Schönberger, segundo o qual os usuários poderiam aplicar uma data de expiração automática para as informações ao disponibilizá-las na rede.[66] Ocorre que, como destacado por Meg Leta Jones, o processo de codificação do esquecimento envolveria muitos elementos humanos,[67] arriscando-se, com isso, o desprezo de elementos essenciais para a tomada de uma decisão equilibrada, adequada e eficaz.

De certa forma, trata-se de definir o encarregado por selecionar quais "passados" serão contados para as gerações futuras,[68] e de como essa narrativa será feita. Sob essa perspectiva, ainda que possam ser os meios – ou as pontes – para que as próximas gerações obtenham informações, não parece legítimo que os buscadores sejam os responsáveis por determinar o que permanecerá ou não acessível. Diferentemente da conclusão de George Orwell, a história não deve ser escrita pelos vencedores,[69] tampouco reescrita por seus personagens. Justamente pela importância da gestão de informações, tanto para o presente quanto para o futuro, é imprescindível que ela seja realizada por autoridades com legitimidade e competência para ponderar e definir o que deve ser removido ou alterado. A fim de alcançar uma solução intermediária e, principalmente, factível do ponto de vista prático, Rodotà sugere que:

> [A] autodisciplina também pode ser considerada como um instrumento graças ao qual se experimentam soluções mais eficazes e socialmente aceitas que, posteriormente, podem vir a constituir o ponto inicial para a elaboração de princípios reguladores de toda a matéria. [...] As estratégias de tutela de privacidade [...] requerem a integração de diversos instrumentos.[70]

Com inspiração na sugestão acima e considerando, ainda, a recente criação da Agência Nacional de Proteção de Dados – ANPD,[71] uma possível solução para futuras decisões sobre a desindexação no Brasil seria a criação, pela ANPD, de um procedimento próprio para análise de pedidos de alteração de resultados de pesquisa, o qual pode, inclusive, ser estabelecido por meio eletrônico e se basear, tanto quanto cabível, no modelo adotado pelo Google. Conforme observa Danilo Doneda, "o recurso às autoridades de garantia para a tutela de direitos fundamentais surge como um resultado natural em um contexto no qual a atuação do Estado se dilata e também se sofistica a demanda pelos direitos".[72]

---

66. *Delete*, cit., pp. 171-173.
67. *Ctrl+Z*, cit., p. 79.
68. PEREIRA, Ângela Guimarães; VESNI-ALUJEVI, Lucia; GHEZZI, Alessia. The ethics of forgetting and remembering in the digital world through the eye of the media, cit., p. 21.
69. As I please. Coluna da revista Tribune, de fevereiro de 1944. No original: "History is written by the winners".
70. RODOTÀ, Stefano. *A vida na sociedade de vigilância*, cit. pp. 131 e 133.
71. A ANPD foi instituída por meio da Lei nº 13.853 de 08.07.2019
72. *Da privacidade à proteção de dados pessoais*, cit., p. 396.

Do ponto de vista prático, isso parece possível na medida em que compete à ANPD zelar pela proteção dos dados pessoais,[73] considerados, para os fins da LGPD, toda informação relacionada a pessoa natural identificada ou identificável,[74] bem como editar regulamentos e procedimentos referentes à proteção dos mesmos.[75] Além disso, a definição legal de *tratamento*[76] permite argumentar que a atividade desempenhada pelos buscadores é uma forma de tratar os dados pessoais, pois envolve, dentre outros, a coleta, classificação, utilização, acesso, reprodução, transmissão, arquivamento e avaliação de dados pessoais. Essa foi, inclusive, a posição assumida pela decisão proferida pelo ECJ no caso M.C.G., que entendeu que as atividades dos buscadores consistem no tratamento de dados nos termos da Diretiva 95/46/EC.[77]

Essa alternativa conta, ainda, com algumas vantagens em termos operacionais, uma vez que, de acordo com os incisos V e VI do art. 55-C da LGPD, a ANPD será composta por um órgão de assessoramento jurídico próprio, bem como unidades administrativas e unidades especializadas necessárias à aplicação do disposto na referida lei. As últimas, inclusive, poderiam contar com especialistas da área tecnológica, permitindo, assim, um diálogo construtivo para implementação de um mecanismo jurídica e tecnicamente viável e eficiente.

Além disso, a legislação prevê que a ANPD deverá elaborar estudos sobre as práticas nacionais e internacionais de proteção de dados pessoais e privacidade[78] e promover ações de cooperação com autoridades de proteção de dados pessoais de outros países, de natureza internacional ou transnacional.[79] Através desses instrumentos, a agência pode interagir com os buscadores e as autoridades estrangeiras e, assim, reunir os elementos necessários à elaboração de um procedimento afinado com os interesses dos usuários e as práticas internacionais e, na medida do possível, em harmonia com as particularidades e eventuais limitações dos provedores de busca.

Talvez isso signifique que as solicitações de desindexação passarão por um processo mais burocrático e que serão processadas em um prazo mais longo do que se fossem analisadas pelos buscadores, o que pode, por sua vez, gerar críticas à alternativa acima. No entanto, ainda que se deva evitar mecanismos excessivamente complexos e que

---

73. Art. 55-J, inciso I da LGPD.
74. Art. 5°, inciso I da LGPD.
75. Art. 55-J, inciso XII da LGPD.
76. Artigo 5°, inciso X da LGPD.
77. Com base no parágrafo 28 da decisão do ECJ: "[...] ao explorar a Internet de modo automático, constante e sistemático, em busca de informações que serão nele disponibilizadas, o operador de um provedor de busca 'coleta' tais dados que ele subsequentemente 'recupera', 'registra' e 'organiza' na estrutura de sua programação de indexação, 'armazena' em seus servidores e, conforme o caso, 'divulga' e 'disponibiliza' aos seus usuários na forma de listas de resultados de pesquisa". (Tradução livre. No original: "[...] in exploring the Internet automatically, constantly and systematically, in search of the information which is published there, the operator of a search engine 'collects' such data which it subsequently 'retrieves', 'records' and 'organizes' within the framework of its indexing programmes, 'stores' on its servers and, as the case may be, 'discloses' and 'makes available' to its users in the form of lists of search results. As those activities are referred to expressly and unconditionally in Article 2(b) of Directive 95/46, they must be classified as 'processing' within the meaning of that provision").
78. Art. 55-J, inciso VII da LGPD.
79. Art. 55-J, inciso IX da LGPD.

não se possa descuidar da celeridade processual, é essencial buscar uma solução que equacione a razoável duração do processo com a segurança jurídica.

Diferentemente do modelo adotado pelos buscadores, que se baseia em critérios e diretrizes próprias e pouco transparentes, o eventual mecanismo adotado pela ANPD poderia – e deveria – ser elaborado e aplicado em observância às garantias constitucionais de ampla defesa, devido processo legal e exigência de fundamentação, assegurando aos envolvidos um processo mais imparcial e previsível.[80]

É importante destacar que, mesmo na ocasião de implementação desse procedimento pela ANPD, os usuários não seriam privados de levar a juízo questões envolvendo a exibição de resultados pelos buscadores ou questionamentos acerca de decisões proferidas pela ANPD sobre o assunto. Não se trata de desconsiderar a garantia constitucional de acesso ao judiciário,[81] mas de buscar meios adicionais que sejam mais simples e, ao mesmo tempo, legítimos e juridicamente seguros, inclusive com o intuito de que a faculdade de recorrer ao judiciário não se transforme, na prática, em um dever.[82]

Há que se ressaltar, finalmente, que essa alternativa só seria de fato desejável e bem-sucedida caso a ANPD, além de interagir efetivamente com a sociedade, o mercado e as autoridades estrangeiras, se revelar uma agência com atuação imparcial e autônoma e que, embora integrante da Presidência da República, não seja capturada por ideologias políticas ou partidárias particulares, o que decerto comprometeria sua capacidade de construir um ambiente regulatório verdadeiramente democrático.[83]

2.1.4.2. Alcance da desindexação: minha casa, minhas regras?

Além de um extenso debate sobre a competência decisória, muito se discute sobre a dimensão territorial que a desindexação deve assumir. De acordo com o relatório que resume os três primeiros anos do modelo de *delist* adotado pelo Google, as remoções atualmente são implementadas em páginas de resultados contendo o nome do solicitante (1) nos serviços de busca do Google em países europeus e (2) em todos os serviços de busca, incluindo o google.com, para pedidos realizados em geolocalizações coincidentes com o país do solicitante.[84]

---

80. Conforme observado por Luiz Guilherme MARINONI, Sérgio Cruz ARENHART e Daniel MITIDIERO, "na esteira do direito fundamental à tutela jurisdicional adequada, efetiva e prestada em tempo razoável (art. 5.º, XXXV e LXXVIII, CF), toca-lhe o dever de dirigir o processo de modo que alcance solução do litígio em prazo razoável. Tem o juiz, na condução do processo, o dever de interpretar a legislação processual civil em conformidade com os direitos fundamentais processuais, preferindo para solução dos casos o sentido legal que concretize de maneira ótima os direitos fundamentais". (*Código de Processo Civil comentado*, 4ª ed. São Paulo: Thomson Reuters Brasil, 2018, versão eletrônica, comentários ao art. 139).
81. Art. 5º, inciso XXXV da Constituição Federal de 1988.
82. Conforme observa Anderson SCHREIBER, "[...] a garantia de acesso ao Judiciário, em leitura substancial, consiste em direito da vítima, nunca em dever". (Marco civil da Internet: avanço ou retrocesso?, cit., p. 294)
83. Sobre a importância da autonomia das agências, Danilo DONEDA destaca que "[o] escopo da tutela a qual visa este órgão dispõe uma neutralidade frente às próprias razões de Estado, que seria inatingível sem esta independência". (*Da privacidade à proteção de dados pessoais*, cit., p. 401)
84. BERTRAM, Theo et all. *Three years of the Right to be Forgotten*, cit., p. 3.

Vale mencionar que, até 2016, a retirada restringia-se à plataforma do Google na Europa, vide item (1) acima; porém, após discussões mantidas com as autoridades regulatórias de proteção de dados da União Europeia, o buscador decidiu alterar a abordagem que vinha utilizando até então. Com isso, o Google passou a fazer uso de sinais de geolocalização (como endereços de IP) para restringir o acesso aos URLs desindexados em todos os domínios do Google Search, incluindo o google.com, quando acessados do país de quem solicitou a remoção.

A título exemplificativo, caso o buscador tenha desindexado determinado URL em atendimento ao pedido de John Smith, no Reino Unido, tal URL deixará de ser exibido nos resultados de pesquisa que os usuários do Reino Unido realizarem em qualquer domínio do Google Search para os termos [john smith], enquanto usuários de fora do Reino Unido continuarão a visualizar o URL dentre os resultados de pesquisa realizada para [john smith] em qualquer domínio não-europeu do Google Search.[85]

Segundo Peter Fleischer, conselheiro de privacidade mundial do Google, o objetivo de adicionar esse filtro adicional é permitir que o buscador ofereça a proteção reforçada exigida pelos reguladores europeus, mantendo, ao mesmo tempo, o direito de pessoas residentes em outros países acessarem regularmente as informações publicadas na Internet.[86]

A necessidade de preservar essa acessibilidade parcial, contudo, não é unânime. Em oposição à versão geograficamente restrita da desindexação, a autoridade de proteção de dados da França ("CNIL") defende expressamente a implementação do *delist* em toda a extensão do provedor de busca.[87] Esse posicionamento a levou, inclusive, a determinar que o Google implementasse a remoção de resultados em escala internacional e impor ao buscador uma multa de cem mil euros pela inobservância a tal determinação.[88] Com base no entendimento da autoridade francesa, a retirada de resultados nos moldes ora praticados pelo Google é incompleta e ineficaz, uma vez que os usuários localizados em território não-europeu continuam tendo acesso ao conteúdo desindexado e, ainda, aqueles situados na Europa podem driblar o filtro de geolocalização de seus endereços IP graças a soluções tecnológicas, como, por exemplo, a utilização de uma VPN (rede privada virtual ou *virtual private network*).[89]

Inconformado com o posicionamento do CNIL, o Google Inc. recorreu ao supremo tribunal de justiça administrativa da França, o Conseil d'État, tendo solicitado a ele que esclarecesse se a desindexação deve, de fato, ser implementada para todos os nomes de domínio usados pelo provedor de busca, mesmo em se tratando de pesquisa realizada

---

85. FLEISCHER, Peter. *Adapting our approach to the European right to be forgotten*. Publicado em 04.03.2016. Disponível em: < https://blog.google/around-the-globe/google-europe/adapting-our-approach-to-european-rig/>. Acesso em 01.11.2018.
86. *Adapting our approach to the European right to be forgotten*, cit.
87. Posição defendida em artigo publicado no site da CNIL em 12.06.2015. Disponível em: <https://www.cnil.fr/fr/node/15790 >. Acesso em 04.10.2018.
88. Vide decisão nº 2016-054 proferida pelo CNIL em 10.03.2016. Versão em inglês Disponível em: < https://assets.documentcloud.org/documents/2775951/d2016-054-Penalty-Google.pdf>. Acesso em 05.10.2018.
89. Decisão nº 2016-054, cit., pp. 8-9.

fora do escopo territorial da Diretiva 95/46/EC.⁹⁰ Em 2017, o Conseil d'État concluiu que não possuía a competência necessária para resolver o conflito e responder as questões levantadas sem um posicionamento preliminar do ECJ, motivo pelo qual suspendeu o julgamento do caso e o referiu ao Tribunal de Justiça Europeu.⁹¹

Em parecer emitido em janeiro de 2019 sobre o tema, o Advogado Geral da UE, Maciej Szpunar, mostrou-se contrário ao reconhecimento de efeitos extraterritoriais às determinações de desindexação como regra geral, o que será possível, segundo ele, em casos específicos, como aqueles que afetem o mercado interno em razão da própria natureza da Internet.⁹²

O ECJ acompanhou o entendimento manifestado pelo Advogado Geral,⁹³ tendo concluído, em setembro de 2019, que não há previsão na legislação da UE que obrigue a desindexação de resultados em todas as versões do buscador. Não obstante, o Tribunal de Justiça Europeu destacou que, embora a lei não preveja a desindexação extraterritorial, tampouco a veda, de modo que as autoridades dos Estados Membro permanecem competentes para ponderar, à luz dos padrões nacionais de proteção de direitos fundamentais, o direito à privacidade e proteção de dados pessoais de um *data subject*, de um lado, e o direito à liberdade de informação, do outro, podendo, após tal exercício de ponderação, determinar, quando apropriado, que o operador do mecanismo de busca implemente a desindexação em todas as versões do seu buscador.⁹⁴ A decisão do ECJ ressalta, ainda, que:

> [...] a lei da UE requer que o operador do motor de busca implemente a desindexação nas versões do buscador correspondentes a todos os Estados Membro e tome as medidas eficazes para assegurar a proteção efetiva dos direitos fundamentais do *data subject*. Assim, tal desindexação deverá, se preciso for, ser acompanhada de medidas que efetivamente impeçam ou, no mínimo, seriamente desencorajem um usuário de Internet que realiza busca em um dos Estados Membro com base no nome do *data*

---

90. Case C-507/17, Google Inc. vs. CNIL. As questões formuladas pelo Google encontram-se disponíveis em: < http://curia.europa.eu/juris/document/document.jsf?text=&docid=195494&pageIndex=0&doclang=EN&mode=req&dir=&occ=first&part=1&cid=299782>. Acesso em 01.08.2018.
91. Informações disponíveis no comunicado à imprensa do Conseil d'État de 24.02.2017, disponível em: <http://www.conseil-etat.fr/Actualites/Communiques/Droit-au-dereferencement >. Acesso em 20.08.2018.
92. Parecer disponível em: https://curia.europa.eu/jcms/upload/docs/application/pdf/2019-01/cp190002en.pdf. Acesso em 12.01.2019.
93. Vale notar que, em análise conduzida pela Faculdade de Direito da Universidade de Cambridge, conclui-se que é 67% mais provável que o ECJ anule um ato (ou parte dele) caso o Advogado Geral opine pela sua anulação do que se ele sugerir que o caso seja indeferido ou declarado inadmissível. (ARREBOLA, Carlos; MAURICIO, Ana Julia; PORTILLA, Héctor Jiménez. An econometric analysis of the influence of the Advocate General on the Court of Justice of the European Union. *Legal Studies Research Paper Series*, paper n. 03/2016, jan.2016, p. 38. Disponível em: https://papers.ssrn.com/sol3/papers.cfm?abstract_id=2714259. Acesso em 15.01.2019). Não obstante, a título de curiosidade, destaca-se que, no caso M.C.G., o ECJ decidiu contrariamente à opinião do Advogado Geral.
94. Tradução livre do *Press Release* No 112/2019, publicado pelo ECJ em 24.09.2019. No original: "the Court points out that, while EU law does not currently require a de-referencing to be carried out on all versions of the search engine, it also does not prohibit such a practice. Accordingly, the authorities of the Member States remain competent to weigh up, in the light of national standards of protection of fundamental rights, a data subject's right to privacy and the protection of personal data concerning him or her, on the one hand, and the right to freedom of information, on the other, and, after weighing those rights against each other, to order, where appropriate, the operator of that search engine to carry out a de-referencing concerning all versions of that search engine." Disponível em: <https://curia.europa.eu/jcms/upload/docs/application/pdf/2019-09/cp190112en.pdf>. Acesso em: 02.10.2019.

subject de obter acesso, por meio da lista de resultados exibida na sequência dessa busca, através de uma versão do buscador fora da EU, aos links que foram objeto de desindexação. Caberá ao tribunal nacional determinar se as medidas tomadas pelo Google Inc. atendem esses requisitos.[95]

Considerando a manifestação do ECJ, nota-se que, embora os efeitos extraterritoriais não tenham sido reconhecidos como regra legal, o Tribunal entende que eles podem vir a ser aplicados em determinados casos, a critério das autoridades locais, o que significa, em última instância, que a discussão sobre a extraterritorialidade não foi totalmente resolvida pela corte – e, ao que tudo indica, está longe de chegar ao fim.

Sem prejuízo da discussão acima, é interessante observar que, em junho de 2017, a Suprema Corte do Canadá decidiu que os tribunais canadenses podem emitir ordens de desindexação com efeitos extraterritoriais – até mesmo globais – contra buscadores. Embora a decisão tenha sido proferida no contexto de uma disputa de patentes,[96] trata-se de precedente relevante e, de certo modo, preocupante. Preocupante porque, além de a desindexação ainda ser um tema permeado de dúvidas, assumir que tal recurso deve ser mundialmente vinculante levanta questões de soberania e oponibilidade da decisão de um determinado país aos demais, especialmente se considerados os diferentes graus de proteção que cada nação confere à privacidade e liberdade de expressão.

Mesmo que as mais diferentes nações possam reconhecer e proteger os direitos acima em seus respectivos ordenamentos jurídicos, cada país possui autonomia para determinar o tratamento adequado e a forma ideal de equilibrá-los. Como já mencionado, a legislação norte-americana, por exemplo, considera a liberdade de expressão um direito preferencial, conceito que, a despeito de opiniões em contrário, não é expressamente adotado pelo ordenamento jurídico brasileiro.

Quanto ao Brasil, é importante ressaltar que a eficácia de decisões estrangeiras é condicionada à homologação, pelo STJ, da respectiva decisão judicial definitiva ou de decisão não judicial que, pela lei brasileira, teria natureza jurisdicional.[97] Tendo em vista o exposto e, ainda, a importância que o direito brasileiro dá à liberdade de expressão e ao direito à informação, não parece razoável admitir que a remoção de resultados por solicitação de usuários estrangeiros decidida pelo Google sediado no exterior devem ser automaticamente estendidas à plataforma mantida pelo buscador no território brasileiro.

Há que se questionar, inclusive, se as determinações de remoção feitas pelo Google com base nos critérios próprios por ele adotados seriam passíveis de homologação,

---

95. Tradução livre do *Press Release* No 112/2019, cit. No original: "[...] EU law requires a search engine operator to carry out such a de-referencing on the versions of its search engine corresponding to all the Member States and to take sufficiently effective measures to ensure the effective protection of the data subject's fundamental rights. Thus, such a de-referencing must, if necessary, be accompanied by measures which effectively prevent or, at the very least, seriously discourage an internet user conducting a search from one of the Member States on the basis of a data subject's name from gaining access, via the list of results displayed following that search, through a version of that search engine 'outside the EU, to the links which are the subject of the request for de-referencing. It will be for the national court to ascertain whether the measures put in place by Google Inc. meet those requirements". Disponível em: <https://curia.europa.eu/jcms/upload/docs/application/pdf/2019-09/cp190112en.pdf>. Acesso em: 02.10.2019.
96. Google Inc. vs. Equustek Solutions Inc. 2017 SCC 24, caso 36602. Decisão disponível em: < https://scc-csc.lexum.com/scc-csc/scc-csc/en/item/16701/index.do>. Acesso em 24.08.2018.
97. Vide artigo 961 caput e § 1º do CPC/15 e art. 105, inciso I, alínea i da Constituição Federal de 1988.

uma vez que, nos termos dos incisos I e VI do art. 963 do CPC/15, são requisitos para a homologação que a decisão tenha sido proferida por uma autoridade competente – o que, como mencionado no item 2.1.4.1 acima, não seria o caso – e ainda, não ofenda a ordem pública.

Embora não seja possível problematizar essa questão com relação aos demais países, o que exigiria um estudo de direito comparado, soa estranho que os EUA, que assumem uma posição bastante protetiva do *freedom of speech*, sejam compelidos a acatar a determinação de retirada de resultados de buscas que venham a ser realizadas em seu território, o que significaria, de certa forma, a relativização de um direito fortemente protegido pelo ordenamento jurídico norte-americano.

Como já mencionado anteriormente, o mecanismo de desindexação europeu está longe de ser ideal e apresenta diversos aspectos que podem (e devem) ser melhor desenvolvidos e ajustados, o que torna a exportação compulsória desse modelo ainda menos justificável e, nas palavras de Luciano Floridi, uma espécie de neocolonialismo digital.[98]

Além de significar, nos dias de hoje, a imposição da concepção de um continente aos demais, é importante refletir se, no futuro, a desindexação com efeitos extraterritoriais não poderia vir a ser utilizada por países que ainda adotam regimes antidemocráticos. Nessa hipótese, a remoção global seria, de certo modo, um meio de difundir concepções mais restritas e retrógradas do direito à informação, privacidade e liberdade de expressão para o restante do mundo,[99] o que equivaleria, nas palavras de Carlos Affonso Pereira de Souza, a nivelar a sua proteção pelo nível mais baixo.[100]

Ao tratar da complexidade para satisfação das pretensões, Norberto Bobbio observa que a grande dificuldade está na proteção internacional, cuja concretização se revela mais desafiadora do que a da proteção no interior de um Estado, especialmente se ele for um Estado de direito.[101] Isso se torna ainda mais complicado no âmbito da Internet, que, como observa Anderson Schreiber, transcende a nacionalidade e impacta significativamente o modo de aplicação do Direito, tradicionalmente vinculado ao território de exercício da soberania estatal.[102]

Embora a máxima "minha casa, minhas regras" possa funcionar para discussões jurídicas compatíveis com a noção de espaço físico, ela não resolve conflitos decorrentes do uso da Internet, que não é delimitada por fronteiras concretas e aparentes. O que se percebe é que a impossibilidade de transpor para a rede uma demarcação territorial clara e familiar é justamente o motivo pelo qual as soluções orientadas pelo critério geográfico são insuficientes para dirimir as questões do ambiente digital. Nesse sentido, a extra-

---

98. FLORIDI, Luciano. *The right to be forgotten: a philosophical view*, cit., p. 11.
99. Esse argumento é utilizado pelo Google em oposição à extraterritorialidade exigida pelo CNIL, vide manifestação do Vice-Presidente Sênior de Negócios Internacionais do buscador, Kent Walker, em artigo publicado em 19.05.2016 e disponível em: <https://blog.google/around-the-globe/google-europe/a-principle-that-should-not-be-forgotten/>. Acesso em 30.08.2018.
100. *Direito ao esquecimento*: o mundo todo precisa esquecer? Disponível em: <https://www.huffpostbrasil.com/instituto-de-tecnologia-e-sociedade/direito-ao-esquecimento-o-mundo-todo-precisa-esquecer_a_21691049/> Acesso em 28.11.2018.
101. BOBBIO, Norberto. *A Era dos Direitos*, cit., p. 32.
102. Contratos eletrônicos e consumo. *Revista Brasileira de Direito Civil*, Volume 1, jul/set 2014, p. 94.

territorialidade não parece ser a resposta adequada para as dificuldades impostas pela desindexação, podendo se tornar, ao revés, fonte de abusos e outros problemas graves.

Além disso, é importante lembrar que a efetividade da remoção de resultados já é relativa por si só, uma vez que o conteúdo seguirá disponível e acessível, inclusive pelos usuários localizados no mesmo território que o solicitante da remoção, através do provedor de informação e conteúdo. Como já mencionado, a alteração de resultados é um remédio menos radical, sendo contraditório buscar transforma-lo, a todo custo, em uma medida excessivamente drástica.

Não obstante a problematização hipotética seja um exercício importante para resolver os pontos que podem comprometer a eficácia das medidas voltadas à proteção dos direitos fundamentais, é importante que esse raciocínio seja realista e prático. Sob uma perspectiva objetiva, a eliminação de resultados nos moldes ora praticados parece dificultar consideravelmente o acesso aos URLs removidos. É claro que alguns usuários poderão se esquivar do filtro da geolocalização através do uso de VPNs ou realizar a pesquisa desejada durante uma viagem para outra localidade, porém, eles não devem ser tratados como a regra, e sim como exceções.[103] Da mesma forma, usuários residentes no Brasil podem decidir pesquisar o nome de um cidadão espanhol e encontrar informações sobre ele que foram excluídas da plataforma do buscador no território europeu.

Na verdade, se o objetivo do solicitante é limitar totalmente o acesso à informação, a desindexação jamais será o meio adequado para produzir os efeitos por ele pretendidos. Nesse caso, talvez seja necessário que ele busque a remoção do conteúdo em si, e não do resultado – o que exigirá, por sua vez, uma análise diferenciada e não será necessariamente aplicável aos mesmos casos em que o *delist* seria implementado.

Novamente, o direito ao esquecimento não deve ser enxergado de forma voluntarista, sendo imperioso manter em mente que, em muitas situações, a vontade de eliminar uma informação sobre si pode não ser suficiente para justificar a sua remoção, seja da lista de resultados dos buscadores em todo o mundo, seja do provedor de conteúdo. Não produzir todos ou alguns dos efeitos desejados pelo solicitante não é obrigatoriamente uma falha do remédio, podendo corresponder, em alguns casos, às limitações inerentes à própria medida.

Considerando o exposto, acredita-se que o atual alcance da desindexação implementada pelo Google é compatível com os fins a que ela se destina. Caso o Brasil venha a adotar um mecanismo de remoção de resultados – o que, se ocorrer, deverá levar em consideração as questões levantadas no item 2.1.4.1 acima – parece razoável que se determine a remoção dos URLs do Google Brasil e, ainda, que o acesso a eles seja restringido a partir da geolocalização, de modo que não sejam exibidos em todos os demais domínios do Google Search quando acessados por usuários localizados em território nacional.

---

103. Como observado por Luciano FLORIDI, "embora os usuários possam facilmente driblar as restrições existentes, de acordo com o Google, poucos o fazem, preferindo confiar na ferramenta de busca de seus idiomas [...]. O chamado 'poder de *default*' é enorme". (Tradução livre. No original: "Although users can easily by-pass the current restriction, according to Google very few do, preferring to rely on their local search engines in their languages. Spaniards use google.es, Italians google.it, Germans google.de, and so forth. The so-called "power of default" is enormous"). (*The right to be forgotten: a philosophical view*, cit., p. 10).

2.1.4.3. Efetividade da desindexação: desindexar é "esquecer"?

Como debatido ao longo do Capítulo 1, a expressão "direito ao esquecimento" é tecnicamente imprecisa e terminologicamente inadequada uma vez que, em essência, o que se pretende não é intervir na conservação das lembranças preexistentes sobre determinado fato, mas não colocar o episódio em si em evidência, evitando, com isso, a sua constante recordação.

Sob essa perspectiva, a concretização do direito ao esquecimento não depende, necessariamente, da supressão do conteúdo, sendo possível, em alguns casos, alcançar o resultado desejado através de remédios menos extremos e que permitam a conjugação dos diferentes interesses em jogo.[104] Desmistificada a suposta interdependência do direito ao esquecimento e a remoção da informação, há que se pensar sobre a correlação entre o primeiro e a desindexação e, ainda, sobre a real capacidade de a retirada de resultados de pesquisa produzir os efeitos almejados pelo titular desse direito.

Primeiramente, e em resposta preliminar ao questionamento formulado no título deste item 2.1.4.3, acredita-se que desindexar não é "esquecer" no sentido literal da palavra, tampouco na acepção voluntarista da corrente mais radicalmente favorável ao direito ao esquecimento – afinal, como já dito diversas vezes, a informação em si seguirá disponível, podendo ser acessada a qualquer tempo e por qualquer usuário a partir do provedor de conteúdo e informação. Isso não significa, porém, que a desindexação não é uma medida útil para implementação do direito ao esquecimento em certas hipóteses. Na realidade, apesar de sua eficácia relativa (e das questões aqui levantadas), acredita-se que, se bem aplicado, esse mecanismo pode gerar alguns efeitos práticos imediatos e aparentes.

Como já mencionado, os buscadores assumem um papel de grande importância na sociedade, sendo utilizados, a todo instante, por milhões de usuários ao redor do mundo em busca dos mais variados tipos de informação. Os grandes provedores, como o Google, oferecem respostas para praticamente todas as perguntas e trazem à tona os mais ínfimos fragmentos de informação sobre lugares, atividades, empresas e pessoas, os exibindo, porém, fora de seu contexto inicial.

Não bastasse a enorme quantidade e diversidade de informações reunidas e exibidas pelos buscadores, elas encontram-se disponíveis em um ambiente cuja regra é a memória absoluta: a Internet não esquece, ao menos não espontaneamente. Diferentemente da realidade humana, em que certas informações são descartadas de forma involuntária e inconsciente, a supressão de dados na web depende de um processo consciente e da tomada de decisão formal nesse sentido.[105]

---

104. Conforme observado por Cécile de TERWANGNE, "nota-se que o que está em jogo nesses casos não é propriamente o problema de apagar o passado. [...] O direito de ser esquecido, nesse sentido, sequer implica a remoção dos dados. Se mantido em seu contexto inicial, a informação não é necessariamente problemática" (Tradução livre. No original: "one notices that it is not so much a problem of erasure of the past that is at stake in these cases. [...] The right to be forgotten in that sense does not even imply the erasure of data. If it remains in its initial context, the data is not necessarily problematic"). (The right to be forgotten and informational autonomy in the digital environment, cit., p. 88).

105. TERWANGNE, Cécile de. The right to be forgotten and informational autonomy in the digital environment, cit., p. 85.

Essa conjunção de fatores explica o poder detido pelos buscadores e, consequentemente, o impacto de seus resultados para o sujeito da informação. Ainda que não sejam os criadores do conteúdo, os provedores de busca o tornam mais visível e facilmente acessível para uma legião de usuários, amplificando, por assim dizer, o seu alcance.[106]

Usando essa mesma lógica, nota-se que a retirada do resultado, embora não impeça o acesso ao respectivo conteúdo, tampouco o facilita. Com isso, mesmo que os usuários possam chegar até a informação por outros meios, previne-se, em grande escala, a associação instantânea do fato com o indivíduo objeto da busca. Na realidade, a desindexação pode acabar evitando, em certa medida, que o sujeito pesquisado seja automaticamente associado a uma informação desatualizada, descontextualizada, excessiva, irrelevante ou incompleta. Assim sendo, e considerando que o objetivo do direito ao esquecimento é não trazer à tona ou manter em foco permanente esse tipo de informação, é possível concluir que a desindexação é um remédio apto a implementar o direito ao esquecimento em determinadas situações.

Para que isso efetivamente ocorra, contudo, faz-se necessária uma aplicação criteriosa e atenta. A eficácia da alteração de resultados não se confunde com a sua capacidade hipotética de gerar os efeitos pretendidos pelo solicitante, os quais somente serão produzidos se observados alguns pontos críticos.

Como mencionado no item 2.1.3.1 acima, é contraditório que o caso M.C.G., precedente mais emblemático e que deu origem ao modelo atual de *delist*, não possa ser considerado propriamente um exemplo bem-sucedido de desindexação. Isso se deve ao fato de que a informação objeto do pedido de remoção foi divulgada pela própria decisão que determinou a sua supressão, a qual também identifica nominalmente o autor e o site contra o qual a ação foi movida.

Em pesquisa pelo nome de M.C.G. no google.uk em 05 de janeiro de 2019,[107] foram exibidos, dentre os primeiros resultados, o relato do caso decidido pelo ECJ, disponibilizado no site Wikipedia, uma notícia do The Guardian intitulada "C.G. e uma luta memorável pelo direto ao esquecimento"[108] e uma matéria da BBC cuja manchete lê-se "o que é o direito ao esquecimento?".[109]

Com isso, não só o fato permaneceu em destaque como a pretensão do autor de torna-lo menos evidente foi totalmente – ou ao menos em grande parte – frustrada, o que indica que, apesar de ter existido, a desindexação não foi eficaz. Portanto, não basta a retirada dos URLs (ou, no caso da desindexação "parcial", a alteração do ranking de resultados), sendo essencial que se preserve a privacidade do solicitante, independentemente da decisão de remover ou não os sites por ele indicados.

---

106. Conforme observado por Carlos Affonso Pereira de SOUZA e Ronaldo LEMOS, a Internet "[é] uma plataforma extraordinária para a liberdade de expressão e simultaneamente, talvez pelo mesmo motivo, pode gerar danos em larga escala e de difícil contenção". (*Marco Civil da Internet*: construção e aplicação, cit., p. 67)
107. A pesquisa foi realizada presencialmente em Londres, Reino Unido, e não através do acesso ao google.uk em território brasileiro.
108. Tradução livre. No original: "C.G. and a memorable fight for the 'right to be forgotten'". Cumpre esclarecer que a notícia utiliza o sobrenome completo do autor, o qual foi propositalmente substituído no presente trabalho por suas iniciais.
109. Tradução livre. No original: "What is the right to be forgotten?".

Além disso, outros fatores podem comprometer a eficácia da desindexação, alguns dos quais fogem ao controle jurídico e exigiriam soluções técnicas que podem não ser viáveis, ou desejáveis. O site que disponibiliza a informação desindexada pode, por exemplo, republicá-la com outros parâmetros que escapem da restrição imposta pela desindexação e a "nova" notícia ser indexada pelos algoritmos do buscador. Um outro provedor pode compartilhar a matéria suprimida e, da mesma forma, ser posteriormente indexado e passar a constar do rol de resultados relevantes.

Também é possível que um URL suprimido pelo Google apareça como resultado das buscas realizadas no Bing e, assim, a conexão entre o objeto da pesquisa e a informação continue sendo instantânea para os usuários que recorrem ao outro buscador. Nesse caso, pode-se até mesmo considerar se a desindexação, levada ao extremo, poderia afetar a competitividade de um provedor de busca que concentre mais pedidos de remoção do que os demais.

Dessa forma, e considerando, ainda, a possível restrição que essa seletividade pode gerar para a efetividade da desindexação, talvez seja necessário refletir sobre a implementação dessa medida em todos os buscadores que exibirem a informação nos resultados de busca realizada pelo nome do solicitante. Isso, por óbvio, exigiria a consideração de diversos aspectos técnicos e jurídicos, como, por exemplo, se caberia ao solicitante identificar, no pedido, os URLs que constam da lista de resultados de todos os buscadores possíveis, se a decisão de remover o URL de um provedor de busca vincularia a retirada dos demais, dentre outros.

O que se percebe é que a eficácia da desindexação, além de relativa desde o seu nascimento, pode ser afetada por inúmeras vicissitudes ao longo do caminho. Por se tratar de um mecanismo que ainda está em desenvolvimento e tendo em vista as particularidades da Internet, não é possível sequer prever todos os fatores que podem intervir ou comprometer, de alguma forma ou em algum momento, a efetividade da alteração de resultados.

Assim, embora acredite-se que a desindexação pode produzir os efeitos pretendidos pelo direito ao esquecimento, é cedo para afirmar se de fato, e de que modo, ela o fará. Isso não deve ser visto, porém, como um motivo para abandoná-la ou decretar sua inutilidade. Novamente, ela apresenta aspectos positivos e o potencial de conciliar, em algumas hipóteses, os interesses do solicitante, do buscador, do provedor de conteúdo e informação e da sociedade, sendo importante, pois, que seja melhor explorada. Aliás, somente a partir da sua aplicação em concreto será possível identificar os pontos de atenção e refinar um modelo verdadeira e realisticamente eficaz.

2.2. MECANISMOS DE TUTELA DO DIREITO AO ESQUECIMENTO NO PROVEDOR DE INFORMAÇÃO E CONTEÚDO

Conforme mencionado no item 2.1 acima, embora o Marco Civil da Internet tenha preferido se referir aos provedores de forma genérica, o presente estudo optou por adotar terminologias mais específicas, fazendo referência a provedores de busca, de conteúdo e de informação. Enquanto a primeira categoria já foi objeto de análise no item supracitado, os demais tipos de provedores serão trabalhados neste item 2.2, cujo objetivo é refletir sobre os possíveis mecanismos de tutela do direito ao esquecimento nos provedores de conteúdo e informação. Antes disso, contudo, vale conceituar, de forma geral, o que se entende por essas expressões. De acordo com Frederico Meinberg Ceroy:

> O provedor de conteúdo é toda pessoa natural ou jurídica que disponibiliza na internet as informações criadas ou desenvolvidas pelos provedores de informação (ou autores), utilizando servidores próprios ou os serviços de um provedor de hospedagem para armazená-las. [...] [o] Provedor de Informação é o efetivo autor da informação. [...] Assim, a pessoa natural que mantenha um website, ou mesmo uma conta em uma rede social, é um provedor de conteúdo. Se esta mesma pessoa insere informações no site, ela passa a ser, também, um provedor de informação ou autor.[110]

A diferenciação acima não tem o intuito de fazer um juízo de valor da terminologia adotada pelo Marco Civil da Internet, tampouco tem a pretensão de ser a melhor ou mais precisa definição para esse ou aquele tipo de provedor. Essa separação serve, na realidade, para fins de organização e, ainda, para a análise dos diferentes tipos de remédio vis-à-vis a atividade desempenhada pelos provedores e a incumbência que pode ser designada a cada um deles. Não faria sentido, por exemplo, cogitar da desindexação de resultados para provedores que não atuem como mecanismos de busca, assim como seria irrazoável impor aos buscadores o dever de remover um conteúdo que foi criado e disponibilizado por um outro site.

Desse modo, este segundo capítulo dividiu os mecanismos de tutela do direito ao esquecimento na Internet de acordo com os veículos que podem ser chamados a aplica-los, tratando as medidas da desindexação total e "parcial" como oponíveis aos provedores de busca e as de remoção, redução ou edição, anonimização e atualização de conteúdo aos provedores de informação e conteúdo.

Como se verá a seguir, além de ter sido econômico ao tratar da remoção de conteúdo, o Marco Civil da Internet se absteve de tratar de outros mecanismos de tutela dos direitos personalíssimos na Internet que, como mencionado anteriormente, podem alcançar os resultados pretendidos sem, ao mesmo tempo, impactar de forma tão significativa as liberdades comunicativas e o direito à informação. Além de menos invasivos para os provedores de informação e conteúdo, esses remédios podem ser mais interessantes para os próprios indivíduos afetados que, muitas vezes, não pretendem a exclusão do conteúdo ou precisam dela para preservação de seus interesses.[111]

Ocorre que, na ausência de previsão legal específica e, muitas vezes, por desconhecimento de outros caminhos possíveis, o sujeito da informação tende a optar pela solicitação de supressão do conteúdo. Isso exige, porém, a restrição pontual de direitos fundamentais que são, como tais, caríssimos ao ordenamento jurídico. Em diversas ocasiões, embora se reconheça a necessidade de preservar os direitos da personalidade, os julgadores se opõem à supressão da informação pelo impacto que isso causaria aos

---

110. *Os conceitos de provedores no Marco Civil da Internet*. Disponível em: https://www.migalhas.com.br/dePeso/16,-MI211753,51045Os+conceitos+de+provedores+no+Marco+Civil+da+Internet. Acesso em 15.12.2018.
111. SCHREIBER, Anderson. Marco Civil da Internet: avanço ou retrocesso?, cit., p. 299.

demais interesses em jogo. Nesses casos, o direito do autor do pedido, também fundamental e merecedor de tutela, acaba ficando desprotegido.

Para evitar que isso aconteça, é essencial refletir sobre a aplicação adequada da remoção de conteúdo e aplicabilidade de outros remédios que permitam, tanto quanto possível, a coexistência desses direitos. Ainda que não se pretenda esgotá-los, os próximos itens se dedicarão a tratar de alguns mecanismos de tutela, como a edição, atualização e anonimização de conteúdo, além da própria supressão de informação. O intuito é abordar criticamente tais medidas, levantando questões práticas sobre o processo decisório e a implementação de cada uma delas, tanto em situações que envolvam provedores de conteúdo quanto de informação, as quais, como se verá a seguir, podem ou não apresentar aspectos ou dificuldades particulares e exigir soluções diversas.

Independentemente da solução adotada, é essencial destacar que, de uma maneira geral, a discussão sobre os remédios disponíveis para resolução de conflitos na Internet e sua respectiva aplicação deve levar em conta as características singulares do ambiente em que serão implementados. Isso exigirá do responsável pela análise de cada caso a consideração de aspectos inexistentes ou que não assumem a mesma relevância em discussões de um conteúdo disponível em formato físico, como, por exemplo, o alcance infinitamente maior das informações e a memória tendencialmente perfeita e eterna da web, o que pode levar, em certos casos, a decisões diferentes das que seriam tomadas no mundo offline, ou que não se estendem a ele. Conforme observado por Cécile de Terwangne:

> O equilíbrio alcançado na web não corresponde necessariamente ao que seria atingido em formatos clássicos. Certas soluções provavelmente darão prioridade ao direito a ser esquecido no que se refere a arquivos da Internet, enquanto se priorizará a liberdade de imprensa, interesses históricos, educacionais ou públicos para arquivos em formatos não acessíveis na web.[112]

Assim, a remoção, edição, anonimização ou atualização de certo conteúdo disponibilizado por um provedor de conteúdo e/ou informação não deve, necessariamente, afetar ou impor as mesmas obrigações no que se refere ao conteúdo publicado em versão impressa, já que a acessibilidade e perpetuação da informação na Internet podem, em certos casos, legitimar uma interferência que não se justifica nos formatos clássicos, como jornais e revistas físicas.

Além disso, como se verá ao longo dos itens seguintes, essas medidas podem ser, em muitos casos, complementares entre si. A adoção de uma delas, portanto, não deve excluir a possibilidade de aplicação das demais, sendo recomendável, ao contrário, que se analise em concreto a possibilidade de combinar remédios menos extremos para justamente maximizar a tutela dos interesses em jogo e, ao mesmo tempo, evitar, na maior extensão possível, a restrição pontual de certos direitos fundamentais.

---

112. Tradução livre. No original: "The balance reached on the web does not necessarily correspond to what would have been done in classical formats. Certain solutions are likely to give priority to the right to be forgotten as concerns Internet archives, whereas priority will be given to freedom of the press, historical, educational and public interests for archives in formats not accessible on the web". (The right to be forgotten and informational autonomy in the digital environment, cit., p. 93).

2.2.1. Remoção do conteúdo

Conforme já mencionado, há, no Brasil, uma forte resistência à remoção de conteúdo, inclusive por parte do judiciário. Isso porque, como se pode inferir, trata-se da alternativa que causa maior impacto às liberdades comunicativas e ao direito à informação, podendo ser considerada, sob essa perspectiva, o mais radical dentre os remédios disponíveis.

Isso não quer dizer que a retirada de informação não seja legítima em algumas ocasiões, as quais serão abordadas no Capítulo 3; porém, por representar a mitigação pontual de direitos fundamentais, sua aplicação deverá ocorrer quando as circunstâncias do caso concreto justificarem uma interferência mais extrema na esfera de proteção de tais direitos.

Justamente pela sensibilidade do tema e a importância de preservar, na maior extensão possível, os interesses em conflito, esperava-se que o Marco Civil da Internet regulasse, de forma clara e definida, os parâmetros a serem utilizados, o processo para tomada de decisão e o mecanismo adequado para implementação da retirada de informações da Internet. Ao invés disso, o diploma legal não aprofunda a temática, dedicando-se a tratar da responsabilização dos provedores de aplicação da Internet através de dispositivos duramente criticados por parte da doutrina.

Nos termos do artigo 19,[113] os provedores somente serão responsabilizados civilmente por danos decorrentes de conteúdo gerado por terceiros se, após ordem judicial específica, não tomarem as providências para tornar indisponível o conteúdo apontado como infringente. Assim, para (supostamente) garantir a liberdade de expressão e impedir a censura, o descumprimento de ordem judicial, considerado um crime de desobediência pelo direito penal,[114] é reputado requisito para a responsabilização dos provedores.[115] O dispositivo vai além e exige que a ordem judicial contenha, sob pena de nulidade, identificação clara e específica do conteúdo apontado como infringente, permitindo a localização inequívoca do material.[116]

A situação se agrava, ainda, com o entendimento jurisprudencial que se consolidou no sentido de que o requerente deve informar os URLs que pretende remover. Ocorre que o Marco Civil da Internet não menciona expressamente a necessidade de indicação de URLs, tampouco atribui essa obrigação ao autor da ação. Como mencionado acima, a lei exige, em verdade, que a ordem judicial (e não o pedido) contenha "identificação clara e específica do conteúdo apontado como infringente, permitindo a localização inequívoca do material".[117] Impõe-se à vítima, portanto, a produção de uma prova

---

113. Art. 19. Com o intuito de assegurar a liberdade de expressão e impedir a censura, o provedor de aplicações de internet somente poderá ser responsabilizado civilmente por danos decorrentes de conteúdo gerado por terceiros se, após ordem judicial específica, não tomar as providências para, no âmbito e nos limites técnicos do seu serviço e dentro do prazo assinalado, tornar indisponível o conteúdo apontado como infringente, ressalvadas as disposições legais em contrário.
114. Art. 330 do Código Penal.
115. SCHREIBER, Anderson. Marco Civil da Internet: avanço ou retrocesso?, cit., p. 290.
116. V. § 1º do Art. 19.
117. V. REsp. 1.629.255/MG, 3ª T., Rel. Min. Nancy Andrighi, j. 22.08.2017.

diabólica, a saber, a identificação de todos os URLs do conteúdo infringente, os quais certamente já terão se multiplicado antes mesmo de a decisão judicial ser proferida.

O artigo 21,[118] por sua vez, trata da responsabilidade do provedor de aplicações na hipótese específica de divulgação de materiais contendo cenas de nudez ou de atos sexuais de caráter privado. Nesses casos, a responsabilização é subsidiária e, diferentemente do disposto no artigo 19, não depende de descumprimento de decisão judicial, ficando vinculada à inobservância de notificação enviada pelo participante.

Além de não oferecer definições claras a respeito da retirada de conteúdo, a lei acaba por suscitar dúvidas quanto ao tema no decorrer dos dispositivos de responsabilização dos provedores de aplicações. Ao vincular a responsabilidade ao descumprimento de ordem judicial específica, dá-se a impressão de que a exclusão de conteúdo de caráter não sexual deve ser determinada em juízo, enquanto a remoção do material referido no artigo 21 pode decorrer de mera notificação extrajudicial.[119]

No entendimento de Carlos Affonso Pereira de Souza e Ronaldo Lemos, esse não é o objetivo do artigo 19, não havendo necessidade de ordem judicial para a remoção da informação, e sim para a responsabilização dos provedores de aplicações.[120] Ainda assim, conforme observado pelos próprios autores, o disposto no artigo 19 acaba estimulando os provedores a não tornar o material indisponível mediante recebimento de notificação.[121]

Não obstante se possa discutir as vantagens e desvantagens do mecanismo de notificação extrajudicial e de restringir a decisão de remoção à esfera judicial, é importante atentar para o fato de que, aparentemente, o Marco Civil da Internet optou por adotar soluções distintas para a resolução de conflitos que envolvem essencialmente a mesma categoria de direitos, o que é problemático por si só.

Conforme observado por Anderson Schreiber, além de incoerente e injustificado, é arriscado que o legislador estabeleça remédios qualitativamente diversos para a proteção dos atributos da personalidade humana, protegidos pela Constituição Federal de 1988 da mesma forma e no mesmo patamar, sob pena de estabelecer, dessa forma, uma diferenciação normativa que o texto constitucional não se dispôs a fazer. É necessário, pois, que os direitos personalíssimos sejam tutelados de maneira igualmente eficiente.[122] Nesse sentido, ou bem se entende que a remoção do conteúdo que impacta adversamente os direitos da personalidade, sejam eles de natureza sexual ou não, pode ocorrer pela via extrajudicial, ou que a sua determinação deve ser confiada ao Poder Judiciário.

---

118. Art. 21. O provedor de aplicações de internet que disponibilize conteúdo gerado por terceiros será responsabilizado subsidiariamente pela violação da intimidade decorrente da divulgação, sem autorização de seus participantes, de imagens, de vídeos ou de outros materiais contendo cenas de nudez ou de atos sexuais de caráter privado quando, após o recebimento de notificação pelo participante ou seu representante legal, deixar de promover, de forma diligente, no âmbito e nos limites técnicos do seu serviço, a indisponibilização desse conteúdo.
119. Como notado por Anderson SCHREIBER, embora o legislador não tenha se referido expressamente à notificação extrajudicial – mencionando apenas *notificação* – não cabe ao intérprete restringir o termo às notificações judiciais. (Marco civil da Internet: Avanço ou Retrocesso?, cit., p. 296)
120. *Marco Civil da Internet*: construção e aplicação, cit., pp. 100-101.
121. SOUZA, Carlos Affonso Pereira de; LEMOS, Ronaldo. *Marco Civil da Internet*: construção e aplicação, cit., p. 103.
122. Marco civil da Internet: Avanço ou Retrocesso? cit., p. 297.

Sem prejuízo dos argumentos usualmente contrários à judicialização, como, por exemplo, a premência do tempo, acredita-se que, em se tratando de uma medida extrema como a supressão de conteúdo, a via judicial seria o meio mais competente e legítimo para sopesar os interesses envolvidos e decidir qual deles deve prevalecer no caso concreto. Considerando a magnitude dos valores envolvidos, é crucial que as hipóteses de remoção sejam analisadas à luz da Constituição Federal de 1988 e observem todas as garantias por ela oferecidas. Ainda que essa solução não seja perfeita, parece mais aconselhável buscar instrumentos capazes de aprimorá-la e mitigar seus aspectos negativos, implementando-se, por exemplo, medidas para garantir maior celeridade do processo e sigilo do autor.

Para além da discussão sobre o poder decisório, é importante refletir sobre alguns aspectos práticos da remoção, como a possibilidade de impor a supressão a um provedor de conteúdo que não seja, também, o provedor da informação. Em sendo admissível, isso dependeria da retirada do conteúdo do respectivo provedor de informação, ou poderia ser implementado independentemente da determinação – ou mesmo solicitação – de remoção do provedor de informação? Vale esclarecer que não se trata, nesse caso, da supressão implementada por redes sociais de conteúdo disponibilizado por determinado usuário. Embora se possa argumentar que, nesse caso, as primeiras seriam os provedores de conteúdo e o último o provedor de informação, o usuário, como tal, não existe autonomamente, dependendo da plataforma oferecida pela rede social para divulgar o conteúdo próprio.

A retirada de conteúdo disponibilizado por usuários dos provedores de aplicações é, inclusive, objeto do art. 20 do Marco Civil da Internet. Com base no caput do referido dispositivo, sempre que tiver informações de contato do usuário diretamente responsável pelo conteúdo a que se refere o art. 19, caberá ao provedor de aplicações de internet comunicar-lhe os motivos e informações relativos à indisponibilização de conteúdo, com informações que permitam o contraditório e a ampla defesa em juízo, salvo expressa previsão legal ou expressa determinação judicial fundamentada em contrário. De acordo com o parágrafo único do mesmo artigo, o usuário que disponibilizou o conteúdo tornado indisponível poderá solicitar ao provedor de aplicações de internet que exerce essa atividade de forma organizada, profissionalmente e com fins econômicos, que substitua o conteúdo tornado indisponível pela motivação ou pela ordem judicial que deu fundamento à indisponibilização.

Tais previsões parecem oportunas na medida em que, na prática, a remoção do conteúdo pelo provedor de conteúdo resultará, necessariamente, na respectiva exclusão no provedor de informação. É razoável, pois, que o usuário participe do processo decisório que poderá, em última instância, mitigar pontualmente a sua liberdade de expressão para preservação, em concreto, de outros interesses protegidos pelo ordenamento jurídico. Ressalta-se, contudo, que a divulgação da motivação ou da ordem judicial nos termos do dispositivo acima mencionado não deve identificar a pessoa que solicitou a remoção, sob pena de, com isso, frustrar a decisão de supressão e violar os direitos personalíssimos do sujeito da informação.

Retomando os questionamentos propostos acima, entende-se que o cenário ora considerado é bastante similar ao da desindexação total, melhor detalhado no item 2.1.3.1, uma vez que a resposta afirmativa aos questionamentos acima pode conduzir à retirada do caminho até o conteúdo, mas não obrigatoriamente do conteúdo em si. Tal qual ocorre na supressão de resultados de busca, mesmo que não se tenha produzido a informação e que ela permaneça disponível no respectivo provedor de informação, a retirada poderia ocorrer para que a divulgação feita pelo provedor de conteúdo não confira mais destaque ao fato e deixe de contribuir para a sua maior disseminação.

A título exemplificativo, se um blog com grande número de acessos decide compartilhar uma matéria produzida e orginalmente publicada há uma década em um outro blog, mantido por terceiro, pode ser mais relevante para o sujeito retratado na matéria buscar a remoção do conteúdo compartilhado pelo primeiro do que daquele disponibilizado no passado e ora localizado nos arquivos do provedor de informação. Talvez, nesse caso, o indivíduo não se oponha a existência da informação, mas à possibilidade de que ela ressurja fora do seu contexto original. Nesse caso, será preciso avaliar o conteúdo em si – se é e continua a ser de interesse público, se há excessividade ou incompletude na sua divulgação, se há finalidade informativa e contextualização adequada, dentre outros – para definir, então, os interesses prevalentes e o remédio adequado para protege-los.

Portanto, o cerne da questão – e o que definirá se a medida é ou não aplicável – não está, necessariamente, na autoria ou na permanência do conteúdo no provedor de informação, mas na capacidade de o remédio, verificados os requisitos que justifiquem a sua adoção, produzir os efeitos pretendidos pelo direito ao esquecimento (repita-se, não trazer à tona ou manter em foco permanente certos tipos de informação). Sob esse ponto de vista, a exclusão de informação do provedor de conteúdo que não a produziu não seria, propriamente, uma forma de remoção de conteúdo – inclusive porque é possível que ela não envolva a sua retirada do respectivo provedor de informação – parecendo estar, na verdade, mais próxima ao modelo da desindexação total.

Há que se pensar, também, sobre a situação inversa. Supondo que se determinou a remoção de conteúdo de um provedor de informação, isso se estenderia, automaticamente, aos provedores de conteúdo que porventura o disponibilizaram em suas plataformas, ou seria necessário que o sujeito da informação tomasse as medidas cabíveis contra cada um deles? Seria isso um impeditivo para novas publicações do conteúdo por outros provedores de conteúdo?

Quanto ao primeiro questionamento, entende-se que a supressão do conteúdo do provedor de informação é oponível aos provedores de conteúdo que também o disponibilizam. Isso porque, se o responsável pela autoria do conteúdo foi compelido a exclui-lo, não parece fazer sentido que os demais permaneçam autorizados a mantê-lo em seus sites, o que iria de encontro, inclusive, com a proteção dos interesses do sujeito da informação, considerados, naquele caso, predominantes.

Não obstante, é razoável assumir que a implementação dessa medida só se tornaria exigível a partir do momento em que os provedores de conteúdo tomassem conhecimento da supressão por parte do provedor de informação; caso contrário, impor-se-ia um dever generalizado de vigilância constante de cada informação disponibilizada online, o que parece excessivo. Para dar ciência aos provedores de conteúdo, uma simples notificação informando a decisão de supressão imposta ao provedor de informação parece suficiente.

Ainda assim, permaneceriam sem resposta uma infinidade de perguntas. Caberia ao solicitante ou ao provedor de informação o dever de localizar os demais provedores que disponibilizam o conteúdo e, subsequentemente, notificá-los? Caso um provedor de conteúdo se recuse a efetuar a remoção, como o solicitante poderia exigi-la? Seria possível responsabilizá-lo pelo descumprimento sem decisão judicial específica contra ele?

Na tentativa de dirimir algumas dúvidas relacionadas ao tema, o Relatório Final da Comissão Parlamentar de Inquérito destinada a investigar a prática de crimes cibernéticos ("CPI") propôs a inclusão, por meio de Projeto de Lei, de um artigo adicional no Marco Civil da Internet acerca da reprodução de conteúdo infringente. De acordo com o dispositivo sugerido, os provedores de aplicações da Internet teriam o dever de tomar providências técnicas para assegurar que o conteúdo infringente, objeto de ordem judicial, permanecesse indisponível em caso de cópia ou conteúdo relacionado,[123] dispensada a necessidade de nova ordem judicial ou notificação para a retirada desses novos materiais.[124]

Embora a dispensa de nova ordem judicial seja interessante e condizente com princípio da economia processual,[125] a escusa de notificação cria um entrave prático nos casos em que o provedor de informação não se confunde com o(s) provedor(es) de conteúdo e que os últimos tenham disponibilizado a informação antes da decisão de supressão. Nessa hipótese, não parece possível impor a obrigação de retirada ao provedor de conteúdo sem que tome conhecimento da remoção, tampouco razoável que se espere que ele tome ciência do ocorrido de forma independente e autônoma.

Nota-se que, mesmo se a inclusão sugerida pela CPI fosse efetivada, alguns pontos críticos continuariam sem solução. Para saná-los por completo, acredita-se que a solução mais adequada é de lege ferenda, na medida em que cabe ao legislador considerar as particularidades, tanto das diferentes atividades dos provedores de aplicações quanto das hipóteses de remoção de conteúdo, e fixar os mecanismos apropriados a serem adotados em cada situação.

Com relação à possibilidade de publicações posteriores à remoção do conteúdo, entende-se que a reprodução estaria vedada a partir da decisão de supressão, sob os mesmos argumentos mencionados em resposta ao questionamento quanto à extensão da obrigação de retirada aos provedores de conteúdo que não são autores da informação removida.

---

123. Nos termos do parágrafo único do artigo 21-B, considera-se *cópia* o conteúdo idêntico ao original ou similar que contenha parte do conteúdo original e que continue a configurar a característica considerada como infringente e *conteúdo relacionado* aquele que faz referência ao fato considerado como infringente.
124. Relatório Final da Comissão Parlamentar de Inquérito destinada a investigar a prática de crimes cibernéticos e seus efeitos deletérios perante a economia e a sociedade neste país, datado de 30.03.2016, p. 198. Disponível em: http://www.camara.gov.br/proposicoesWeb/prop_mostrarintegra?codteor=1447125. Acesso em 01.12.2018.
125. De acordo com Antônio Carlos de Araújo CINTRA, Ada Pellegrini GRINOVER e Cândido Rangel DINAMARCO, o princípio da economia processual "preconiza o máximo resultado na atuação do direito com o mínimo emprego possível de atividades processuais" (*Teoria Geral do Processo*, 17. ed. São Paulo: Malheiros, 2001, p. 72).

Conforme mencionado acima, o parágrafo único do artigo 20 do Marco Civil da Internet determina que, quando solicitado pelo usuário que disponibilizou o conteúdo tornado indisponível, o provedor de aplicações de internet substituirá o conteúdo tornado indisponível pela motivação ou pela ordem judicial que deu fundamento à indisponibilização. Com isso, dá-se publicidade à decisão, ficando claro e evidente para os demais que o conteúdo anteriormente disponível foi retirado e que não deve, portanto, ser reproduzido por outrem. Ocorre que a lei somente prevê a divulgação acima para os provedores de aplicações que exercem essa atividade de forma organizada, profissional e com fins econômicos, não sendo aplicável a uma gama de sites que não apresentam essas qualificações.

Como se sabe, um dos fenômenos mais notáveis da Internet é a proliferação do chamado *jornalismo cidadão*,[126] em que pessoas leigas passam a exercer, através de redes sociais, blogs ou outras páginas, funções que eram, originalmente, exercidas apenas pela imprensa e por profissionais associados às mídias comunicativas. Isso significa que, em muitos casos, os provedores de conteúdo e informação podem ser pessoas físicas, que não são profissionais e que não desempenham essa atividade de forma organizada e com fins econômicos. Contudo, não parece haver motivo aparente que as impeçam de indicar a ocorrência da remoção de conteúdo, o que pode ser, por outro lado, uma forma de advertir terceiros a se abster de divulgar aquele mesmo conteúdo.

A indicação de retirada, contudo, não é garantia de que o conteúdo não será novamente disponibilizado por outros usuários ou provedores de conteúdo, sendo necessário pensar sobre as medidas apropriadas para lidar com esse tipo de situação. No caso das redes sociais, uma possível solução é o uso da própria tecnologia a favor do sujeito da informação. O Facebook, por exemplo, prevê em seus termos de serviço que poderá remover conteúdo que infrinja ou viole os direitos de outras pessoas.[127] Isso significa que o próprio provedor é capaz de identificar conteúdos infringentes e determinar a sua retirada, sendo razoável, portanto, que o faça caso seus usuários venham a compartilhar o mesmo conteúdo que já havia sido objeto de retirada.

Fora das redes sociais, contudo, a operacionalização desse tipo de medida parece mais complicada, podendo ser excessivamente oneroso, ou mesmo tecnicamente inviável, que um provedor de informação autônomo operacionalize a remoção do conteúdo que fora originalmente retirado de sua base de dados da plataforma de provedores de conteúdo distintos. Da mesma forma, pode-se considerar demasiadamente gravoso impor ao sujeito da informação o encargo de monitorar constantemente novas divulgações na Internet e tomar providências para que cada provedor de conteúdo proceda com a retirada, não sendo razoável, ainda, que eventual responsabilização desses provedores dependa de descumprimento de ordem judicial específica.

Considerando o exposto, o ideal é que a própria lei regule a matéria, vedando expressamente a nova divulgação de conteúdos que foram objeto de remoção, tanto por parte de quem o disponibilizou originalmente quanto das demais pessoas, físicas ou jurídicas. É essencial que, além disso, a legislação preveja formas mais rápidas e eficazes

---

126. Tradução livre de expressão *"citizen journalism"*.
127. Disponível em: https://www.facebook.com/terms. Acesso em 12.01.2019.

de implementar a retirada na hipótese de inobservância dessa obrigação, bem como de responsabilização do provedor que infringi-la.

Por fim, há que se destacar que a eventual remoção do conteúdo online não deve ser estendida, automaticamente, para outros formatos em que ele tenha sido disponibilizado. Se a decisão do caso P.T.S.,[128] por exemplo, tivesse sido favorável à retirada da matéria do site da revista Veja, isso não significaria que as publicações físicas anteriormente distribuídas teriam que ser recolhidas e eliminadas. A determinação da remoção será aplicável tão-somente ao conteúdo online, salvo decisão que determine, específica e expressamente, o contrário. Isso porque, como já mencionado, as particularidades da Internet podem legitimar, em certos casos, uma interferência que não se justificaria nos formatos clássicos, como jornais e revistas físicas.

2.2.2. Redução ou edição do conteúdo

Em algumas ocasiões, o conteúdo disponível na Internet guarda finalidade informativa, contextualização adequada e interesse público, porém, expõe detalhes pessoais lesivos aos direitos fundamentais do sujeito da informação. Nessas situações, como se verá no Capítulo 3, a remoção absoluta pode se revelar demasiadamente gravosa para o direito à informação e as liberdades comunicativas, enquanto a manutenção do conteúdo na íntegra seria prejudicial aos atributos da personalidade do sujeito da informação. Observadas as particularidades do caso concreto, essenciais para determinação do remédio adequado, é possível que, em certas hipóteses, a proteção dos interesses da pessoa seja instrumentalizada através de um mecanismo de tutela menos extremo, que preserve a informação e, ao mesmo tempo, o indivíduo a que ela diz respeito.

Acredita-se que o mecanismo de redução ou edição do conteúdo seria uma das formas de alcançar esse resultado, o qual permitiria a exclusão ou indisponibilização de pormenores que não sejam essenciais para transmitir a informação em si. Ainda que o fato seja relevante para a sociedade, detalhes minuciosos sobre ele e a(s) pessoa(s) envolvida(s) não necessariamente o são, devendo-se preservar, pois, os elementos necessários para o conhecimento do ocorrido.

Dentre as minúcias que poderiam, em certas ocasiões, ser consideradas dispensáveis, pode-se cogitar das fotos e imagens da vítima e de seus familiares, informações especulativas ou de viés sensacionalista, dentre outros. Para identifica-las como tal, é preciso que se considere o conteúdo e se analise em que medida as informações dele constantes também são de interesse público que, como mencionado no Capítulo I, não deve se confundir com o interesse do público.[129]

Esse exercício é especialmente importante uma vez que a curiosidade, traço natural do ser humano, pode tomar proporções muito maiores na Internet. Com as novas

---

128. Reclamação 22.328, 1ª T., Rel. Min. Luís Roberto Barroso, j. 06.03.2018.
129. No entendimento de Gilmar Ferreira MENDES: "Decerto que interesse público não é conceito coincidente com o de interesse do público. O conceito de notícias de relevância pública enfeixa as notícias relevantes para decisões importantes do indivíduo na sociedade". (MENDES, Gilmar Ferreira [et. al.]. Curso de direito constitucional. São Paulo: Saraiva, 2007, p. 373).

mídias, ganha-se ferramentas de investigação dignas de agentes de inteligência, sendo possível buscar de tudo um pouco, compartilhar, em segundos, toda sorte de informação e armazená-las de formas diversas por prazo indeterminado.

Conforme mencionado no item 2.1.5, as singularidades do universo digital, como a quantidade e diversidade de informações, a rapidez e a amplitude da divulgação e do armazenamento, devem ser apreciadas para seleção e implementação dos remédios aplicáveis, os quais nem sempre equivalem ou seriam adotados em conflitos envolvendo conteúdos disponibilizados fora da web.

Embora possa ser combinada com outros mecanismos de tutela, a redução ou edição de conteúdo não se confunde com elas. Não se trata, por exemplo, de desidentificar o indivíduo retratado, o que ocorreria na hipótese de aplicação do remédio da anonimização. Em algumas situações, a menção ao sujeito não é particularmente problemática ou, ainda que o seja, pode ser inevitável, sob pena de que a informação não faça qualquer sentido sem ela. Ainda assim, nessas hipóteses, podem existir detalhes pessoais excessivos, cuja indisponibilização não traria prejuízos ao relato do fato em si e que poderiam ser ajustados através da redução ou edição do conteúdo.

Já em outros, podem não haver pormenores excessivos ou, em havendo, eles podem perder o caráter lesivo a partir do momento em que o sujeito deixa de ser identificado. Nesses casos, a anonimização pode ser uma medida eficaz para equilibrar os interesses contrastantes, observados, claro, os requisitos necessários para tanto. Há situações, contudo, em que somente a anonimização ou a edição do conteúdo – ou a adoção isolada de outros remédios menos radicais – não será suficiente para produzir os efeitos pretendidos, seja porque, mesmo sem menção expressa ao indivíduo, certos detalhes acabam por identifica-lo e o expor de sobremaneira, seja porque, ainda que os pormenores excessivos sejam removidos, a identificação expressa do sujeito é, por si só, fonte de lesões aos seus direitos da personalidade.

Assim, a seleção da(s) medida(s) adequada(s) e necessária(s) dependerá de uma análise concreta e criteriosa do conteúdo sob discussão, levando em conta, ainda, a extensão em que cada direito é ou poderá vir a ser afetado pelos mecanismos adotados – e se há justificativa para tanto – assim como o grau de realização e de possível coexistência dos mesmos.

Pode-se argumentar que a redução ou edição de conteúdo, embora de maneira menos forte do que a remoção total, representa uma interferência nas liberdades comunicativas. Afinal, em sendo aplicada, haverá uma intervenção na forma como aquela informação será passada, o que é, por sua vez, relevante para uma manifestação efetivamente livre. Ao se expressar sobre qualquer assunto, cada um escolherá as palavras que julgar mais apropriadas, adotará um enfoque mais ou menos genérico, dará maior ou menor relevo a certas informações, assim como incluirá ou suprimirá alguns detalhes. Além disso, o transmissor de uma informação sempre o fará a partir dos seus pontos de vista e perspectivas.[130]

Ao mesmo tempo que essas escolhas e os elementos valorativos próprios são intrínsecos às demonstrações artísticas, jornalísticas, de pensamento, opinião ou juízo

---

130. SARMENTO, Daniel. *Liberdades Comunicativas e "Direito ao Esquecimento" na ordem constitucional brasileira*, cit., p. 8.

de valor, elas não conferem um poder absoluto para que todos se expressem como bem entendem, assim como não podem ser vistos como sinônimo de arbitrariedade.[131] Além disso – e sem prejuízo da importância do papel desempenhado pelos órgãos de imprensa e demais meios de comunicação – eles funcionam sob uma lógica empresarial, com interesses próprios e uma linha editorial a seguir. Os jornalistas (profissionais ou *jornalistas cidadãos*) e demais indivíduos, por sua vez, são pessoas e, como tais, ostentam ideias, opiniões e crenças próprias.

Nesse sentido, conforme observa o ministro Luís Roberto Barroso, "a comunicação de fatos nunca é uma atividade plenamente neutra".[132] Tais manifestações, portanto, jamais serão o reflexo de uma verdade absoluta e imparcial, e sim uma versão dos fatos.[133] Não se pode assumir, contudo, que uma versão deve prevalecer sobre as demais, especialmente quando ela afeta atributos da personalidade humana. Como já mencionado, há uma necessidade cada vez mais evidente de um controle informativo que permita aos indivíduos participar, em alguma medida, da forma como são retratados perante a sociedade. Isso vale tanto para a realidade offline quanto online, no que diz respeito à existência física e ao corpo eletrônico.[134]

Adicionalmente, o direito de expressar-se livremente não confere a ninguém a prerrogativa de falar o que, quando, onde e como se quer, sobre quem quer que seja. Assim como sugerido para o tratamento adequado do direito ao esquecimento, é importante afastar a liberdade de expressão de uma concepção meramente voluntarista, caso contrário, o seu exercício será tendencialmente absoluto e a sua coexistência com os demais direitos fundamentais inviável.

A vida em sociedade exige, de todos nós, o respeito ao outro e às regras de convivência. Fato é que, no Estado Democrático de Direito, goza-se de liberdade para pensar, agir e expressar ideias, sem que esses pensamentos, ações e manifestações, no entanto,

---

131. Como observa Anderson Schreiber, "a liberdade de expressão é *autofágica*, no sentido de que, em qualquer ambiente em que haja desigualdade de forças, a liberdade de expressão do mais forte tende a subjugar a liberdade de expressão do mais fraco". (Marco Civil da Internet: avanço ou retrocesso?, cit., p. 282)
132. Liberdade de expressão *versus* direitos da personalidade. Colisão de direitos fundamentais e critérios de ponderação". In. *Temas de Direito Constitucional*. Tomo III. Rio de Janeiro: Renovar, 2005, p. 103.
133. Com relação aos meios de comunicação, Simone SCHREIBER argumenta que as informações por eles veiculadas correspondem a "uma versão dos fatos ocorridos, intermediada pela linha editorial do veículo e pela subjetividade dos jornalistas que redigiram a matéria". (*A publicidade opressiva de julgamentos criminais*. Rio de Janeiro: Renovar, 2008, p. 358). Em linha similar, v. entendimento de Alain DE BOTTON: "Organizações de comunicação são tímidas para admitir que o que elas nos apresentam a cada dia são minúsculos extratos de narrativas cuja verdadeira forma e lógica geralmente só podem emergir de uma perspectiva de meses ou mesmo anos [...]. Elas são institucionalmente comprometidas a sugerir que é inevitavelmente melhor ter uma compreensão instável e parcial de um assunto nesse instante do que esperar pelo entendimento mais seguro e completo em algum momento posterior". (Tradução livre. No original: "*News organizations are coy about admitting that what they present us with each day are minuscule extracts of narratives whose true shape and logic can generally only emerge from a perspective of months or even years [...]. They are institutionally committed to implying that it is inevitably better to have a shaky and partial grasp of a subject this minute than to wait for a more secure and comprehensive understanding somewhere down the line*") (*The News: A User's Manual*. 2014).
134. Como observado por Stefano RODOTÀ, o corpo eletrônico também representa, hoje, a nossa identidade. (Tradução livre. No original: "[...] il "corpo elettrônico" che pure rappresenta oggi la nostra identità"). (*Intervista su Privacy e Libertà*, cit., p. 121).

possam interferir ou ferir a liberdade alheia.[135] A democracia também importa na assunção de responsabilidade, que consiste tanto na vocação de responder ante os outros quanto ser responsável pelos outros.[136]

A ordem pública constitucional valoriza a liberdade na solidariedade[137] e, sob a ótica solidarista, a primeira não pode ser interpretada apenas como um direito, mas também como um dever. Se assim não fosse, a liberdade irrestrita de uns poderia ameaçar ou inviabilizar a livre manifestação de outros, em um exercício flagrantemente antidemocrático.

Ao mesmo tempo em que a redução ou edição de conteúdo corresponde a uma forma de interferência nas liberdades comunicativas, ela também atua como um mecanismo de preservação das mesmas, que poderiam ser pontualmente afastadas caso se adotasse uma medida mais radical, como a remoção de conteúdo. Como já mencionado diversas vezes, o ordenamento jurídico brasileiro não previu uma hierarquia entre os direitos fundamentais. Assim, em casos de conflito, é necessário pondera-los e, a partir desse exercício, definir qual deve prevalecer em concreto, buscando-se sempre preservar todos eles na maior extensão possível.

Uma vez que a determinação de redução ou edição de conteúdo exigirá a ponderação dos interesses envolvidos e, se aplicada, intervirá, ainda que de forma menos extrema, na liberdade de expressão ou imprensa, parece razoável que essa análise seja confiada ao poder judiciário. Nada impede, por óbvio, que o sujeito da informação recorra a meios extrajudiciais para solicitar que os provedores de informação e conteúdo façam ajustes ao conteúdo; porém, em não havendo consenso, acredita-se que a via judicial seria a mais competente para resolução da disputa.

Nesses casos, é essencial que os julgadores avaliem e, conforme cabível e oportuno, interajam com o autor e com os provedores para determinar, de maneira clara, o que deve ou não ser suprimido do conteúdo. Com isso, os ajustes poderão ser efetuados na medida necessária para garantir a proteção dos direitos personalíssimos, sem, contudo, prejudicar desproporcional e irrazoavelmente as liberdades comunicativas e, ainda, com o menor impacto possível ao direito à informação.

2.2.3. Anonimização do conteúdo

Uma medida ainda pouco explorada pelo ordenamento jurídico brasileiro, mas com potencial de produzir os efeitos pretendidos pelo direito ao esquecimento, é a anonimização. Trata-se, em síntese, da remoção de dados que identifiquem ou permitam a identificação de um determinado indivíduo do conteúdo disponibilizado por provedores de informação e conteúdo, "anonimizando", por assim dizer, o sujeito da informação.

---

135. Conforme notado pela Corte de Cassação italiana, "cada liberdade civil encontra seu próprio limite nas demais liberdades". (Tradução livre. No original: "ogni libertà civile trova il proprio limite nell'altrui libertà"). (Sentença Sentenza 5525/2012, j. 01.11.2012, Corte di Cassazione, p. 5).
136. BODIN DE MORAES, Maria Celina. *Danos à Pessoa Humana*, cit., p. 20.
137. BODIN DE MORAES, Maria Celina. *Danos à Pessoa Humana*, cit., p. 107.

Nessa hipótese, há uma espécie de edição do conteúdo, tal qual ocorre na medida abordada no item 2.1.5.2 acima; porém, nos casos de anonimização, os ajustes voltam-se única e exclusivamente para os elementos que expõe a identidade do indivíduo, não interferindo, pois, com aspectos substanciais do conteúdo. O fato continuará sendo narrado da mesma forma, apenas sem revelar de quem se trata.

Conforme melhor detalhado no Capítulo 3, esse remédio é interessante para ocasiões em que, por exemplo, o fato em si é de interesse público, o ocorrido foi retratado de forma fiel e contextualizada e permanece relevante, independentemente do transcurso do tempo, sendo a indicação do sujeito, contudo, dispensável para a transmissão efetiva da informação.

Embora não se possa afirmar categoricamente que essa alternativa seria cabível e adequada ao caso M.C.G. – e considerando, ainda, que a decisão do caso apresenta falhas próprias, que prejudicaram a sua efetividade – a desidentificação do cidadão espanhol na notícia desindexada pelo Google poderia ter surtido mais efeito do que a própria desindexação.

Na verdade, talvez a solução mais eficaz para o caso em questão – e para hipóteses similares – consistisse na combinação desses e/ou de outros remédios. Isso porque, sem a remoção do URL da plataforma do buscador, é possível que ele continuasse a exibi-lo dentre os resultados para buscas realizadas a partir do nome do sujeito, o que frustraria a eficácia da anonimização. Já em um cenário de conciliação de dois ou mais mecanismos de tutela, o conteúdo seria ajustado em consonância com o interesse do indivíduo nele mencionado, sem, contudo, impactar severamente as liberdades comunicativas dos provedores e o direito à informação, ao mesmo tempo em que futuras buscas pelo nome do sujeito deixariam de apresentar, dentre os resultados sugeridos, o site em que a informação ainda pode ser encontrada.

É interessante notar que, em 2014, o G29 (grupo de trabalho europeu sobre proteção de dados, instituído pela Diretiva 95/46/EC) emitiu parecer sobre as técnicas de anonimização.[138] A GDPR, que entrou em vigor em maio de 2018 e substituiu a Diretiva 95/46/EC, também trata da anonimização e "pseudonimização" (em inglês, *pseudonymisation*) de dados pessoais como ferramentas úteis à proteção do direito à privacidade. Nos termos da GDPR, enquanto a anonimização de dados elimina todos os elementos que identificam ou tornam um indivíduo identificável,[139] a "pseudonimização" não remove a totalidade das informações identificadoras, mas apenas reduz as chances de correlação de um conjunto de dados com a identidade original de um indivíduo.[140]

---

138. Parecer 05/2014 sobre técnicas de anonimização, adotado em 10.04.2014. Disponível em: https://www.cnil.fr/sites/default/files/atoms/files/wp216_fr.pdf. Acesso em 14.12.2018.
139. De acordo com a descrição constante do Considerando 26 da GDPR, informações anônimas correspondem a "informações que não são relativas a uma pessoa natural identificada ou identificável ou a dados pessoais anonimizados de tal forma que o sujeito não seja ou não possa mais ser identificado". (Tradução livre. No original: "information which does not relate to an identified or identifiable natural person or to personal data rendered anonymous in such a manner that the data subject is not or no longer identifiable").
140. A definição de "pseudonimização" encontra-se no item 5 do art. 4º da GDPR, segundo o qual "pseudonimização significa o processamento de dados pessoais de modo que as informações pessoais não possam mais ser atribuídas a um sujeito específico sem o uso de informações adicionais, sendo que tais informações adicionais devem ser

Para produzir tais efeitos, a "pseudonimização" costuma ser implementada através de soluções tecnológicas como a criptografia e a ocultação ou *"masking"*.[141] Considerando que essas tecnologias não são necessariamente acessíveis ou passíveis de aplicação por qualquer tipo de provedor de informação e conteúdo (como, por exemplo, um blog pessoal) e, ainda, que a "pseudonimização" não impede, mas apenas reduz as chances de identificação, ela parece não ser uma medida útil para a implementação do direito ao esquecimento, o que não prejudica, contudo, sua utilidade para proteção de dados pessoais. Vale esclarecer, aliás, que o parecer acima mencionado e a GDPR tratam da anonimização e "pseudonimização" no contexto jurídico da proteção de dados pessoais. Não obstante, suas diretrizes e definições podem orientar e inspirar, em certa medida, um modelo de anonimização compatível e voltado à instrumentalização do direito ao esquecimento.

No que diz respeito à anonimização como remédio para instrumentalizar o direito ao esquecimento na realidade brasileira, acredita-se que o judiciário já poderia aplica-la em certas hipóteses e quando observados certos critérios, alguns dos quais encontram-se sugeridos no Capítulo 3. Nesses casos, caberia aos julgadores determinar aos provedores a remoção das informações específicas que permitam a identificação do indivíduo, de modo a desvincula-lo do respectivo fato.

Sem prejuízo da possibilidade de implementar a anonimização pela via judicial, é válido refletir sobre formas mais práticas, rápidas e eficazes de fazê-lo. Como, em muitas situações, a individualização do sujeito não é essencial para a narrativa fiel e apropriada do fato, a anonimização pode ser enxergada como uma medida equilibrada que concilia diferentes direitos fundamentais, sendo interessante, pois, elaborar maneiras mais simples de aplica-la. É possível pensar, por exemplo, no estabelecimento de prazos para sua aplicação, o que, por óbvio, deveria ser expressamente previsto e regulado por lei. Conforme mencionado anteriormente, o ordenamento jurídico brasileiro não é afeto a ideia de perpetuidade e já prevê, em alguns casos, períodos máximos para que certas informações permaneçam disponíveis, vide § 1º do artigo 43 do Código de Defesa do Consumidor.[142]

O transcurso do tempo não significa que a informação se tornou irrelevante, afinal, se a mera passagem de tempo fosse suficiente para que as informações se tornassem

---

mantidas separadamente e se sujeitam a medidas técnicas e organizacionais para garantir que os dados pessoais não sejam atribuíveis a uma pessoa natural identificada ou identificável (Tradução livre. No original: "'pseudonymisation' means the processing of personal data in such a manner that the personal data can no longer be attributed to a specific data subject without the use of additional information, provided that such additional information is kept separately and is subject to technical and organisational measures to ensure that the personal data are not attributed to an identified or identifiable natural person").

141. Para mais detalhes sobre pseudonimização e as técnicas aplicáveis para implementá-la, vide artigo "Data masking: anonymization or pseudonymization?", disponibilizado pelo portal de notícias da GDPR em 28.09.2017. Disponível em: <https://gdpr.report/news/2017/09/28/data-masking-anonymization-pseudonymization/>. Acesso em 10.11.2018.

142. Art. 43. O consumidor, sem prejuízo do disposto no art. 86, terá acesso às informações existentes em cadastros, fichas, registros e dados pessoais e de consumo arquivados sobre ele, bem como sobre as suas respectivas fontes. § 1º Os cadastros e dados de consumidores devem ser objetivos, claros, verdadeiros e em linguagem de fácil compreensão, não podendo conter informações negativas referentes a período superior a cinco anos.

socialmente desimportantes, como e com o que seria construída a história do país e do mundo? O estabelecimento de prazos, contudo, não se funda na ideia ou sugere que a informação perdeu sua relevância, e sim que ela deixou de ser atual. A desatualização, embora não seja justificativa para a remoção ou alteração compulsória de conteúdo, poderá, muitas vezes, legitimar a anonimização e/ou atualização das informações.[143]

Além disso, a cultura jurídica está acostumada com prazos e, em muitas situações, depende deles. O legislador é frequentemente chamado a realizar escolhas numéricas que marcarão o início ou o fim da produção de certos efeitos jurídicos, como a idade a partir da qual os indivíduos se tornam civilmente capazes e penalmente imputáveis, por quantos anos se poderá exercer uma pretensão, ou em quantos dias uma parte deve notificar à outra a rescisão de um contrato de prestação de serviços, dentre outros.

Portanto, a lei pode, da mesma forma, fixar prazos para anonimização de informações, bem como prever condições adicionais ao parâmetro temporal para adoção de tal medida e fazer as ressalvas necessárias quanto às hipóteses de aplicação dos períodos e critérios por ela estabelecidos. Um possível requisito para anonimização de conteúdo referente a condenações criminais, por exemplo, seria o cumprimento integral da pena ou absolvição, enquanto que, na esfera cível, pode-se pensar na verificação do trânsito em julgado. Observadas essas condições e transcorrido um determinado período desde a sua ocorrência, o provedor de informação ou conteúdo teria o dever de desidentificar o sujeito, salvo nas hipóteses expressamente previstas por lei.

Ainda que, na hipótese de descumprimento total ou parcial, ou de recusa por parte do provedor, reste ao indivíduo afetado pela informação recorrer ao judiciário, a análise exigida do julgador seria relativamente mais simples e, portanto, potencialmente mais rápida, pois ele contaria com dispositivos legais específicos para orientar a sua decisão.

Por fim, destaca-se, novamente, que a solução ora sugerida se baseia nas particularidades da Internet, sendo sua aplicação voltada para o universo online. Não se pretende, portanto, discutir a implementação offline da anonimização, que demandaria a reflexão sobre aspectos distintos e enfrentaria outra sorte de dificuldades, podendo se revelar, em muitos casos, inviável ou desnecessária.

2.2.4. Atualização do conteúdo

Outra medida cuja implementação requer a alteração do conteúdo é a atualização. No entanto, diferentemente da anonimização e da redução ou edição de conteúdo, que consistem na supressão de informações ou detalhes, o mecanismo em questão

---

143. No entendimento de Cécile de TERWANGNE: "tão logo haja o transcurso do tempo e não seja mais uma questão de novidades ou eventos atuais, isto é, assim que a necessidade de notícias não mais justificar a redivulgação da informação, o direito ao esquecimento superará o direito à informação. A menção ao caso ainda pode ocorrer, mas não deverá incluir os nomes das partes ou dados identificados". (Tradução livre. No original: "as soon as time has passed and it is no more a question of news or current events, that is, as soon as news necessity no longer justifies re-disclosure of the information, the right to oblivion overrides the right to information. Mention of the case may still occur but should not include parties' names or identified data"). (The right to be forgotten and informational autonomy in the digital environment, cit., p. 91).

envolve a inclusão de dados adicionais, com o objetivo de contextualizar o fato adequadamente.[144]

Com a perpetuação tendencialmente infinita de informações na Internet, a passagem do tempo acaba não sendo sentida da mesma forma: nas palavras de Mayer-Schönberger, é como se a memória digital anulasse o tempo.[145] Independentemente de o fato ter ocorrido há algumas horas ou muitas décadas, as notícias sobre ele podem ser rápida e facilmente localizadas,[146] o que é, por um lado, uma das grandes vantagens da web e, por outro, uma fonte de sérias preocupações e possíveis prejuízos.

Diz-se preocupante e potencialmente danoso porque a representação de um episódio pretérito tomou por base os dados disponíveis à época de sua ocorrência, os quais podem perfeitamente ter sofrido alterações significativas ao longo do tempo. Ainda que as circunstâncias atuais não mudem o acontecimento em si, a falta de contextualização adequada é condição necessária para que o conteúdo não seja apreendido, tempos depois, de forma defasada ou incompleta.

As informações desatualizadas, além de poderem impactar adversamente os atributos da personalidade do sujeito por elas retratado, são prejudiciais para o direito à informação. Isso porque, sem a atualização, o conhecimento restaria limitado a um relato anacrônico dos fatos. Sob essa ótica, ela pode colaborar para a realização do direito à informação de maneira ainda mais eficaz, permitindo que a informação seja retratada de forma mais completa, fidedigna e consoante ao momento atual.

Ao contrário do que se pode argumentar, essa medida, assim como o direito ao esquecimento em si, não é contrária à memória social ou sua conservação. Embora a história consista na narrativa de fatos passados, ela não pode e nem deve parar no tempo, afinal, não é uma disciplina estática, pronta e acabada, e sim uma matéria em constante construção. Não se trata, portanto, de reescrever a história, e sim de complementá-la.

Além disso, a atualização assume grande importância para os indivíduos, que tem o direito de que a sua projeção social se baseie em fatos atuais e devidamente contextualizados. Esse foi o entendimento adotado pela Corte de Cassação italiana que, em decisão de 2012, reconheceu que o direito ao esquecimento se volta à preservação da projeção social dos indivíduos, que devem ser protegidos da divulgação de informações potencialmente prejudiciais devido à perda de atualidade das mesmas.[147] Conforme observado pelo tribunal italiano, a atualidade da informação é essencial para salvaguardar a identidade social do sujeito, devendo-se garantir o direito à contextualização e atualização das notícias a ele relacionadas. Através disso, se torna possível evidenciar a

---

144. Conforme observa Anderson SCHREIBER, "a contextualização é remédio instigante porque, ao contrário dos demais, aponta para uma solução que contém mais e não menos informação sobre o conteúdo veiculado". (Marco Civil da Internet: avanço ou retrocesso? cit., p. 299)
145. Tradução livre. No original: "digital memory negates time". (*Delete*, cit., p. 113)
146. Nas palavras de Allyson Haynes STUART, "o aumento das informações digitais impacta a vida útil das informações, assim como a amplitude e a facilidade de seu alcance". (Tradução livre. No original: "The growth of digital information impacts the life span of information as well as its vastness and ease of attainability"). (Google Search Results: Buried If Not Forgotten. *North Carolina Journal of Law & Technology*, v. 15, ed. 3, art. 4, 2014, p. 470).
147. Sentença 5525/2012, cit., p. 9.

evolução histórica do fato retratado, o que pode completar ou mesmo alterar fundamentalmente o quadro representado pela notícia original, especialmente quando o conteúdo em questão tem por objeto um caso judicial.[148]

Para essas hipóteses, é interessante a sugestão de Cécile de Terwangne, que considera a possibilidade de incluir informações adicionais sobre o processo no conteúdo veiculado na Internet, como o fato de que uma decisão final ainda se encontra pendente se, por exemplo, o condenado apresentou recurso após à data de publicação da notícia.[149] O mesmo poderia ocorrer nos casos em que houve absolvição subsequente ou cumprimento da pena. Vale ressaltar, contudo, que a aplicabilidade do remédio sob discussão não se restringe a informações referentes a questões judiciais, podendo ser utilizado sempre que o conteúdo, qualquer que seja, não mais refletir a realidade atual dos fatos.

Por se tratar de uma medida que, como mencionado acima, importará no acréscimo de informações sobre o sujeito e que não impactará adversamente as liberdades comunicativas e o direito à informação – podendo, ao revés, contribuir para promoção desses direitos – entende-se que ela pode ser implementada extrajudicialmente, mediante requisição do indivíduo ao qual o conteúdo diz respeito. Para tanto, é recomendável que o próprio indique as atualizações cabíveis, juntamente com evidências que demonstrem a veracidade dessas informações adicionais. Isso não significa ou deve ser confundido com a necessidade de produção de documentos ou imposição de um ônus probatório rigoroso, apenas que o sujeito deve fundamentar, com elementos concretos e de forma razoável, as inclusões pretendidas.

Vale esclarecer que a sugestão acima não elimina a possibilidade de a atualização ser determinada pela via judicial, o que iria de encontro com a própria garantia constitucional de acesso à justiça. O objetivo é, na verdade, pensar em formas menos gravosas e mais céleres, especialmente por se tratar de mecanismo que não restringe a operatividade dos demais direitos, como a liberdade de expressão e o direito à informação. Também não se pretende sugerir que essa medida seja adotada para conteúdos que não os disponíveis na Internet, pois, como reiterado ao longo deste trabalho, as soluções ora examinadas levam em consideração as especificidades da web, sendo concebidas, portanto, como respostas adequadas às questões e desafios da Internet.

Embora os provedores possam implementar esse tipo de conduta desde já – sendo possível, ainda, que o judiciário determine a adoção de medidas do gênero – acredita-se que previsões legais específicas seriam interessantes para regular o tema de maneira mais precisa e conferir mais efetividade e legitimidade à adoção da atualização.

Por fim, a decisão proferida pela Corte di Cassazione pode servir de inspiração no que se refere à forma de promover a atualização se não houver consenso entre o indivíduo e o provedor. Nos termos da referida decisão, caso haja desacordo entre as partes, caberá ao juiz indicar os métodos a serem adotados para a consecução dos objetivos do sujeito da informação e do site, sem prejuízo de acionar os buscadores

---

148. Sentenza 5525/2012, cit., p. 11.
149. The right to be forgotten and informational autonomy in the digital environment, cit., p. 92.

para que efetuem os procedimentos técnico-administrativos necessários para implementar a atualização.[150]

Nota-se que a decisão acima reconhece a importância de se combinar, em certas situações, mais de um remédio, conclusão que, como já mencionado, é compartilhada pelo presente estudo. Em sendo os mecanismos de tutela, muitas vezes, complementares entre si, é possível alcançar, através de sua adoção combinada, resultados mais efetivos e, inclusive, menos restritivos aos direitos contrapostos.

---

150. Sentenza 5525/2012, cit., p. 20.

Capítulo III
Parâmetros para seleção e aplicação dos mecanismos de tutela do direito ao esquecimento na Internet

> O excesso de informação não pode produzir nada
> além de confusão, rumor e silêncio
> - Umberto Eco

3.1. CONSIDERAÇÕES INICIAIS

Antes de tratar especificamente dos parâmetros que podem auxiliar na seleção e aplicação dos mecanismos de tutela do direto ao esquecimento na Internet, é importante observar alguns pontos sobre a caracterização desse direito em concreto e o processo de escolha de remédios de forma geral.

Cumpre ressaltar, primeiramente, que o objetivo deste item não é esgotar ou abordar, de forma detalhada, os critérios que orientarão a análise acerca do reconhecimento do direito ao esquecimento em concreto. Isso porque, além de já existir material doutrinário especificamente voltado a isso, acredita-se que tal processo consiste, em essência, na análise do merecimento de tutela dos direitos envolvidos em cada situação, tema já familiar à cultura jurídica.

Sob a perspectiva de que o direito ao esquecimento instrumentaliza a efetiva proteção e promoção de direitos como privacidade, imagem e dignidade humana, nota-se que os casos em que se discute a sua aplicação envolvem o conflito entre alguns direitos fundamentais, como os acima mencionados, de um lado, e o direito à informação, a liberdade de expressão ou de imprensa, de outro. Como já mencionado, o ordenamento jurídico brasileiro não gradua esses direitos, os quais, nas palavras do ministro Luís Roberto Barroso, possuem status jurídico idêntico e ocupam o mesmo patamar axiológico,[1] motivo pelo qual os critérios tradicionais de hierarquia, cronologia e especialidade mostram-se insuficientes para resolver a tensão entre eles.[2] Nesse sentido, o autor observa que:

> [...] se não há entre eles hierarquia de qualquer sorte, não é possível estabelecer uma regra abstrata e permanente de preferência de um sobre o outro. A solução de episódios de conflito deverá ser apurada diante do caso concreto. Em função das particularidades do caso é que se poderão submeter os direitos

---

1. Colisão entre liberdade de expressão e direitos da personalidade. Critérios de ponderação. Interpretação constitucionalmente adequada do Código Civil e da Lei de Imprensa. *Revista de direito administrativo*, Rio de Janeiro, 235, jan./mar. 2004, pp. 1 – 36. p. 6.
2. BARROSO, Luís Roberto. Fundamentos teóricos e filosóficos do novo direito constitucional brasileiro. In. *Temas de direito constitucional*. T.2. Rio de Janeiro: Renovar, 2005, p. 32.

envolvidos a um processo de ponderação pelo qual, por meio de compressões recíprocas, seja possível chegar a uma solução adequada.³

A técnica ponderativa apresenta-se, portanto, como o recurso apropriado para resolução de disputas envolvendo os direitos protegidos constitucionalmente, cujo exame deve considerar os fatos e circunstâncias do caso concreto e orientar-se pelo critério da proporcionalidade ou razoabilidade.⁴ Guiado pelo princípio em questão, o intérprete deve investigar se a restrição a um dos interesses concorre para a promoção do interesse contraposto, ou seja, se é adequada; se ela é necessária, isto é, se o interesse não poderia ser protegido da mesma forma através de alternativa menos gravosa; e, por fim, se há proporcionalidade entre os graus de restrição de um interesse e realização do outro.⁵

Embora a estruturação do método ponderativo seja importante para, dentre outros, evitar a sua utilização de forma desordenada – o que poderia até revestir medidas arbitrárias de suposta legitimidade – é essencial que ele não se torne um mecanismo mecânico e estanque, similar ao método subsuntivo ao qual se opõe.⁶ Deve-se evitar, portanto, a aplicação da ponderação de maneira absolutamente esquematizada e metódica. Ao invés de seguir uma lógica estritamente linear e serial, incompatível, inclusive, com o raciocínio humano, parece preferível que ela envolva a problematização e consideração, concomitante e integrada, dos múltiplos aspectos envolvidos no caso concreto.

Não se pretende sugerir, com isso, a adoção de um método aleatório, apenas ressaltar que as questões passíveis de ponderação são a ela submetidas justamente porque não podem ser resolvidas por regras fixas e abstratas. É essencial, pois, preservar a elasticidade para que se produza, de fato, os efeitos pretendidos com a sua aplicação.

Com base nesse panorama, é conveniente que o processo de seleção do remédio cabível seja iniciado durante a atividade ponderativa. Isso porque, como recomendado pelos subprincípios da proporcionalidade, a ponderação deve avaliar a adequação, necessidade e proporcionalidade *stricto sensu* da restrição de um direito fundamental, quesitos que devem ser igualmente averiguados na busca pelo mecanismo de tutela oportuno. Para que se qualifique como tal, o remédio deve ser apto a produzir os efeitos pretendidos,⁷ bem como representar a medida menos gravosa e mais equilibrada. Assim,

---

3. BARROSO, Luís Roberto. Colisão entre Liberdade de Expressão e Direitos da Personalidade, cit., p. 6.
4. Aqui vale registrar a existência de discussão doutrinária sobre a equivalência entre os termos *razoabilidade* e *proporcionalidade*. Sem prejuízo das suas diferentes origens históricas e formas procedimentais de aplicação, o presente trabalho alinha-se ao entendimento de Gustavo TEPEDINO, que enxerga identidade funcional entre ambas e considera ocioso o debate quanto à estrutura, terminologia e forma de utilização de tais técnicas. (A razoabilidade na experiência brasileira. In. TEPEDINO, Gustavo; TEIXEIRA, Ana Carolina Brochado; ALMEIDA, Vitor (Coord.) *Da dogmática à efetividade do Direito Civil*: Anais do Congresso Internacional de Direito Civil Constitucional – IV Congresso do IBDCIVIL. Belo Horizonte: Fórum, 2017, pp. 32-33)
5. NETO, Cláudio Pereira de Souza; SARMENTO, Daniel. *Direito Constitucional*: teoria, história e métodos de trabalho. Belo Horizonte: Fórum, 2012, pp. 461-462.
6. Vide crítica de Gustavo TEPEDINO. A razoabilidade na experiência brasileira, cit., p. 33.
7. Conforme observado por Guido SMORTO, "se queremos falar propriamente de remédios, é necessário que eles tendam à plena realização do interesse consagrado em sede substancial [...]". (Tradução livre. No original: "Se próprio vogliamo parlare di rimedi, è necessario che questi tendano alla piena realizzazione dell'interesse consacrato in sede sostanziale [...]". (Il linguaggio dei diritti e il linguaggio dei rimedi. In. GRAZIADEI, Michele; POZZO, Barbara (Coord.). Categorie e terminologie dek diritto nella prosspettiva della comparazione. Milano: Giuffrè, 2015, p. 191))

refletir sobre ele após o exercício ponderativo parece contraprodutivo, exigindo-se do intérprete, nessa hipótese, que volte a analisar os mesmos aspectos apreciados em momento imediatamente anterior.

Além disso, ao considerar os diferentes remédios disponíveis e seus respectivos efeitos vis-à-vis os elementos do caso concreto, pode-se verificar que a adoção de determinado mecanismo de tutela viabilizaria a preservação, em certa dimensão, de alguns ou mesmo de todos os interesses contrapostos. Já que o objetivo principal da ponderação é averiguar se (e em que medida) os direitos conflitantes podem coexistir, deve-se pensar sobre os mecanismos aptos a concretizar, na maior extensão possível, os interesses protegidos por tais direitos e que, ao mesmo tempo, não representem restrições materiais às suas respectivas esferas de proteção.

Retornando à interação dos direitos fundamentais à privacidade e imagem com o direito à informação e as liberdades de expressão e imprensa, vale destacar que o direito ao esquecimento não é o primeiro, muito menos o único ponto de tensão entre eles. Trata-se, na realidade, de direitos que não raro colidem entre si e que, assim, costumam ser objeto de ponderação.

Nesse sentido, conforme proposto no Capítulo 1, alguns dos parâmetros costumeiramente aplicados para o sopesamento dos direitos à privacidade ou imagem e liberdade de expressão – como, por exemplo, o grau de utilidade da informação para o público – podem ser aproveitados para ponderação dos conflitos envolvendo os interesses subjacentes ao direito ao esquecimento e aos demais direitos protegidos pelo ordenamento jurídico brasileiro.

Isso não significa, porém, que esses parâmetros devem ser transpostos automática e integralmente para a discussão acerca do direito ao esquecimento. Embora o presente estudo, repita-se, não tenha a pretensão de se estender sobre a técnica da ponderação e sua aplicação para o direito ao esquecimento, deve-se fazer algumas ressalvas gerais sobre a concepção ora adotada acerca de tais temas, o que influencia, inclusive, as conclusões alcançadas ao longo deste trabalho.

É questionável, por exemplo, se o critério da pessoa "pública" deve influenciar no reconhecimento do direito ao esquecimento, sendo possível, aliás, refletir criticamente se ele deve ser um critério *per se*, para qualquer debate envolvendo o direito à privacidade, vida íntima e imagem. Como já mencionado, acredita-se que o fato de uma pessoa ter projeção pública não deve afastar a incidência do direito ao esquecimento, afinal, o ordenamento jurídico brasileiro prevê os mesmos direitos para todas as pessoas naturais, que fazem jus, portanto, a proteção idêntica.

Na verdade, deve-se investigar se a informação em si, e não o sujeito da informação, é considerada de interesse público e, em caso de fatos ultrapassados, se esse interesse subsiste, ou seja, se o ocorrido, apesar do transcurso do tempo, permanece relevante para a sociedade e para a memória social. Sob esse prisma, uma notícia sobre a vida conjugal de um governante, por exemplo, não deve ser considerada de interesse público apenas porque o sujeito nela retratado ocupa um cargo público. O oposto é verdadeiro e não se deve descartar a possibilidade de informações sobre pessoas "privadas" assumirem relevância social somente porque o indivíduo não atua publicamente.

Além da existência de interesse público na informação, é importante verificar se o conteúdo objeto da controvérsia sequer possui, de fato, caráter informativo. A ciência de fatos banais ocorridos no passado, além de não ter materialidade para a sociedade, não exerce uma função instrutiva, sendo discutível, portanto, se os demais indivíduos têm o direito de serem informados sobre tais fatos. Recorrendo novamente aos ensinamentos do ministro Barroso, o exercício do direito à informação se dá quando a finalidade da manifestação for a comunicação de fatos noticiáveis.[8] Embora o autor identifique a noticiabilidade de um fato com a sua veracidade e a licitude da fonte,[9] acredita-se que esses seriam requisitos mínimos para tal caracterização.

A comunicação do fato será noticiável, portanto, quando se tratar de conteúdo verídico, obtido licitamente, atual e que concorre para informação ou formação da sociedade, trazendo alguma contribuição, ainda que minimamente útil, para o esclarecimento ou instrução dos demais indivíduos acerca de um assunto específico. Isso não se confunde com o interesse público, observado, em geral, quando a comunicação trata de conteúdo materialmente relevante, independentemente da sua atualidade.

Em uma analogia prosaica, pode-se comparar as informações sem interesse público e não noticiáveis com o consumo de balas: ainda que atrativo para certas pessoas, ele não contribui para a nutrição de ninguém, sendo, sob esse aspecto, dispensável. As informações noticiáveis, mas sem interesse público, seriam como alimentos que tem algum valor nutricional e saciam certas necessidades imediatas de quem os consome, enquanto as com interesse público, por sua vez, equivaleriam a alimentos indispensáveis para a subsistência humana.

Vale ressaltar que as noções acima não são conceitos precisos ou exaustivos de noticiabilidade e interesse público, ambos de dificílima definição. Aliás, como mencionado no item 1.3.1, essa não é uma dificuldade meramente conceitual, sendo desafiador, ainda, determinar a quem compete a delimitação do que deve ser publicizado. Ainda que seja uma tarefa complicada, essa diferenciação é importante porque o tratamento de fatos não noticiáveis e sem interesse público deve ser diferente daquele dispensado às informações materialmente relevantes, especialmente na Internet, em que a relação entre a existência da informação e sua acessibilidade é diferente do que se observa no mundo offline.[10]

Isso não significa vedar, censurar ou limitar, aprioristicamente, a livre manifestação sobre qualquer assunto, por mais corriqueiro que seja, apenas reconhecer que a proteção concretamente dispensada a um conteúdo que não contém caráter informativo, não é de interesse público e se revela lesivo a direitos personalíssimos deve ser distinta daquela conferida a conteúdos noticiáveis e/ou de interesse público.

---

8. BARROSO, Luís Roberto. Colisão entre liberdade de expressão e direitos da personalidade, cit., p. 19.
9. BARROSO, Luís Roberto. colisão entre liberdade de expressão e direitos da personalidade, cit., p. 35.
10. BROCK, George. *The right to be forgotten*, cit.

Outro ponto que merece uma reflexão crítica é a suposta prioridade de remédios reparatórios para resolução de situações que envolvem as liberdades comunicativas. De acordo com esse entendimento, a tutela inibitória é muito custosa para a liberdade de expressão e, assim, deve-se privilegiar o remédio da responsabilização posterior, seja pela contrapartida pecuniária, seja mediante o direito de resposta.[11] Apesar de esse trabalho não se voltar à análise da tutela inibitória, focando em soluções aplicáveis no momento patológico, não parece legítimo presumir que a privacidade, honra e imagem devem ser preferencialmente tuteladas *a posteriori*. De fato, as alternativas acima mencionadas podem ser úteis em certos casos, porém, soa estranha a ideia de que direitos invioláveis só poderão ser tutelados uma vez constatada a sua violação.[12]

De fato, como mencionado no Capítulo 1, a inviolabilidade absoluta dos direitos à privacidade, intimidade, honra e imagem não se revela real ou viável na prática, justamente porque eles, assim como os demais direitos fundamentais, podem vir a ser restringidos quando entrarem em conflito entre si. Isso não autoriza, contudo, a sua violação em qualquer hipótese de tensão com outros direitos fundamentais, o que subverteria o disposto na própria Constituição Federal de 1988.

Seguindo essa linha, é igualmente inviável supor que a liberdade de expressão e o direito à informação não serão, em alguns casos, relativizados para privilegiar a proteção de outros direitos fundamentais. Essa restrição é, sem dúvidas, onerosa para os interesses subjacentes a tais direitos, porém, o mesmo vale para a manutenção do conteúdo, que pode ser extremamente custosa para os atributos da personalidade do sujeito ali retratado. Aliás, em algumas hipóteses, o remédio ulterior pode ser até mesmo insuficiente para compensar os danos oriundos da lesão aos direitos personalíssimos.[13]

Assim, parece arriscado atribuir uma regra abstrata de preferência por mecanismos de tutela inibitória ou *a posteriori*, especialmente considerando que isso não encontra amparo na Constituição Federal de 1988 ou na legislação infraconstitucional. Sobre o tema, Luiz Guilherme Marinoni observa que:

> [...] "tutela" significa o resultado jurídico-substancial do processo, representando o impacto do processo no plano do direito material. Quando se teoriza o tema das "tutelas" se tem em mira exatamente

---

11. V. BARROSO, Luis Roberto. Liberdade de expressão versus direitos da personalidade: colisão de direitos fundamentais e critérios de ponderação, cit., p. 117.
12. Gilmar MENDES pondera que "se a Constituição assegura não só a inviolabilidade do direito, mas também a efetiva proteção judiciária contra lesão ou ameaça de lesão à direito (CF, art. 5º, XXXV), não poderia o Judiciário intervir para obstar a configuração da ofensa definitiva, que acaba acarretando danos efetivamente irreparáveis? Que significaria a garantia da proteção judiciária efetiva contra lesão ou ameaça de lesão a direito se a intervenção somente pudesse se dar após a configuração da lesão?" (*Colisão de direitos fundamentais: liberdade de expressão e de comunicação e direito à honra e à imagem*. Revista de Informação Legislativa, Brasília, Ano 31, nº 122. Abril/junho 1994. p. 298)
13. O próprio ministro Luís Roberto BARROSO reconhece que "[...] nos casos de violação da privacidade (intimidade ou vida privada), a simples divulgação poderá causar o mal de um modo irreparável" (Liberdade de expressão versus direitos da personalidade, cit., p. 117). Em linha similar, vide o Enunciado nº 576 da VII Jornada de Direito Civil, segundo o qual "O direito ao esquecimento pode ser assegurado por tutela judicial inibitória". De acordo com a justificativa do referido enunciado, a tutela inibitória é cabível pois "a violação do direito à honra não admite a *restitutio in integrum*. A compensação financeira apenas ameniza o abalo moral, e o direito de resposta proporcional ao agravo sofrido também é incapaz de restaurar o bem jurídico violado, visto ser impossível restituir o status quo".

a imprescindibilidade da identificação das situações de direito material para a compreensão crítica da lei processual e para o delineamento das técnicas processuais capazes de outorgar efetividade à prestação jurisdicional e, assim, colocá-la em uma dimensão realmente capaz de concretizar o direito fundamental à tutela jurisdicional efetiva.[14]

Desse modo, a forma de tutela cabível e o respectivo remédio adequado devem ser definidos a partir de uma análise cuidadosa dos elementos específicos do caso concreto, da ponderação dos direitos contrapostos e da consideração de alternativas que possam ser, ao mesmo tempo, as menos gravosas e as mais convenientes para produção dos efeitos pretendidos. Esse exercício já é, por si só, extremamente complexo em termos práticos; porém, na temática aqui tratada, essa dificuldade é agravada por se tratar de conflitos entre direitos fundamentais travados em um universo *sui generis* como a Internet, que representa diversos desafios para o Direito.

Nesse cenário, exige-se que os intérpretes e operadores do Direito tomem conhecimento e levem em consideração aspectos peculiares que, muitas vezes, são estranhos à ciência jurídica, o que torna a sua tarefa ainda mais espinhosa. A cooperação dos provedores é, portanto, imprescindível para a construção de normas e medidas apropriadas e tecnicamente viáveis. Não obstante, tal participação deve ter caráter colaborativo e suplementar à atividade desenvolvida pelo legislador e pelos julgadores, não sendo legítimo que os buscadores passem a exercer, eles mesmos, esses papéis. Isso porque, como discutido ao longo do Capítulo 2, a atuação dos provedores não é baseada nos valores da pessoa humana – embora não possa ir de encontro a eles – e sim na lógica de mercado. Conforme destacado por Enrique Linde Paniagua:

> Os operadores econômicos não têm (e nem deveriam ter) entre os seus objetivos outorgar direitos aos cidadãos, pois sua finalidade principal ou exclusiva é obter benefícios. Essa proteção só será garantida a partir de um sistema jurídico protetor que inclua medidas legislativas apropriadas, autoridades de controle com amplos poderes e juízes competentes.[15]

Considerando o exposto, assim como a falta de competência e o possível conflito entre os interesses dos provedores e de seus usuários, não se pode deixar a critério deles a definição dos mecanismos adequados para tutela dos direitos fundamentais, tampouco dos parâmetros a serem considerados para aplicação de cada remédio.

Feitas essas considerações iniciais, e com o intuito de oferecer alguma colaboração, ainda que modesta, para o desenvolvimento do tema aqui estudado, os itens a seguir tratarão de possíveis parâmetros para orientar a seleção e aplicação dos remédios para instrumentalização do direito ao esquecimento na Internet, não se objetivando, repita-se, esgotá-los ou apresenta-los como regras absolutas ou permanentes.

---

14. A legitimidade da atuação do juiz a partir do direito fundamental à tutela jurisdicional efetiva. *Revista de Doutrina da 4ª Região*, Porto Alegre, n. 15, novembro 2006. Disponível em: http://www.revistadoutrina.trf4.jus.br/artigos/edicao015/Luiz_Marinoni.htm. Acesso em 19.01.2019.
15. Tradução livre. No original: "Los operadores económicos non tienen (ni tienen por qué tener) entre sus objetivos otorgar derechos a los ciudadanos, pues su finalidad principal o exclusiva es obter beneficios. solamente desde un sistema jurídico protector que incluya medidas legislativas apropiadas, autoridades de supervisión con amplios poderes y jueces competentes la protección estará asegurada" (Algunas novedades sobre la protección de los consumidores y usuarios. *Revista del Derecho de la Unión Europea*, n. 26, 2014, pp. 259-260).

3.2. PARÂMETROS PARA DESINDEXAÇÃO TOTAL

Conforme mencionado no Capítulo 2, a desindexação total já vem sendo amplamente adotada na Europa, tendo o Google, por força da decisão proferida no caso M.C.G., criado um mecanismo próprio para avaliar os pedidos de remoção de resultados. Apesar de criticável sob diversos aspectos, alguns deles abordados ao longo do segundo capítulo, o formato europeu pode servir de inspiração, em certa medida, para os modelos de desindexação a serem adotados em outros países, inclusive no Brasil.

Uma dessas possíveis contribuições se encontra nas diretrizes para implementação da decisão do caso M.C.G (*Guidelines on the implementation of the Court of Justice of the European Union judgment on "Google Spain and Inc v. Agencia Española de Protección de Datos (AEPD) and M.C.G*, doravante simplesmente "Diretrizes"), formuladas pelo grupo de trabalho de proteção de dados estabelecido com base no artigo 29 da Diretiva 96/45/EC (*Article 29 Data Protection Working Party*) em 2014.[16] De acordo com o grupo, as Diretrizes foram elaboradas para assegurar que a decisão do ECJ fosse adotada na Europa de modo consistente e uniforme, contendo os critérios comuns que devem ser usados pelas autoridades europeias de proteção de dados ao tratar dos pedidos de desindexação.[17]

3.2.1. Parâmetros adotados na Europa para desindexação total

As Diretrizes elencam treze pontos que devem ser considerados pelas autoridades no tratamento de pedidos de desindexação rejeitados pelo buscador,[18] os quais serão identificados e brevemente explicados a seguir. O primeiro critério busca confirmar se há relação entre o resultado e uma pessoa natural e, em caso afirmativo, se tal resultado é sugerido em pesquisas realizadas pelo nome do indivíduo. As autoridades também devem considerar pseudônimos ou apelidos como termos de busca relevantes caso o usuário consiga estabelecer uma conexão entre eles e a sua real identidade.

O segundo ponto é o já criticado critério da pessoa "pública", considerado relevante para o modelo europeu na medida em que o ECJ excepcionou a desindexação em casos envolvendo pessoas com papel na vida pública, em que haja interesse do público em ter acesso às informações referentes a tal indivíduo. Embora admita a dificuldade de definir o que seria uma figura pública, o documento traz exemplos de pessoas consideradas como tais[19] e sugere, como regra geral, que a decisão de remover ou não o resultado

---

16. Diretrizes disponíveis em inglês em: https://www.dataprotection.ro/servlet/ViewDocument?id=1080. Acesso em 20.10.2018.
17. Vide comunicação enviada pelo grupo de trabalho do artigo 29 à qwant.com em 16.01.2015. Carta disponível em: <https://ec.europa.eu/justice/article-29/documentation/other-document/files/2015/20150116_letter_art29_qwant_right_to_be_delisted_en.pdf>. Acesso em 20.10.2018.
18. Os treze critérios encontram-se resumidos no quadro constante das pp. 13-20 das Diretrizes.
19. A título exemplificativo, as Diretrizes observam que "políticos, funcionários públicos sêniores, pessoas de negócios e membros de profissões (reguladas) podem ser usualmente consideradas como pessoas que desempenham um papel na vida pública". (Tradução livre. No original: "by way of illustration, politicians, senior public officials, business-people and members of the (regulated) professions can usually be considered to fulfil a role in public life". (Diretrizes, cit., p. 13))

verifique se o acesso do público a uma informação o protegeria de condutas públicas ou profissionais impróprias.

É interessante notar que as Diretrizes reconhecem que certas informações pertinentes a figuras públicas são privadas e não deveriam aparecer em resultados de pesquisa, como, por exemplo, aquelas relativas a sua saúde e aos seus familiares. Não obstante, caso o solicitante seja uma pessoa "pública" e o resultado em questão não corresponda a informação genuinamente privada, a regra geral é que a posição ocupada pelo indivíduo represente um forte argumento contrário à desindexação.

Além da ocupação profissional do solicitante, as Diretrizes sugerem que se verifique se ele é menor de idade. Com base nesse terceiro critério, é mais provável que se determine a desindexação de resultados caso eles digam respeito a uma pessoa que ainda não atingiu a maioridade, sendo necessário, ainda, que essa determinação leve em consideração o melhor interesse da criança.

O quarto parâmetro sugerido se refere, por sua vez, à veracidade do conteúdo objeto da solicitação. Nos termos do documento, há maior probabilidade de se optar pela remoção em se tratando de resultados que apresentem uma incorreção factual, a qual concorra para projeção equivocada, inadequada ou enganosa de um indivíduo.

O critério seguinte, também pertinente ao conteúdo, destina-se a apurar se ele é relevante e não excessivo. Objetiva-se, com isso, verificar a relevância da informação contida no resultado de busca de acordo com o interesse do público em geral em ter acesso a ela, sendo a relevância, nesse caso, intimamente ligada à época da informação. Assim, a depender dos fatos a que se referem, as informações menos recentes tendem a ser consideradas menos relevantes do que aquelas publicadas há pouco tempo.

Segundo as Diretrizes, os seguintes fatores orientam a análise de relevância: se a informação se refere à vida profissional do solicitante, se o resultado corresponde a informações excessivas ou que supostamente constituem discurso de ódio, difamação, calúnia ou ofensas similares contra o solicitante, e se está claro que o conteúdo reflete uma opinião pessoal de um indivíduo ou, ao revés, se dá a impressão de se tratar de um fato comprovado.

O primeiro fator acima mencionado é levado em consideração uma vez que, para o grupo de trabalho, é provável que informações pertinentes à atual vida professional do indivíduo sejam relevantes para a sociedade, a depender, contudo, da natureza do trabalho e do legítimo interesse do público em acessar a informação mediante pesquisa pelo nome daquela pessoa. O segundo fator é considerado porque as autoridades de proteção de dados europeias geralmente não são competentes ou qualificadas para lidar com informações que podem consistir em manifestação civil ou criminalmente ofensiva. Já o último é avaliado uma vez que o status da informação pode impactar a decisão de desindexação, sendo mais provável que isso ocorra quando se tratar de informações que, embora aparentem ser fatos comprovados, se revelem factualmente incorretas.

Passando ao sexto critério, deve-se investigar se o resultado questionado contém dados sensíveis, os quais, por ter um maior impacto na vida privada do solicitante, seriam, em regra, mais propensos à remoção. A título exemplificativo, são considerados dados sensíveis as informações relativas à saúde, sexualidade e crenças religiosas de um indivíduo.

O parâmetro seguinte dedica-se à aferição da atualidade do fato, adotando-se, como regra geral, a orientação de que se deve desindexar as informações que não são razoavelmente recentes e que se tornaram incorretas por estarem desatualizadas. Para essa análise, considera-se a finalidade do processamento original.

O oitavo critério se concentra nos efeitos da informação para o solicitante, buscando determinar se ela foi ou continua a ser prejudicial. Embora as Diretrizes esclareçam que a demonstração de danos não é um requisito para a desindexação, o fato de um resultado ter causado prejuízos ao sujeito da informação será um forte argumento favorável à remoção. Procura-se averiguar, ainda, se a informação possui um impacto desproporcionalmente negativo à privacidade do solicitante, o que costuma ocorrer quando se trata de um fato trivial ou de uma infração insignificante que não é mais, ou talvez nunca tenha sido, objeto de debate público, não havendo amplo interesse público na sua disponibilização.

Ainda com foco nos impactos causados ao solicitante, o nono parâmetro sugerido pelas Diretrizes tem por objetivo examinar se o resultado contém informações que colocam o indivíduo em risco. Caso se entenda que o conteúdo de um URL expõe o solicitante a riscos significativos, como, por exemplo, de perseguição ou roubo de identidade, as autoridades de proteção de dados tenderão a determinar a desindexação.

Os critérios dez e onze voltam-se a análise do contexto em que a informação foi publicada, considerando-se, para tanto, se o solicitante a disponibilizou voluntariamente, se tinha a intenção de torna-la pública ou podia razoavelmente prever que isso aconteceria e se o conteúdo original foi publicado em um contexto jornalístico. Esses aspectos são avaliados uma vez que, para a legislação europeia, o consentimento é um requisito-chave para o processamento.

Nos termos das Diretrizes, caso a única base legal para a disponibilização da informação seja o consentimento do indivíduo e ele deixar de existir, a publicação carecerá de amparo legal e, portanto, deverá ser suspendida. O documento ressalta que, se o sujeito consentiu com a publicação original e, subsequentemente, viu-se impossibilitado de revogar o seu consentimento, as autoridades competentes considerarão, em regra, que a desindexação do respectivo resultado é apropriada. Ao mesmo tempo, deve-se levar em conta se a informação foi publicada para fins jornalísticos, o que, ainda assim, não será determinante para a rejeição de um pedido de remoção.

O penúltimo critério se refere ao responsável pela disponibilização do conteúdo, a fim de verificar se ele tem o poder ou a obrigação legal de tornar a informação pessoal disponível. Nesse caso, é possível que a desindexação seja considerada desaconselhável enquanto perdurar a necessidade de a autoridade pública manter a informação publicamente disponível, o que se avaliará, contudo, em concreto, juntamente com os critérios de desatualização e irrelevância.

O décimo terceiro e último parâmetro constante das Diretrizes busca determinar se o conteúdo questionado se refere a um crime. Em regra, tende-se a determinar a remoção de resultados referentes a infrações relativamente mais leves que ocorreram há bastante tempo, sendo menos provável que se decida pela desindexação de resultados pertinentes a crimes mais graves praticados recentemente. Não obstante, essas questões requerem uma avaliação cuidadosa, devendo ser analisadas caso a caso e com base nos princípios adotados por cada país-membro no que se refere à disponibilização de informações sobre indivíduos que praticaram crimes e as respectivas condutas criminosas.

Vale mencionar que, tal qual ressaltado pelas Diretrizes, os treze parâmetros acima mencionados não são decisivos, devendo ser enxergados como ferramentas flexíveis de trabalho e aplicados vis-à-vis os princípios estabelecidos pelo ECJ – e, em particular, à luz do interesse do público geral em ter acesso à informação.[20]

3.2.2. Parâmetros sugeridos para desindexação total no Brasil

Ainda que esteja mais desenvolvido em comparação aos demais, o modelo europeu de desindexação possui diversos aspectos problemáticos, podendo ser considerado, assim, um ponto de partida, mas não um padrão a ser seguido. Isso vale tanto para os seus aspectos procedimentais quanto para os critérios adotados nas Diretrizes, sendo alguns deles – mas não todos – interessantes para a análise da remoção de resultados no Brasil.

Tendo em vista as orientações europeias e as particularidades do ordenamento jurídico e da realidade brasileira, acredita-se que o mecanismo nacional de desindexação pode se pautar nos parâmetros sumarizados a seguir. Cumpre destacar que as sugestões abaixo não constituem um rol taxativo, tampouco devem ser avaliadas por meio de um processo mecânico e escalonado.

Tal qual mencionado no tocante à ponderação, essas indagações não devem ser feitas isoladamente, em etapas distintas e independentes entre si, mas de forma integrada, possibilitando, assim, uma visão mais abrangente e compreensiva dos elementos e circunstâncias do caso concreto.

Além disso, é importante manter em mente que essas questões serão analisadas para que se verifique se a remoção total de certos resultados é a medida adequada para instrumentalizar, em concreto, o direito ao esquecimento, e não para determinar se ele deve ou não ser reconhecido em cada caso, o que será avaliado a partir de um exercício ponderativo.

Nesse sentido, parte do primeiro critério mencionado nas Diretrizes revela-se desnecessário para a investigação da aplicabilidade da desindexação total, afinal, inexistindo relação entre a informação contida no resultado questionado e o solicitante da remoção, não há que se falar em direito ao esquecimento do último, muito menos discutir os remédios adequados para tutela-lo. Não obstante, como se verá a seguir, é recomendável que se verifique se o conteúdo questionado é sugerido para buscas pelo nome ou por termos de pesquisa que identifiquem o solicitante.

---

20. Diretrizes, cit., p. 12.

Outros aspectos considerados relevantes pelas Diretrizes também parecem inaplicáveis ou desimportantes para o cenário nacional, como, por exemplo, a questão da veracidade da informação. Isso porque, conforme já mencionado, o ordenamento jurídico brasileiro prevê soluções específicas para manifestações falsas, incorretas ou que imputem um fato ofensivo a alguém. No direito ao esquecimento, a pretensão de que a informação não venha à tona ou permaneça acessível se deve ao fato de ela ser ou ter se tornado desatualizada, descontextualizada, irrelevante, incompleta ou excessiva, e não inverídica. Não é preciso analisar, portanto, se o episódio relatado ocorreu ou não.

Similarmente, não é recomendável fixar-se na notoriedade do sujeito da informação, e sim na relevância da própria informação para o público em geral. Não raro, a sociedade demonstra grande interesse por fatos referentes a celebridades ou políticos, não pelo fato em si, mas por ele dizer respeito àquela pessoa. Conforme observa Anderson Schreiber:

> O fato de a pessoa retratada ser célebre ou notória pode, quando muito, sugerir que há algum grau de interesse do público em ter acesso à imagem, pela só razão de dizer respeito àquela pessoa. Isso não basta, contudo, para que se conclua pela prevalência da liberdade de informação sobre o direito à imagem.[21]

Embora nem toda informação pessoal seja privada,[22] todos os indivíduos o são, independentemente de eventual projeção pública das atividades profissionais que desempenham, devendo ser protegidos da mesma forma. É necessário concentrar-se, portanto, na importância e utilidade social ou histórica do objeto de cada conteúdo, seja quem for o seu sujeito.

O critério da disponibilização voluntária também não parece merecer particular atenção no âmbito brasileiro, pois o consentimento do indivíduo, manifestado em algum momento e em certas circunstâncias, não impede que a informação venha a se tornar desatualizada ou descontextualizada, por exemplo. Além disso, sendo os direitos personalíssimos irrenunciáveis, eventual restrição voluntária à privacidade ou imagem não terá caráter ilimitado e eterno. Como a Internet permite a perpetuação e difusão irrestrita de toda e qualquer informação, assumir que o conteúdo disponibilizado pelo próprio indivíduo – ou com a sua concordância – é menos propenso à desindexação ou a outros remédios voltados à concretizar o direito ao esquecimento equivaleria a admitir que, a partir da disponibilização, o sujeito abriu mão de alguns atributos da sua personalidade de modo definitivo, o que é inconcebível para o Direito pátrio.[23]

A diferenciação entre conteúdos que refletem opiniões individuais daqueles disponibilizados para fins jornalísticos também não parece influenciar materialmente a propensão de um resultado ser ou não passível de remoção, sendo necessário, repita-se,

---

21. *Direitos da personalidade*, cit., p. 114.
22. Conforme observado pelo grupo de estudos do art. 29 da Diretiva 96/45/EC, "embora todas as informações referentes a uma pessoa sejam informações pessoais, nem toda informação sobre uma pessoa é privada (Tradução livre. No original: "although all data relating to a person is personal data, not all data about a person is private" (Diretrizes, cit., p. 16)).
23. Conforme observa Anderson SCHREIBER, a irrenunciabilidade dos direitos da personalidade deve ser entendida como a impossibilidade de o seu titular despir-se deles de modo geral ou definitivo. (*Direitos da personalidade*, cit., p. 26)

atentar para a informação em si. Graças às singularidades da web, é perfeitamente possível que uma matéria armazenada nos arquivos da versão digital de um jornal tenha se tornado irrelevante ou desatualizada, podendo se sujeitar à desindexação ou outros mecanismos de tutela apropriados, a depender do caso concreto. Em muitos casos, parece que sequer seria possível fazer essa distinção, haja vista a proliferação do chamado jornalismo cidadão, melhor abordado no Capítulo 2.

Também é importante manter em mente que, mesmo com a desindexação, a informação permanecerá disponível no provedor de conteúdo e informação, suprimindo-se, portanto, o resultado sugerido pelo buscador para pesquisas realizadas a partir do nome do solicitante. Embora isso já tenha sido repetido algumas vezes, é importante que não se perca de vista os efeitos que a remoção do resultado pode produzir, especialmente para evitar que a análise voltada a tal determinação se prenda ou valorize excessivamente aspectos que não são determinantes para a desindexação.

Sob essa perspectiva, e feitas as ressalvas acima, passar-se-á a avaliação de alguns critérios que podem sinalizar que a desindexação total é um remédio adequado, os quais, vale reiterar, devem ser analisados com base nas circunstâncias do caso concreto e nos efeitos que se pretende produzir. Cumpre ressaltar, ainda, que essa não é uma lista taxativa, sendo possível que certas situações venham a exigir a consideração de parâmetros e quesitos adicionais, particularmente relevantes no caso a caso.

Em decisão recentíssima, um tribunal de Amsterdã levou em consideração, por exemplo, o fato de o resultado de busca questionado corresponder a um site que relaciona nomes e dados de médicos em uma "lista negra" (*blacklist*). O pedido de remoção foi formulado por uma médica alemã que sofreu punição disciplinar e cuja licença profissional fora condicionalmente suspensa, o que permitia, entretanto, que ela continuasse a praticar medicina. Ao realizar uma pesquisa com seu nome no Google, um dos primeiros resultados sugeridos era o site acima mencionado, o qual incluía a médica dentre a relação de profissionais renegados, por assim dizer.

Embora as informações fossem verídicas e a suspensão condicional ainda estivesse em vigor, o juiz responsável pelo caso determinou a desindexação sob o argumento de que o nome pejorativo do site sugeria que a autora era incapaz de tratar seus pacientes, o que não era compatível com as descobertas do júri disciplinar. O Tribunal também entendeu que os interessados poderiam encontrar a informação relevante no banco de dados online do Conselho de Medicina, no qual os registros são mantidos e acessíveis publicamente.[24]

Ainda que se possa questionar se a decisão acima é acertada, é interessante notar que ela levou em conta um aspecto particular do caso concreto, o qual foi, a despeito dos demais parâmetros (como relevância e atualidade da informação), determinante para justificar a remoção do resultado. Pela singularidade desse ponto, não parece razoável

---

24. Informações extraídas da matéria veiculada na versão eletrônica do The Guardian de 21.01.2019. Disponível em: <https://www.theguardian.com/technology/2019/jan/21/dutch-surgeon-wins-landmark-right-to-be-forgotten-case-google?CMP=share_btn_link>. Acesso em 22.01.2019.

que ele seja considerado um critério geral, o que demonstra, por sua vez, a impossibilidade de apreender todos os questionamentos relevantes em um rol taxativo.

a. Correspondência do resultado x critérios de busca identificadores

Tal qual o modelo europeu, acredita-se que o exame de aplicabilidade da desindexação deve perpassar, dentre outros, pela verificação do resultado questionado vis-à-vis os critérios utilizados para a pesquisa, de modo a determinar se o primeiro aparece como sugestão para buscas realizadas a partir do nome ou de nomenclaturas que identifiquem o solicitante. Isso porque, como já mencionado, o principal efeito produzido pela desindexação é a quebra da associação instantânea e automática do indivíduo com a informação contida no resultado por ele questionado, evitando, assim, que isso venha à tona cada vez que um usuário consultar o nome daquela pessoa.

Se, contudo, a busca pelo nome ou por outros critérios de busca que identifiquem o indivíduo não conduzir ao resultado questionado, ou seja, se aquele site não foi indexado e classificado pelo buscador como uma sugestão para pesquisas realizadas a partir dos termos de busca que correspondem à identidade do sujeito, a desindexação não será a medida apropriada.

Caso o objetivo do solicitante seja impossibilitar o acesso à informação ou se desvincular dela – e não do resultado que, nesse caso, sequer cria uma conexão entre o sujeito e o conteúdo – há que se considerar outros mecanismos para tutelar o seu interesse, como, por exemplo, a remoção ou a anonimização do conteúdo, cuja seleção e implementação dependerão, por sua vez, de análise diversa.

b. Sensibilidade da informação

A sensibilidade da informação é um critério que, apesar de não ser decisivo, pode contribuir para a desindexação de um resultado. Dizer que ele não é determinante não significa desmerece-lo, apenas destacar que resultados que não envolvam os chamados dados pessoais sensíveis também podem vir a ser retirados, sendo a qualificação como sensível, contudo, um forte argumento pró-remoção.

Embora a LGPD não defina propriamente o que se entende por *dado pessoal sensível*, o inciso II do seu artigo 5º, inspirado no parágrafo 1º do artigo 9º da GDPR,[25] traz alguns exemplos de informações que podem ser entendidas dessa forma, a saber, aquelas referentes à origem racial ou étnica, convicção religiosa, opinião política, filiação a

---

25. De acordo com o Parágrafo Primeiro do art. 9º da GDPR: "o processamento de dados pessoais que relevem a origem racial ou étnica, opiniões políticas e convicções religiosas ou filosóficas, filiação sindical; dados genéticos, dados biométricos tratados simplesmente para identificar um ser humano, dados relacionados com a saúde, dados relativos à vida sexual ou orientação sexual da pessoa será proibido". (Tradução livre. No original: "[p]rocessing of personal data revealing racial or ethnic origin, political opinions, religious or philosophical beliefs, or trade union membership, and the processing of genetic data, biometric data for the purpose of uniquely identifying a natural person, data concerning health or data concerning a natural person's sex life or sexual orientation shall be prohibited".) Vale mencionar que a GDPR também aborda a temática dos dados pessoais sensíveis e de seu tratamento nos Considerandos (*Recitals*) 51 a 56 e no artigo 4º, nºs 13, 14 e 15.

sindicato ou a organização de caráter religioso, filosófico ou político, dado referente à saúde ou à vida sexual, dado genético ou biométrico de uma pessoa natural.

A classificação de certos dados pessoais como sensíveis e a restrição legal ao seu processamento[26] se justificam uma vez que o conhecimento e circulação destes criam riscos significativos para os direitos fundamentais e as liberdades de seus respectivos titulares.[27] Conforme observa Danilo Doneda, tal perigo decorre, por sua vez, do fato de que essas informações "prestar-se-iam a uma potencial utilização discriminatória ou particularmente lesiva e que apresentaria maiores riscos potenciais que a média, para a pessoa e não raro para uma coletividade".[28]

Assim, não obstante a importância e utilidade de identificar adequadamente as informações dessa espécie, o autor se opõe à uma categorização absoluta, pois, nas suas palavras, "a imensa variedade de ambientes, finalidades e técnicas utilizadas podem determinar uma natureza ofensiva mesmo no tratamento de dados que, originariamente, não eram qualificados como dados sensíveis".[29] Sob essa perspectiva, a opção legislativa de não definir categoricamente os dados pessoais sensíveis parece ter sido acertada, sendo possível, assim, que se avalie e determine, em concreto e a depender das circunstâncias de cada caso, se as informações se revelam ou não particularmente sensíveis.

Essas observações são interessantes e devem ser consideradas na reflexão sobre a remoção de resultados de busca cujo conteúdo compreenda dados pessoais sensíveis. Uma vez que a própria legislação adotou uma postura extremamente protetiva, voltada a preservar essas informações e seus respectivos titulares, é essencial que a mesma proteção seja garantida nas mais diferentes esferas e hipóteses de divulgação.

Como já mencionado, os buscadores contribuem enormemente para a difusão das mais variadas informações, facilitando o acesso e amplificando o seu alcance. Nas palavras de John T. Nockleby, no mundo digital, o palheiro não esconde mais a agulha, ao contrário, as próprias informações se tornam palheiros e toda agulha que contenha

---

26. Com base no art. 13 da Lei de Proteção de Dados Pessoais, o tratamento de dados pessoais sensíveis só poderá ocorrer nas seguintes hipóteses: I – quando o titular ou seu responsável legal consentir, de forma específica e destacada, para finalidades específicas; II – sem fornecimento de consentimento do titular, nas hipóteses em que for indispensável para: a) cumprimento de obrigação legal ou regulatória pelo controlador; b) tratamento compartilhado de dados necessários à execução, pela administração pública, de políticas públicas previstas em leis ou regulamentos; c) realização de estudos por órgão de pesquisa, garantida, sempre que possível, a anonimização dos dados pessoais sensíveis; d) exercício regular de direitos, inclusive em contrato e em processo judicial, administrativo e arbitral, este último nos termos da Lei nº 9.307, de 23 de setembro de 1996 (Lei de Arbitragem); e) proteção da vida ou da incolumidade física do titular ou de terceiro; f) tutela da saúde, em procedimento realizado por profissionais da área da saúde ou por entidades sanitárias; ou g) garantia da prevenção à fraude e à segurança do titular, nos processos de identificação e autenticação de cadastro em sistemas eletrônicos, resguardados os direitos mencionados no art. 9º desta Lei e exceto no caso de prevalecerem direitos e liberdades fundamentais do titular que exijam a proteção dos dados pessoais.
27. De acordo com o item 1 do Considerando (*Recital*) 51 da GDPR, "dados pessoais que sejam, pela sua natureza, particularmente sensíveis em relação a direitos e liberdades fundamentais merecem proteção específica, uma vez que o contexto do seu processamento pode criar riscos significativos aos direitos e liberdades fundamentais". (Tradução livre. No original: "[p]ersonal data which are, by their nature, particularly sensitive in relation to fundamental rights and freedoms merit specific protection as the context of their processing could create significant risks to the fundamental rights and freedom".)
28. *Da privacidade à proteção de dados pessoais*, cit., pp. 160-161.
29. DONEDA, Danilo. *Da privacidade à proteção de dados pessoais*, cit., p. 408.

os atributos buscados pode ser encontrada.[30] Quando um conteúdo é exibido dentre os resultados de pesquisa realizada pelo nome de uma pessoa, é razoável assumir que, na maioria dos casos – e especialmente se ele constar das primeiras páginas – mais pessoas tomarão conhecimento do fato.

Se a circulação das informações sensíveis é protegida justamente pelo seu potencial lesivo aos respectivos titulares, disponibilizá-las em larga escala e de modo vinculado à identidade do sujeito da informação representaria clara ameaça aos seus direitos e liberdades fundamentais. Recorrendo novamente ao entendimento de Nockleby, se a informação é pesquisável, ela também é manipulável:[31] ao exibir resultados que contenham dados pessoais sensíveis, o seu titular acaba exposto a possíveis tratamentos discriminatórios com base nos mesmos. A desindexação, sob essa perspectiva, seria uma forma de salvaguardar os interesses desses indivíduos.

Além disso, caso se entenda que a atividade desempenhada pelos buscadores, por envolver a coleta, classificação, utilização e transmissão de dados pessoais, é uma forma de tratamento,[32] a solicitação de desindexação formulada pelo titular desses dados denotaria a ausência de seu consentimento. Em sendo a anuência do titular um requisito para o tratamento desse tipo de dados, ressalvadas as hipóteses específicas em que ela é dispensada por lei – e que não parecem englobar as finalidades pelas quais os buscadores obtêm e exibem informações – a manutenção do resultado que contém informações sensíveis se tornaria injustificada e, em última instância, *contra legem*.

Considerando o exposto, acredita-se que, via de regra, a desindexação é uma solução recomendável na hipótese de resultados que contenham dados sensíveis, o que não significa, contudo, que aspectos particulares não possam fundamentar decisão em contrário, tampouco sugere que a remoção do resultado é apta a resolver, por si só, a questão como um todo. Tendo em vista a proteção dispensada pelo ordenamento jurídico brasileiro aos dados pessoais sensíveis, a tutela adequada dos interesses do titular dessas informações pode requerer, a depender das circunstâncias do caso concreto, a adoção combinada de outros remédios, como, por exemplo, a anonimização, o que não será, contudo, oponível ao buscador, e sim ao provedor responsável pela disponibilização do conteúdo.

c. Relevância da informação

Como observado no item 3.2.1, a relevância da informação é um dos parâmetros sugeridos pelas Diretrizes, podendo ser considerado, de forma similar, um critério útil para a reflexão sobre a aplicabilidade da desindexação nos casos brasileiros. Não obstante, acredita-se que a abordagem a ser adotada no âmbito nacional deve ser um pouco diversa. Isso porque, no modelo europeu, a verificação da relevância e da

---

30. *Privacy: Circa 2002*. Disponível em: https://cyber.harvard.edu/privacy/PrivacyCirca2002.htm#_ftn25. Acesso em 06.01.2019.
31. *Privacy: Circa 2002*, cit.
32. A possibilidade de considerar a atividade do buscador como forma de tratamento de dados pessoais é melhor explorada no item 2.1.4.1 do Capítulo 2.

excessividade da informação integram o mesmo critério, o que faz com que essas noções se misturem. Entretanto, uma informação pode ser relevante e, ainda assim, apresentar elementos que a tornam excessiva, devendo-se avaliar esses dois aspectos de forma autônoma.

Essa individualização não significa que a avaliação dos parâmetros aqui sugeridos será feita em etapas separadas, apenas que cada critério exige a consideração de questões próprias. É importante, pois, que os conceitos não se misturem e acabem, com isso, eliminando aspectos que deveriam ser levados em conta para a decisão final.

Além disso, as Diretrizes sugerem que a relevância da informação seja aferida a partir de fatores que, no entendimento ora adotado, não são oportunos ou necessários. O foco não deve estar na profissão do solicitante, no caráter difamatório da informação ou no fato de ela representar ou não uma opinião pessoal, e sim na importância que ela assume para a sociedade, a ponto de justificar que o conteúdo continue sendo exibido como um resultado de busca atrelado ao nome do indivíduo.

Sob a perspectiva adotada nesse trabalho, considera-se relevante a informação que é de interesse público e noticiável. Considerando que a noticiabilidade, como já mencionado, depende, em certa medida, da atualidade do fato, é possível observar uma correlação entre a relevância e a atualidade da informação. Elas, porém, não são conceitos totalmente coincidentes: a informação atual não será necessariamente relevante, mas a informação relevante ostenta, dentre outros atributos, o da atualidade.

O fato de um resultado corresponder à informação que atende a tais requisitos e que é, portanto, relevante, será, ao menos em regra, um forte indício de que a desindexação total não é o remédio ideal. Isso não significa que resultados contendo informações relevantes não poderão ser suprimidos, pois as circunstâncias específicas do caso podem vir a justificá-la. É exatamente por isso que nenhum parâmetro isolado determinará, por si só, a aplicabilidade de uma medida, sendo necessário considera-los conjuntamente, sempre à luz do caso concreto.

Caso verifique-se que a informação contida no resultado é de interesse público, mas não noticiável (por se tratar, por exemplo, de um fato remoto), é possível cogitar a sua desindexação "parcial", observados, por óbvio, os demais critérios e particularidades do caso. Com isso, a informação não deixaria de constar das sugestões oferecidas pelo buscador para aqueles critérios de busca, mas também não seria exibida dentre os primeiros resultados.

Na situação reversa, em que o fato é noticiável, mas não de interesse público, a desindexação poderá ser uma solução adequada se, por exemplo, apesar da noticiabilidade, a informação se revelar excessiva ou impactar demasiada e desproporcionalmente os atributos da personalidade do indivíduo.

Por fim, em não se tratando de informação noticiável ou de interesse público, é provável que a desindexação se configure como um remédio interessante, visto que, salvo se as circunstâncias particulares indicarem o contrário, a associação compulsória do resultado com o nome do indivíduo não seria razoavelmente justificável.

d. Excessividade da informação

Além da relevância, cumpre verificar se a informação é, de alguma forma, excessiva, o que poderá, em alguns casos, fundamentar a opção pela desindexação total. A excessividade será constatada quando a informação contida no resultado, ainda que verídica, atual e até mesmo relevante, expõe detalhes pessoais lesivos aos direitos fundamentais do sujeito da informação e prescindíveis para transmissão da informação em si.

Conforme mencionado no Capítulo 2, a apuração da excessividade só pode ocorrer em concreto, pois é necessário que se avalie o conteúdo e se verifique se os seus elementos integram o núcleo duro do fato narrado. O relato de um crime, por exemplo, depende de elementos básicos para que o leitor entenda o ocorrido. Se ele não menciona qual foi a conduta criminosa praticada ou o local em que ela ocorreu, a narrativa será vazia e o objetivo de informar terá se frustrado.

Entretanto, pode-se compreender perfeitamente o episódio sem que se tenha acesso a detalhes minuciosos sobre ele e os envolvidos, sendo dispensáveis, ainda, informações especulativas ou de viés sensacionalista. O direito à informação garante que a sociedade tome conhecimento de determinados eventos, e não de cada mínima particularidade direta ou indiretamente ligada ao fato – o que seria, além de tudo, inviável.

Caso verifique-se que o resultado de busca questionado corresponde a um conteúdo substancialmente excessivo, é possível que se opte pela desindexação total, mesmo que a informação seja considerada relevante. Isso porque, como já mencionado, a remoção do resultado não interfere na manutenção do conteúdo, que seguirá disponível no respectivo provedor de conteúdo e informação. O efeito principal da supressão será, basicamente, o rompimento da associação instantânea do indivíduo com a informação. Os demais poderão tomar conhecimento do fato, na íntegra, através do mesmo caminho – sem contar, todavia, com o atalho oferecido pelo buscador.

Se, entretanto, o sujeito pretender remover o conteúdo em si, ou suprimir os aspectos que o tornam excessivo, ele deverá se dirigir ao respectivo provedor, e não ao buscador, sendo necessário que se avalie, nesse cenário, quais seriam as medidas cabíveis para proteção adequada dos interesses em jogo e os critérios para sua aplicação prática.

3.2.3. Análise de casos concretos

Para que se possa visualizar melhor a aplicação dos critérios acima, o presente item tratará de casos concretos que, espera-se, consigam ilustrar algumas hipóteses de aplicação da desindexação total. Trata-se de casos reais, já brevemente abordados no item 1.4.3 do Capítulo 1.

Embora as soluções efetivamente adotadas possam ter sido diversas das ora propostas, é interessante pensar se, partindo das concepções e dos parâmetros sugeridos acima, seria possível chegar a resultados diferentes. É importante esclarecer, ainda, que não se pretende fazer uma análise minuciosa de cada caso, e sim aborda-los de forma objetiva e sumarizada.

a. Casos de absolvição criminal

Os dois precedentes ora analisados serão tratados conjuntamente uma vez que ambas as ações foram propostas contra o Google com o objetivo de remover resultados remetendo a informações de processos dos quais os autores foram absolvidos. No caso de A.P.S.,[33] a autora havia sido ré em processo criminal, mas fora absolvida por falta de provas. Já J.R.F.,[34] médico preso e acusado pela Polícia Federal, respondeu a processos cíveis e administrativos, tendo sido absolvido nos dois.

Indiscutivelmente, as informações pertinentes a tais condutas podem ter sido consideradas de interesse público e noticiáveis quando e enquanto os processos em que A.P.S. e J.R.F atuaram como réus encontravam-se em curso. Não obstante, após a absolvição desses indivíduos, há que se questionar se o cenário acima permaneceria inalterado.

De acordo com o artigo 386 do Código de Processo Penal, o juiz absolverá o réu se reconhecer que o fato comprovadamente não existiu; se não houver provas suficientes de sua ocorrência; se o fato não corresponder à infração penal ou, em correspondendo, reste provado que o réu não concorreu para aquela infração – ou faltem provas de que ele o fez; se existirem circunstâncias que excluam o crime ou isentem o réu de pena, ou mesmo se houver fundada dúvida sobre sua existência e, finalmente, se inexistir prova suficiente para a sua condenação.

A lógica penal, como se sabe e se pode notar no disposto acima, é baseada na presunção de inocência, garantido constitucionalmente por meio do artigo 5º, inciso LVII da Carta Magna.[35] Trata-se, como observado por José Afonso da Silva, de um enunciado negativo universal[36] que, em consonância com o princípio *in dubio pro reo*, visa assegurar aos indivíduos que não sejam tratados como culpados na ausência de provas suficientes para tanto.

Se o juízo competente entendeu que A.P.S. e J.R.F. eram inocentes, não parece razoável que a conduta ilícita da qual foram eximidos seja permanentemente imputada a eles, o que, todavia, acaba ocorrendo quando a informação desses fatos é sugerida como resultado para buscas realizadas pelos nomes dos mesmos. Nesse cenário, é como se eles permanecessem eternos réus aos olhos dos usuários que, ao pesquisa-los, se deparam com a informação do ocorrido.[37]

Na realidade, ainda que tivessem sido considerados culpados e cumprido pena, é questionável se eles deveriam ter sua condenação perpetuada digitalmente, afinal, isso decerto comprometeria a sua reabilitação, a qual, nos termos do artigo 93 do Código

---

33. Apelação cível n. 0165842-73.2013.8.19.0001, PJERJ, 23ª Câmara Cível, Rel. Des. Sonia de Fátima Dias, j. 18.05.2016.
34. Apelação cível n. 0161033-79.2009.8.19.0001, TJRJ, 1ª Câmara Cível, Rel. Des. Jose Carlos Maldonado de Carvalho, j. 26.10.2010.
35. Art. 5º Todos são iguais perante a lei, sem distinção de qualquer natureza, garantindo-se aos brasileiros e aos estrangeiros residentes no País a inviolabilidade do direito à vida, à liberdade, à igualdade, à segurança e à propriedade, nos termos seguintes: (...) LVII – ninguém será considerado culpado até o trânsito em julgado de sentença penal condenatória.
36. *Comentário contextual à Constituição*. São Paulo: Malheiros, 2014, p. 158.
37. Conforme observa Anderson SCHREIBER, "[p]or meio de uma atividade aparentemente neutra, os motores de busca acabam por ditar a compreensão que os usuários da internet terão de um determinado fato ou de certa pessoa". (*Direitos da personalidade*, cit., p. 172)

Penal, alcança *quaisquer* penas aplicadas em sentença definitiva e assegura ao condenado o sigilo dos registros sobre o seu processo e condenação.

Tendo em vista os desdobramentos posteriores dos processos em que A.P.S. e J.R.F. figuraram como réus, é possível considerar que a absolvição tornou os fatos menos relevantes perante o público, ao mesmo tempo que a contínua vinculação desses indivíduos a informações que remontam ao assunto passou a representar um significativo impacto negativo ao seu livre desenvolvimento e aos demais atributos da sua personalidade.

Considerando o exposto e, ainda, o fato de que as informações continuariam disponíveis nos respectivos provedores, a desindexação total parece ser um remédio adequado para os casos sob discussão. Aliás, é possível pensar se outros remédios seriam aplicáveis no que se refere ao próprio conteúdo, como, por exemplo, a atualização ou anonimização, o que será oportunamente considerado nos itens 3.6 e 3.7. Por ora, vale apenas destacar que isso não envolveria a atuação do Google, e sim dos provedores de informação e conteúdo.

b. Caso da apresentadora infantil

Diferentemente dos casos mencionados no item "a" acima, em que os autores efetivamente participaram de processos criminais e administrativos, o precedente a que este item se refere trata de pedido de retirada de resultados do Google que associam a autora a uma prática condenável pela qual nunca foi, de fato, acusada.

Em seu pedido, M.G.X.M.[38] buscava a remoção de resultados exibidos para termos de pesquisa contendo seu nome e a expressão "pedófila", os quais sugeriam, por sua vez, sites que relatavam a participação da autora, na década de 80, de um filme de conteúdo adulto. À época, ela tinha dezoito anos e contracenou, em cenas íntimas, com um menor de idade. Anos mais tarde, a autora se consagrou como ícone do público infantil e, naturalmente, procurou afastar a sua imagem da produção cinematográfica anterior.

Embora se possa argumentar que, no passado, ela atuou voluntariamente e concordou com a veiculação do filme, sua anuência referia-se à exibição em veículos e formatos específicos – vale lembrar que, à época da obra, a Internet estava longe de exercer a função e ter o alcance que hoje lhes são característicos. É questionável, portanto, se ela poderia antever a repercussão que o fato assumiria e, ainda, se esse consentimento, mesmo que informado, é válido e vinculante *ad aeternum*.

Além disso, seja qual for o entendimento acerca das questões acima, um ponto parece ser incontroverso: a conduta da autora não foi criminalmente reprovável, tampouco é suficiente para considera-la pedófila, condição classificada pela Organização Mundial de Saúde – OMS como um transtorno.[39]

---

38. REsp. 1.316.921/RJ, 3ª T., Rel. Min. Nancy Andrighi, j. 26.06.2012.
39. De acordo com a Classificação Internacional de Doenças – CID11, a pedofilia é considerada um transtorno "caracterizado por um padrão contínuo, focado e intenso de excitação sexual – conforme manifestado por pensamentos, fantasias, impulsos ou comportamentos sexuais persistentes – envolvendo crianças pré-púberes". (Tradução livre. No original: "pedophilic disorder is characterized by a sustained, focused, and intense pattern of sexual arousal—as manifested by persistent sexual thoughts, fantasies, urges, or behaviors—involving pre-pubertal

No caso concreto, a pretensão de M.G.X.M. foi rejeitada pelo STJ, que entendeu que a retirada, além de tecnicamente inviável, violaria o direito à informação. Ao mesmo tempo que o argumento técnico não merece prosperar na prática – como os buscadores indexam, organizam, classificam e exibem conteúdos, certamente são capazes de eliminar ou alterar a forma de exibição dos mesmos – parece excessivamente generalista enxergar o direito à informação como uma garantia que se estende a informações desse tipo.

Conforme mencionado no item 3.1, acredita-se que o direito à informação pretende assegurar o acesso a fatos noticiáveis, o que não parece ser o caso da participação da autora em um filme obscuro de trinta anos atrás. O fato de se tratar de uma pessoa famosa não muda isso, pois, como nota Anderson Schreiber, "a mais bonita e a mais midiática das celebridades conserva integralmente seu direito à imagem, como manifestação irrenunciável da sua própria condição humana".[40]

Considerando a relevância reduzida (ou mesmo inexistente) do fato vis-à-vis o impacto que a associação deste com a autora causa aos atributos da sua personalidade, acredita-se que a remoção dos resultados seria uma medida apropriada para tutelar os direitos em questão, sendo possível considerar, ainda, se outros remédios seriam cabíveis no que se refere ao próprio conteúdo, o que foge, porém, do âmbito de atuação dos buscadores e, assim, não será discutido no presente item.

Isso não significa ou sugere que o buscador deva ser responsabilizado pelos termos de busca usados pelos usuários que, por óbvio, podem digitar o que bem entendem no campo de pesquisa, mas evitar que ele crie ou reforce, com a sugestão de certos resultados, a vinculação do objeto da busca com determinado conteúdo, oferecendo, de certa forma, subsídios para essa conexão. Conforme observado por Allyson Haynes Stuart, o Google não é responsável pelo conteúdo que apresenta, mas não pode ser indiferente aos seus efeitos.[41]

3.3. PARÂMETROS SUGERIDOS PARA DESINDEXAÇÃO "PARCIAL"

A proeminência dos buscadores (em especial do Google) e de suas atividades vem sendo enfaticamente destacada neste trabalho. O objetivo não é ser repetitivo ou hiperbólico, e sim justificar e dimensionar a relevância da discussão acerca da desindexação, particularmente significativa em uma realidade em que, muitas vezes, o Google *é* a Internet. Nas palavras de Allyson Haynes Stuart:

> Para localizar uma informação que não é exibida de outra forma para o usuário como um endereço ou link ativo, contudo, o Google é a Internet. Os buscadores são cruciais, permitindo aos usuários da Internet que acessem um número de sites que seria, de outra forma, inatingível.[42]

---

children (Disponível em: <https://icd.who.int/browse11/l-m/en#/http://id.who.int/icd/entity/517058174>. Acesso em 10.01.2019)).

40. *Direitos da personalidade*, cit., p. 125.
41. Tradução livre. No original: "Google is immune from liability for the content it presents, but that should not mean it is blind to the effects". (Google Search Results: Buried If Not Forgotten, cit., p. 517)
42. Tradução livre. No original: "For finding information that is not otherwise presented to the user as an address or active link, however, Google is the Internet. Search engines are crucial, enabling Internet users' perusal of an otherwise-unmanageable number of sites". (Google Search Results: Buried if not forgotten, cit., p. 471).

Nesse cenário, as sugestões oferecidas pelos buscadores, assim como a ordem em que elas aparecem, exercem forte influência sobre os usuários que correspondem, hoje em dia, a grande parte da população mundial. Com isso, a gestão de resultados mostra-se, cada vez mais, um tema digno de atenção.

Como se sabe, tanto os provedores de pesquisa quanto o mercado convencionam um valor – inclusive financeiro – ao fato de uma informação constar da lista de resultados, variável de acordo com a posição que ela ocupa no ranking.[43] Isso porque os primeiros resultados exibidos são, naturalmente, os que possuem maior visibilidade, sendo mais provável, portanto, que eles recebam mais acessos do que a sugestão constante da última página de pesquisa.

Por isso mesmo, a alteração da ordem de exibição dos resultados pode produzir efeitos práticos que, em certas situações, instrumentalizam a proteção dos interesses merecedores de tutela, preservando o resultado questionado e, ao mesmo tempo, conferindo-lhe um menor destaque. Nas palavras de George Brock, a redução do destaque de resultados de busca cria uma espécie de "fricção": torna-se a localização da informação mais difícil, sem, contudo, escondê-la.[44]

Como mencionado no Capítulo 2, os principais critérios para orientar a alteração de resultados proposta pela desindexação "parcial" são a relevância e a atualidade da informação contida no resultado, os quais serão melhor detalhados a seguir, juntamente com os demais parâmetros, a fim de que se reflita, inclusive, sobre o modo e os limites necessários à sua aplicação.

a. Correspondência do resultado x critérios de busca identificadores

Assim como na desindexação total, é importante que se verifique se o resultado para o qual se cogita a desindexação "parcial" aparece como sugestão de buscas realizadas a partir do nome ou de nomenclaturas que identifiquem o solicitante; caso contrário, a gestão de ranking não será a medida apropriada.

Tanto na desindexação total quanto na "parcial", o conteúdo correspondente ao resultado removido ou reposicionado permanecerá acessível através do provedor que o disponibiliza, sendo os remédios sob análise, portanto, uma forma de torna-lo menos aparente, e não de eliminá-lo.

Caso o buscador sequer exiba aquela informação em pesquisas baseadas no nome do indivíduo, a medida adequada não pode ser mudança da sua colocação no ranking de resultados. Deve-se cogitar, nesse caso, se o interesse do solicitante pode e deve ser tutelado de modo diverso, o que exigirá, por sua vez, uma atuação perante os provedores de informação e conteúdo, e não de pesquisa.

---

43. Como já mencionado, os anúncios veiculados através do Google Ads são sugeridos no topo da primeira página de resultados, assumindo, assim, posição de máximo destaque para atrair a atenção do usuário.
44. *The right to be forgotten*, cit.

b. Sensibilidade da informação

Na hipótese de o resultado questionado conter informações classificadas ou classificáveis como sensíveis, acredita-se que a alteração de ranking será uma medida insuficiente para efetiva preservação dos interesses do titular de tais dados. Isso porque, como mencionado no item 3.2.2(b), trata-se de uma categoria de informações que recebe proteção especial e mais rígida do ordenamento jurídico brasileiro em razão dos riscos inerentes a sua circulação e uso. Considerando esse tratamento mais restritivo, entende-se que, salvo em hipóteses excepcionais, os dados pessoais sensíveis não devem ser disponibilizados ao público em geral, muito menos através de resultados de busca realizada pelo nome do titular dessas informações.

É recomendável, portanto, que, observadas as circunstâncias do caso concreto, os resultados que compreendam esse tipo de dados sejam removidos por completo, sem prejuízo de se cogitar, tal qual mencionado acima, a aplicação de outras medidas destinadas a garantir a proteção adequada dessas informações e dos direitos fundamentais do indivíduo a quem elas dizem respeito.

c. Atualidade da informação

Embora esse critério não tenha sido considerado autonomamente para a desindexação total, e sim em conjunto com o da relevância, acredita-se que ele merece ser avaliado separadamente no caso da desindexação "parcial". Isso não significa que ele seja menos importante para fins de remoção de resultados, e sim que exerce um papel mais específico no que se refere à alteração de ranking, podendo ser aproveitado para a dosagem apropriada deste remédio.

Uma vez que a desindexação "parcial" pode ser vista como uma espécie de atualização no âmbito dos buscadores, a avaliação da atualidade do fato por trás do resultado é essencial para que ela seja aplicada corretamente. Embora a noção de atualidade esteja intimamente ligada à ideia de algo recente, ela deve ser compreendida de forma mais ampla para os fins ora pretendidos. Não basta observar a data do episódio – se ele se passou há dias ou décadas atrás – mas se o acontecimento ou o contexto em que ele ocorreu corresponde à realidade dos fatos. É claro que a probabilidade de um evento mais antigo se revelar ultrapassado é, via de regra, maior, porém, é perfeitamente possível que um evento recente se torne rapidamente desatualizado, especialmente nos tempos atuais, marcado pela velocidade e quantidade de informações que circulam a todo instante.

Além disso, fatos passados podem permanecer atuais, não sendo a passagem do tempo, por si só, suficiente para que eles percam a sua atualidade, muito menos a relevância, que também é um parâmetro importantíssimo para a desindexação "parcial". Do mesmo modo, informações recentes podem ser eminentemente irrelevantes sob o ponto de vista material, sendo criticável, assim, a sua exibição dentre os primeiros resultados. Por esse motivo, não parece recomendável que se crie prazos fixos e abstratos de validade das informações.

Por mais que as variáveis do caso concreto contribuam para a complexidade do processo de seleção dos mecanismos de tutela, somente a partir dessa análise se poderá decidir qual o remédio verdadeiramente adequado. A tentativa de uniformizar algo tão relativo e variável como a atualidade sob o argumento de simplificar o exame desse critério pode acabar sendo uma resposta simplista e artificial, que cria mais problemas práticos do que soluções.

Caso se verifique, em concreto, que a informação não é substancialmente relevante e atual, mas que, ao mesmo tempo, não é de todo irrelevante e desatualizada, a desindexação "parcial" poderá ser uma alternativa interessante, pois permitirá que ela seja exibida em uma posição de menos destaque, compatível com o teor e a época do ocorrido. Nessas hipóteses, a questão temporal assumirá maior destaque, podendo orientar o reposicionamento adequado do resultado no ranking de sugestões oferecidas pelo buscador. Isso seria um critério objetivo e transparente a ser seguido pelos buscadores, que precisam de alguma metodologia para implementar a desindexação "parcial".

Assim, avaliados os parâmetros e elementos do caso concreto e verificada a aplicabilidade da medida ora analisada, o tempo transcorrido desde a data do fato pode servir de diretriz para que o resultado seja reposicionado, por exemplo, na terceira, décima ou última página do rol de sites exibidos pelo provedor de pesquisa em buscas realizadas pelo nome de determinado indivíduo.

Em havendo notícias online ulteriores que retratam a informação de maneira atualizada, é possível, inclusive, que a desindexação "parcial" seja aplicada como meio de tornar esses resultados mais visíveis, respeitando, assim, a ordem correta dos fatos. Tome-se o exemplo de uma pessoa que foi acusada injustamente de envolvimento em um crime, tendo-se noticiado amplamente a sua prisão. Dias depois, constata-se que houve um erro e ela é inocentada.[45] Talvez seja mais interessante que, ao menos em um primeiro momento, coloque-se o relato da liberação dentre os primeiros resultados e os anteriores, não mais atuais, em posição de menor destaque, como uma forma de dar publicidade à versão atual dos fatos. Pode-se pensar, ainda, sobre a possibilidade de, após o transcurso do tempo, eliminar esses resultados por completo, de modo que o evento não permaneça associado ao sujeito.

d. Relevância da informação

Conforme já mencionado, a relevância da informação vincula-se, de acordo com o entendimento ora adotado, à existência de interesse público e noticiabilidade. Quando o resultado corresponde a uma informação que ostenta essas características, a sua remoção ou alteração serão, ao menos em regra, desaconselháveis. Ainda assim, deve-se levar em consideração os demais parâmetros e as circunstâncias singulares do caso, que podem vir a justificar a adoção da desindexação total ou "parcial".

---

45. Esse é o caso, por exemplo, de L., acusado e preso, em 16.01.2019, pelo assassinato de um jovem em um supermercado. Sete dias após a sua prisão – que se baseou no reconhecimento do rapaz por testemunhas – a polícia verificou que se tratava de um engano e o libertou. É interessante notar que, em pesquisa realizada no Google pelo nome de L. em 25.01.2019, a primeira página de resultados continha apenas sites que relatam a sua liberação e prisão dos verdadeiros envolvidos no crime.

Tal qual sugerido no item 3.2.2(c), a alteração da ordem dos resultados pode ser uma medida interessante para casos em que a informação é considerada de interesse público, mas perdeu significativamente a sua atualidade, afinal, com isso, ela não seria eliminada, mas deixaria de ser exibida dentre os primeiros resultados.

A gestão de resultados também pode ser considerada uma alternativa que permite ajustes finos em situações limítrofes. Há hipóteses em que, apesar de o resultado corresponder à informação objetivamente relevante, tal relevância não é material a ponto de justificar que ele continue sendo exibido dentre as primeiras sugestões da busca, o que expõe, por sua vez, o sujeito da informação de modo desproporcional. O caso mencionado no item 3.3.1(a) abaixo pode ser considerado um exemplo ilustrativo desse tipo de situação.

e. Excessividade da informação

Conforme mencionado no item 3.2.2(d) acima, a desindexação total tende a ser a solução adequada para hipóteses em que se verifique manifesta excessividade no conteúdo correspondente ao resultado. Não obstante, em certos casos, os excessos verificados podem não legitimar a supressão absoluta do resultado se considerados os demais aspectos concretos, exigindo, assim, uma medida menos extrema.

Na hipótese citada no item 3.3.1(b) abaixo, por exemplo, pode-se refletir se a remoção do resultado por completo era de fato adequada. Ainda que ele, por ser um site de caráter pejorativo, impactasse negativamente a imagem da autora, o conteúdo por ele exibido pode ser considerado de interesse público e noticiável na medida em que, mesmo podendo praticar medicina, a licença profissional da autora estava sob suspensão condicional.

Como se buscará argumentar a seguir, talvez o "rebaixamento" ou *downgrade* do resultado representasse uma medida mais equilibrada e conciliadora, que permitiria uma espécie de calibragem, por assim dizer, da posição do site vis-à-vis a sua relativa excessividade. Isso é, inclusive, o que parece ter ocorrido quando o Google, por iniciativa própria, alterou seu algoritmo, deixando de sugerir, dentre as primeiras páginas de resultados, sites que exibem fotos tiradas de um indivíduo para arquivos criminais, conhecidas, em inglês, como *mugshots*.

Cumpre ressaltar que esse e todos os critérios aqui propostos devem ser analisados com cautela e de maneira responsável. A desindexação "parcial", assim como os demais remédios, não deve ser um instrumento de interferência arbitrária nas atividades dos buscadores ou demais provedores, tampouco uma ferramenta para que cada pessoa ajuste, livre e voluntariamente, qualquer informação sobre si.

Faz-se necessário, pois, um exame criterioso dos interesses envolvidos, das particularidades do caso concreto e dos efeitos que cada mecanismo de tutela pode gerar para que sejam adotadas as medidas adequadas, necessárias e proporcionais, aptas a realizar e preservar, na maior extensão possível, os direitos envolvidos.

3.3.1. Análise de casos concretos

a. Caso dos sites *mugshots*[46]

Conforme adiantado no item 3.3 acima, o caso ora retratado não corresponde a uma provocação de um indivíduo com fundamento no direito ao esquecimento. Em 2013, a versão eletrônica do New York Times veiculou uma matéria intitulada "*Mugged by a mugshots online*" (em tradução simples, roubado por uma foto de prisão online), que narrava o sucesso de sites essencialmente destinados a disponibilizar imagens ou *mugshots* de pessoas "comuns", presas ou detidas, muitas vezes, por infrações de baixo potencial lesivo.[47]

O relato citava o exemplo de um norte-americano, M.B., que foi preso em 2012 a caminho de uma viagem de férias quando um policial, ao inspecionar o carro em que ele estava, descobriu seis pílulas de ectasy no seu saco de dormir. O rapaz foi solto e recebeu uma pena alternativa mais branda, porém, a foto tirada na ocasião da prisão para registro da sua ficha criminal foi disponibilizada em um site que reúne esse tipo de imagem e indexado pelo Google como um dos primeiros resultados sugeridos para pesquisas realizadas pelo nome do jovem.

O New York Times verificou que esse tipo de site aparecia frequentemente dentre os primeiros resultados do Google quando buscados os nomes de pessoas que tinham suas imagens exibidas nos mesmos. A matéria aponta, ainda, que tais sites oferecem a remoção das imagens mediante pagamento de valores entre U$30 e U$400 (ou até mais altos). Assim, longe de pretender exercer uma função informativa, nota-se que o objetivo principal do site é lucrar às custas do constrangimento alheio, monetizando sua humilhação.[48]

Embora esses sites sejam considerados legais nos EUA, o Google anunciou, dias depois da reportagem acima, que estava trabalhando na atualização de um de seus algoritmos. Após a sua implementação, verificou-se o rebaixamento dos sites de *mugshots* anteriormente exibidos na primeira página de resultados sugeridos pelo buscador. No Twitter, o então responsável pelo time de webspam do Google, Matt Cutts, reconheceu que matérias sobre o assunto foram um grande estímulo para a atualização em questão.[49]

De acordo com relatos recentes, contudo, parece que os sites em questão têm conseguido burlar os filtros do Google e, em muitos casos, voltaram a aparecer entre os principais resultados de busca. Um representante do buscador se manifestou, afirmando que o Google reconhece que esse é um tema sensível e que vem, desde 2013, utilizando sistemas que diminuem a visibilidade desses sites.[50]

---

46. STUART, Allyson Haynes. Google Search Results: Buried if not forgotten, cit., pp. 502-503.
47. Matéria disponível em: <https://www.nytimes.com/2013/10/06/business/mugged-by-a-mug-shot-online.html>. Acesso em 25.01.2019.
48. Tradução livre da expressão usada pela matéria do New York Times (no original: "monetize humiliation").
49. Em 06.10.2013, Matt Cutts mencionou, no Twitter, que o Google estava trabalhando na atualização antes da matéria do New York Times, reconhecendo, contudo, que o trabalho de Jonathan Hochman foi um grande estímulo (Disponível em: <https://twitter.com/mattcutts/status/386909346199638016>. Acesso em 25.01.2019)
50. Informações constantes de matéria veiculada pelo The Guardian em 12.06.2018. Disponível em: https://www.theguardian.com/technology/2018/jun/12/mugshot-exploitation-websites-arrests-shame. Acesso em 25.01.2019.

Com base no caso ora analisado, é possível notar que, tal qual mencionado no Capítulo 2, a desindexação "parcial" é uma medida que não se esgota no momento da sua aplicação. Como o resultado continua sendo exibido, é possível que o site atue de modo a conseguir, em algum momento, retomar uma posição mais proeminente no ranking de pesquisas. Essa fragilidade deve ser considerada como um aspecto negativo do remédio em questão, que, entretanto, pode vir a ser contornada com a adoção de medidas técnicas que assegurem a sua efetividade, independentemente do transcurso do tempo. Para tanto, a participação ativa dos buscadores é indispensável, sendo necessário, pois, a união de esforços tecnológicos e jurídicos.

b. Caso do site *blacklist*[51]

Como melhor detalhado no item 3.2.2(a) acima, um tribunal de Amsterdã determinou, em meados de 2018, a desindexação total de resultado de pesquisa correspondente a um site que exibia o nome da autora em uma "lista negra" de médicos. Por um lado, há que se considerar que o nome e a atividade do site são pejorativos e que a associação da autora com esse tipo de lista é prejudicial à sua imagem e reputação, sendo possível cogitar se trata-se de conteúdo excessivo.

Além disso, embora a autora tenha sido penalizada e tido sua licença profissional suspensa, os termos de tal suspensão permitem que ela siga praticando medicina. Se, contudo, um paciente em potencial (ou mesmo quem já é atendido por ela) consultar o nome da médica no Google e se deparar com um resultado que informa a inclusão da mesma em uma "lista negra", há grandes chances que ele repense a sua contratação.

Conforme argumentado pelo juiz responsável pelo caso, a vinculação da autora a esse tipo de resultado passa a impressão de que a médica não é qualificada para exercer a profissão, o que não corresponde, contudo, à decisão tomada pelo painel disciplinar. Há, portanto, um descompasso entre o fato concreto e a maneira como ele acaba sendo retratado pelo site, não porque ele contenha informações falsas – o que não é o caso – mas por passá-la de uma forma sensacionalista e tendenciosa.

Por outro lado, é importante refletir se a remoção total do resultado é adequada, uma vez que a informação em si é, sob o ponto de vista objetivo, atual: como citado acima, a licença ainda se encontrava suspensa à época da decisão de desindexação. Adicionalmente, é possível reconhecer que há um interesse legítimo de os demais indivíduos acessarem essa informação, especialmente por se tratar de uma profissional que atua na área de saúde, em que a confiança é de suma importância.

De fato, como observado pelo juiz do caso, pode-se tomar ciência do fato através dos registros públicos mantidos na base de dados eletrônica do Conselho de Medicina. Todavia, com base nos detalhes disponíveis sobre o caso, não fica claro se esse site consta

---

51. Faz-se referência à decisão do tribunal de Amsterdã no caso mencionado no item 3.2.2 acima e noticiada em matéria disponível em: <https://www.theguardian.com/technology/2019/jan/21/dutch-surgeon-wins-landmark--right-to-be-forgotten-case-google?CMP=share_btn_link>. Acesso em 22.01.2019.

da lista de resultados sugeridos para buscas pelo nome da autora ou se seria necessário que os interessados acessassem e realizassem pesquisas diretamente no mecanismo de busca interno do provedor de informação.

Considerando o exposto, acredita-se que a desindexação "parcial" poderia ser uma solução interessante para essa situação, afinal, daria menos visibilidade ao resultado sem, contudo, suprimi-lo. Isso não impede que, terminada a suspensão, se pense sobre outros remédios, inclusive no que se refere ao provedor de informação, como, por exemplo, a determinação de atualização da informação.

3.4. PARÂMETROS SUGERIDOS PARA REMOÇÃO DO CONTEÚDO

Conforme mencionado anteriormente, a remoção de conteúdo é considerada o remédio mais extremo, pois é o que representa a maior restrição ao direito à informação e às liberdades de expressão e imprensa. Isso não significa, porém, que ele deve ser evitado a todo custo ou reservado a situações excepcionais, afinal, não é possível determinar, em abstrato e a priori, se existirão mais ou menos hipóteses cujas circunstâncias concretas justificam o uso de uma ou outra medida. Não se pode afirmar, por exemplo, que há um número menor de situações em que o conteúdo questionado é absolutamente irrelevante e cuja retirada seria, portanto, adequada. O que se deve observar são as particularidades do caso e se elas requerem e legitimam a aplicação da remoção e os efeitos por ela produzidos.

Sem prejuízo da importância de outros critérios, acredita-se que os principais parâmetros a serem avaliados para seleção da supressão da informação são a sua sensibilidade e relevância. Como se buscará demonstrar a seguir, salvo se as condições específicas do caso indicarem o contrário, a remoção de conteúdos que sejam relevantes e que não contenham dados pessoais sensíveis não é aconselhável, sendo possível pensar, caso eles sejam excessivos ou impactem de sobremaneira os direitos do titular da informação, em alternativas menos radicais que conjuguem os interesses contrapostos.

a. Sensibilidade da informação

Tendo em vista o tratamento diferenciado e mais restritivo destinado aos dados pessoais sensíveis, entende-se que, em regra, eles não devem ser disponibilizados ao público. Caso o conteúdo trate de outras questões além dos dados pessoais sensíveis, pode-se cogitar da anonimização do titular desses dados ou edição do próprio conteúdo para que eles deixem de constar do mesmo, mantendo, contudo, as demais informações que não foram consideradas como pertencentes a essa categoria especial.

Já se o conteúdo corresponder ou se centrar essencialmente na informação sensível, como, por exemplo, no caso de uma matéria online cujo teor é inteiramente voltado a tratar de dado referente à saúde de uma pessoa, a remoção pode ser a solução mais apropriada, pois, nesse caso, a preservação do conteúdo sem esses dados não seria factível.

b. Relevância da informação

Como ressaltado acima, a remoção de conteúdo que transmite uma informação de interesse público e noticiável é, ao menos em regra, desaconselhável. Para que esse ponto não soe repetitivo, faz-se remissão ao item 3.2.2(c) acima, que detalha o entendimento ora adotado sobre a qualificação da informação como materialmente relevante.

Conforme já mencionado, o direito ao esquecimento e seus mecanismos de tutela exigem uma sintonia fina, sendo os últimos selecionados e aplicados de modo que a proteção dos direitos personalíssimos não sacrifique excessiva e injustificadamente os demais direitos fundamentais envolvidos. Além disso, a implementação de tal direito não se baseia na vontade de cada um e o seu eventual descontentamento com divulgações que não os enalteçam ou retratem de maneira positiva.

O fato de a divulgação envolver críticas ou informações negativas sobre algo ou alguém não justifica, por si só, que ela seja coibida. Em uma sociedade pluralista e democrática, as liberdades comunicativas não podem se restringir a expressar opiniões elogiosas ou narrar fatos positivos – pelo contrário, o objetivo dos dispositivos constitucionais é justamente permitir e proteger a livre manifestação de ideias.

No que diz respeito à imprensa, é intrínseco à atividade jornalística criticar, reproduzir notícias desabonadoras e apontar questões problemáticas e controversas: é de se esperar, portanto, que ela gere incômodos. De acordo com a célebre frase atribuída a George Orwell, o exercício do jornalismo consiste na publicação daquilo que alguém não quer ver publicado, o resto é publicidade.

Assim, caso a informação seja relevante para a sociedade e possua valor histórico, é importante que sejam envidados os esforços necessários para a sua preservação, o que não elimina, todavia, a possibilidade de que outras medidas sejam tomadas para conciliar a sua conservação com a proteção dos atributos da personalidade do sujeito da informação.

Não se pode, contudo, presumir a relevância da informação apenas pelo fato de ela ter sido divulgada e atraído a atenção da sociedade,[52] tampouco que a remoção equivale necessariamente à censura ou ao apagamento da memória. Como já mencionado, é comum que a supressão de conteúdo seja enxergada como o arrancar de uma página da história, porém, nem toda informação deve entrar para os anais da humanidade.

Desse modo, a retirada de conteúdo irrelevante, que não tem caráter verdadeiramente informativo, não deve ser confundida com uma prática censora ou sentida como uma perda: mais informação não é sinônimo de mais conhecimento. Como adverte Rodotà, é preciso cautela com a violência da verdade[53] que, ao invés de desempenhar um papel libertador, pode justamente oprimir as liberdades democráticas fundamentais.

---

52. Conforme observa Anderson SCHREIBER, "[a] fome do público pela vida alheia parece mesmo não ter limites. Por essa razão, o direito não pode renunciar à difícil e, por vezes, antipática tarefa de controlar e impor condições para exposição da vida privada em cada situação concreta. Ainda que tal exposição seja consentida, cumpre não perder de vista que o consentimento por si só não torna legítima qualquer intervenção na esfera pessoal". (*Direitos da personalidade*, cit., p. 178)
53. *Direito à Verdade*, cit., p. 7.

c. Excessividade da informação

No caso da remoção de conteúdo, entende-se que a excessividade, se verificada, reforçará a opção pela alternativa da supressão. Caso um fato sem relevância material seja reportado de modo manifestamente excessivo, a sua retirada não representará propriamente uma restrição ao direito à informação, afinal, não se trata de um acontecimento de interesse público e noticiável.

De qualquer forma, há que se reconhecer que a remoção impactará os direitos à liberdade de expressão ou imprensa, conforme o caso. Não obstante, como já mencionado, eles não são absolutos e não podem ser exercidos de forma puramente voluntarista. Tal qual disposto na Constituição Federal de 1988, o exercício de tais direitos deve observar os direitos à privacidade, intimidade, honra e imagem e, quando não o fizerem, poderão ser pontualmente limitados, assim como, em outras hipóteses, os direitos personalíssimos podem ter que ceder perante as liberdades comunicativas.

Em se tratando de informação com interesse público ou noticiável, mas que contém, ao mesmo tempo, elementos que a tornam excessiva, é essencial que se investigue a relevância do conteúdo para a sociedade vis-à-vis a repercussão da sua divulgação para o sujeito retratado. A partir dessa avaliação, pode-se concluir que a manutenção do conteúdo não é razoável frente aos danos causados aos atributos da personalidade do titular da informação e decida-se, assim, remove-lo. Em outros casos, os excessos podem não justificar a remoção, exigindo uma medida menos extrema.

3.4.1. Análise de casos concretos

a. Caso do "irmão de S.v.R."

O presente item faz referência a A.v.R., irmão de S.v.R., envolvida no assassinato de seus pais no início dos anos 2000. O caso ganhou extrema notoriedade na mídia e atraiu o interesse – e a fúria – da sociedade brasileira: milhares de pessoas inscreveram-se para acompanhar o julgamento, tendo a TV Justiça considerado, inclusive, transmiti-lo ao vivo (o que acabou não sendo autorizado). Ao final do julgamento, em 2006, os réus foram considerados culpados e condenados a cerca de 39 anos de reclusão.

Muitos são os fatores que chamaram a atenção do público no caso em questão, como o álibi escolhido por S.v.R. e o seu namorado à época, o planejamento prévio e a motivação do crime, mas talvez A.v.R. seja – ou melhor, tenha se tornado – um dos principais alvos recentes da mídia. Segundo a polícia, A.v.R., menor de idade à época do crime, não teve envolvimento no assassinato dos pais e, assim, não foi julgado, tampouco condenado. Apesar disso, e embora tenha vivido, desde então, de maneira reservada, ele se tornou objeto de notícias em diversos meios de comunicação quando, em 2017, foi internado em uma clínica psiquiátrica.

Diz-se que, ao ser abordado, o jovem declarou: "não queira saber como é a minha vida".[54] Contudo, as manchetes se ocuparam prontamente de investiga-la em detalhes,

---

54. Declaração de A.v.R. constante da matéria veiculada na versão eletrônica da Folha, disponível em: <http://www1.folha.uol.com.br/cotidiano/2017/06/1889234-nao-queira-saber-como-e-minha-vida-disse-irmao-de-suzane-ao-

apresentando aos leitores "o drama de A.v.R."[55] e oferecendo detalhes sobre "como e onde vivia A.v.R."[56], sua experiência acadêmica, o quarto por ele ocupado na clínica, sua alimentação e hábitos durante a internação[57]. Programas de televisão também trataram do tema, com debates entre psiquiatras[58] e informações constantes do prontuário médico do paciente.[59]

Em todas as reportagens, a história do crime de 2002 veio à tona, sendo revisitada e usada, por diversos meios, como explicação para o suposto surto que levou à internação do "irmão de S.v.R.", maneira usada pela maioria das notícias para se referir ao jovem. Diversas imagens foram divulgadas, conjecturas foram feitas, e a preservação da vida íntima de A.v.R., que o próprio tentou proteger por tantos anos, cedeu lugar à curiosidade pública.

Embora, até onde se tenha notícia, A.v.R. não tenha ingressado em juízo para solicitar a remoção dessas informações – ou buscado outra medida que assegurasse a proteção de seus direitos personalíssimos – acredita-se que um hipotético pedido do gênero contaria com fortes argumentos pró-remoção. Isso porque o conteúdo das matérias, que ainda se encontram disponíveis e constam das primeiras páginas de resultados de busca pelo nome de A.v.R. no Google (quase dois anos após o ocorrido), não é de interesse público ou noticiável. Seu valor informativo é, na verdade, extremamente reduzido. Ainda que se deseje ter acesso aos detalhes da vida do rapaz, parece que, na prática, trata-se apenas de curiosidade do público, o que não se confunde com o direito à informação.

Além da irrelevância material do conteúdo, ele revela-se excessivo na medida em que contém detalhes minuciosos e particularidades objetivamente desnecessários, alguns deles, inclusive, referentes à saúde de A.v.R., considerados dados pessoais sensíveis. Mesmo que se suponha que o objetivo era, à época do fato, relatar o ocorrido, a informação poderia ser transmitida sem que se revelasse o que constava do prontuário, os alimentos ingeridos ou as atividades praticadas por A.v.R. durante a internação.

Os pormenores sobre a sua vida profissional e as suas imagens no enterro dos pais, também prescindíveis para a narrativa do acontecimento, o expõe de sobremaneira. Não parece razoável aceitar que um sobrenome imponha a alguém um escrutínio constante, que um evento do passado, causado por terceiros, continue se fazendo presente e ameace os direitos invioláveis à privacidade, vida íntima, honra e imagem, além do livre desenvolvimento e da dignidade humana.

Considerando a irrelevância, excessividade e sensibilidade dos conteúdos acima mencionados e o significativo impacto negativo causado pelos mesmos aos direitos personalíssimos de A.v.R., entende-se que a remoção seria um remédio cabível no que

---

-ser-abordado.shtml >. Acesso em 08.01.2018.
55. https://istoe.com.br/o-drama-de-andreas-von-richthofen/. Acesso em 08.01.2018.
56. < http://www.redetv.uol.com.br/superpop/videos/ultimos-programas/saiba-onde-e-como-vivia-andreas-von-richthofen>. Acesso em 07.01.2018.
57. https://www.correiodoestado.com.br/brasilmundo/irmao-de-suzane-tem-quarto-so-pra-ele-evita-patio-e-ocupa-ala/305101/. Acesso em 08.01.2018.
58. http://www.redetv.uol.com.br/Superpop/videos/ultimos-programas/especialistas-dizem-que-andreas-von-richthofen-tem-que-reconstruir-relacoes; Acesso em 08.01.2018.
59. < https://www.youtube.com/watch?v=vDnj_a36O-g>. Acesso em 08.01.2017.

se refere, vale frisar, às notícias veiculadas na Internet. Isso, por óbvio, dependeria de iniciativa da vítima, que pode preferir não fazê-lo justamente para evitar uma maior exposição, dano colateral infelizmente comum em casos como esse.

b. Caso do vídeo-paródia

Conforme mencionado no Capítulo 1, o caso em epígrafe se refere à N.O., que protagonizou um vídeo-paródia preparado no contexto de seu bar mitzvah e que, apesar de ter sido disponibilizado para que pudesse ser visto por parentes residentes em outras localidades, acabou se tornando extremamente popular entre milhares de desconhecidos.

Embora N.O. tenha tomado medidas para excluir o conteúdo da plataforma de distribuição digital YouTube, inclusive pela via legal, a ordem judicial de retirada foi proferida anos depois, não ficando claro, aliás, qual foi a decisão final, uma vez que o processo corria em segredo de justiça.

Ainda que se possa argumentar que o vídeo foi disponibilizado voluntariamente, há que se questionar se houve, de fato, consentimento válido e informado do protagonista do vídeo, que era, à época, menor de idade.[60] De qualquer forma, mesmo em se entendendo que N.O. anuiu com a divulgação e, assim, aceitou restringir, de alguma forma, a sua privacidade e expor a sua imagem, a restrição voluntária de direitos personalíssimos não assume caráter ilimitado e eterno, tal qual mencionado no item 3.2.2 acima.

A resistência do site em retirar o vídeo da sua plataforma não se mostra razoável considerando que a disponibilização correspondeu a um ato que, além de voluntário, é essencialmente gratuito. Acima de tudo, trata-se de conteúdo eminentemente irrelevante, tanto para a sociedade atual quanto para a memória social, não sendo concebível nenhum prejuízo objetivo ao direito à informação, tampouco à liberdade de expressão.

Na realidade, a manifestação livre não deve ser entendida apenas como o poder de expressar-se ideológica, artística ou criativamente, mas também permitir que aquele que se manifestou de certa forma e em determinadas circunstâncias tenha a liberdade para alterar ou optar por não expor mais o conteúdo criado por si próprio, desde que observados, claro, os demais interesses contrapostos.

Tendo em vista o exposto, acredita-se que a remoção é uma medida adequada para o caso em questão, pois preservaria os direitos personalíssimos de N.O. sem impactar, ao mesmo tempo, a liberdade de expressão e o direito à informação. Conforme observa Anderson Schreiber:

> Entender diversamente só porque o vídeo foi postado espontaneamente por seus familiares é submetê-lo, na fragilidade dos seus 13 anos, a uma eficácia vinculante derivada de um "contrato" que jamais assinou e pelo qual nada recebeu, em um grau extremo de vinculação que atualmente não se admite nem no campo dos negócios quanto mais no uso distraído e não-econômico que os usuários fazem de um site de compartilhamento de vídeos.[61]

---

60. De acordo com Anderson SCHREIBER, "[a] própria iniciativa do menor pleiteando a retirada do material já serve de indício ao fato de que sua autorização não foi obtida de modo válido ou plenamente esclarecido acerca dos possíveis efeitos práticos da divulgação". (Marco Civil da Internet: avanço ou retrocesso?, cit., p. 302)
61. Marco Civil da Internet: avanço ou retrocesso?, cit., p. 303

3.5. PARÂMETROS SUGERIDOS PARA REDUÇÃO OU EDIÇÃO DO CONTEÚDO

Suponha-se que a vítima de um crime se deparou com uma matéria sobre si na web, contendo detalhes pessoais, cuja disponibilização é lesiva aos seus direitos personalíssimos, como o direito à imagem. Talvez seu impulso inicial seja considerar a remoção daquele conteúdo, porém, embora excessivo, ele é de interesse público e compreende informações recentes.

Observada a finalidade informativa e a relevância do fato para a sociedade, possivelmente a supressão da matéria não será enxergada como a medida ideal, já que restringiria significativamente o direito à informação. Manter o conteúdo na íntegra, contudo, significaria admitir a violação de direitos fundamentais do indivíduo e, em última instância, da própria dignidade humana.

Como mencionado no Capítulo 2, a redução ou edição de conteúdo pode ser uma medida interessante para resolver situações como essa, na medida em que permite a preservação dos elementos essenciais à transmissão da informação relevante e promove, ao mesmo tempo, a exclusão ou indisponibilização de pormenores que não são necessários para que se tome conhecimento do ocorrido e que expõe excessivamente o indivíduo.

Embora se trate de um mecanismo mais brando para instrumentalizar o direito ao esquecimento na Internet, é importante que os critérios abaixo sejam analisados cuidadosamente, de modo que a interferência no conteúdo não ocorra de forma arbitrária ou infundada.

a. **Sensibilidade da informação**

Nas hipóteses em que o conteúdo questionado contiver informações classificadas ou classificáveis como sensíveis, acredita-se que a edição do conteúdo só será uma solução efetiva e viável se a retirada de tais dados não acabar o esvaziando por completo. Se, por exemplo, o post de um blog tem por objetivo tratar da origem étnica de certo indivíduo, o teor desse conteúdo pós-redução será, em essência, nulo.

Portanto, caso a informação sensível seja o cerne do conteúdo, não sendo possível dissocia-los na prática, a edição será uma medida inadequada e insuficiente para efetiva preservação dos interesses do titular de tais dados. Nesses casos, por se tratar de uma categoria de informações protegida de modo mais rígido pelo ordenamento jurídico brasileiro, deve-se optar pelo mecanismo de tutela que garanta a preservação mais extensa e completa dos dados e dos direitos de seus titulares.

Observadas as circunstâncias do caso concreto, pode-se concluir que o remédio que oferece a proteção mais adequada para situações como essa é a remoção do conteúdo ou, se possível, a anonimização. O objetivo, repita-se, deve ser assegurar a tutela dos dados pessoais sensíveis em consonância com o tratamento específico que o ordenamento jurídico brasileiro prevê para esse tipo de informação.

Se, todavia, concluir-se pela possibilidade de suprimir os dados pessoais sensíveis e preservar as demais informações compreendidas pelo conteúdo, a medida ora analisada pode ser uma solução interessante, uma vez que protegerá os interesses do sujeito afetado e permitirá que o restante do conteúdo siga disponível.

b. Relevância da informação

Embora a relevância da informação deva ser sempre considerada no processo de seleção do remédio adequado, a constatação de que o conteúdo é materialmente relevante não afasta a possibilidade de aplicação da redução ou edição do conteúdo. Isso porque, como já dito, até mesmo informações de interesse público e noticiáveis podem conter detalhes excessivos, cuja supressão não compromete a transmissão dos fatos.

É importante que se investigue, portanto, se o conteúdo relevante é composto, ao menos em partes, por elementos excessivos que não são materialmente importantes para o cumprimento da finalidade informativa. Caso eles sejam identificados e se conclua pela possibilidade de retirá-los sem que a narrativa perca seu caráter informativo, a edição poderá ser o caminho adequado para conjugação dos interesses contrapostos.

Vale lembrar que a supressão quantitativa não é sinônimo de subtração qualitativa. Assim, a redução ou edição, assim como os demais mecanismos de tutela que interferem, em algum grau, com o conteúdo disponibilizado na Internet, não deve ser rotulada de censura ou extermínio da história, e sim enxergada como um meio de equilibrar diferentes direitos que são igualmente fundamentais para a sociedade.

c. Excessividade da informação

Como mencionado no item "b" acima, a excessividade é um critério-chave para aplicação da redução ou edição de conteúdo, sendo imprescindível avaliar se as informações nele contidas são excessivas e, em caso afirmativo, se a remoção delas não o esvaziará por completo.

Cumpre ressaltar, novamente, que a excessividade não deve ser entendida de modo subjetivo. O simples fato de o conteúdo conter críticas ou apontar aspectos negativos sobre alguém não o torna, necessariamente, excessivo. A edição não equivale, portanto, a uma espécie de *photoshop* informacional, que permite aos indivíduos extirpar imperfeições de seus corpos eletrônicos e formatar suas imagens como bem entenderem.

Na verdade, o que se pretende através do mecanismo em questão é justamente refletir a realidade dos fatos e evitar que detalhes particulares e supérfluos sejam expostos e destacados ilimitada e eternamente. A investigação deve se fixar, portanto, no potencial lesivo e na prescindibilidade dos elementos informacionais que compõe o conteúdo para transmissão da informação em si, e não em aspectos puramente subjetivos.

3.5.1. Análise de casos concretos

a. Caso do "homicídio há meio século"

O caso em epígrafe foi mencionado entre aspas porque, embora inspire a hipótese trabalhada neste item, foi alterado para que possa ser tratado nesta seção. Como mencionado no Capítulo 1, ele se refere à exibição de um programa televiso que recriou o assassinato de uma jovem nos anos 50, tendo a família da vítima se insurgido contra a emissora, dentre outros, sob o argumento de que teriam o direito ao esquecimento. Uma vez que o presente trabalho se volta à aplicação do direito ao esquecimento na Internet, o caso não será considerado em sua versão real, e sim supondo que, ao invés de um programa de televisão, o objeto da discussão é uma reportagem veiculada no site de um jornal de grande circulação.

Tal qual a atração televisiva, a matéria hipotética, além de relatar o crime, contém imagem fotográfica da vítima e detalha aspectos da sua personalidade, como sua religiosidade. Mesmo que se entenda que, como defendido pelo Ministro Luis Felipe Salomão, era impossível tratar do caso sem falar de A.C.,[62] é questionável se aspectos pessoais da vítima e a sua imagem são elementos essenciais para narrativa do acontecimento, especialmente em se tratando de algo que se passou há mais de meio século.

Além disso, a não-veiculação da fotografia de A.C. e dos traços da sua personalidade não afetariam o relato do crime, que é, nos termos da decisão proferida pelo STJ no caso real, a informação que conserva interesse público e que, portanto, justifica a manutenção do conteúdo.

Assim, caso se tratasse de conteúdo disponível online, a medida da redução ou edição do conteúdo poderia ser uma solução alternativa à remoção total, preservando, de um lado, a liberdade de imprensa e o direito à informação e reduzindo, de outro, o impacto aos direitos personalíssimos dos familiares.

b. Caso das pessoas *trans*

Acredita-se que a aplicação da redução ou edição de conteúdo pode ser uma medida interessante para casos envolvendo dados pessoais sensíveis que, como mencionado acima, não sejam o cerne do conteúdo em questão. Suponha-se que uma matéria online trace o perfil de um determinado indivíduo e, dentre outras informações, mencione que ele assumia, no passado, identidade de gênero diversa da atual, expondo, inclusive, fotos antigas. Nesse caso hipotético, o sujeito não se opõe à manutenção do conteúdo online e não pretende removê-la completamente, porém, não quer ver expostos detalhes referentes a sua identidade de gênero, inclusive para evitar que venha a ser tratado de modo discriminatório.[63]

Infelizmente, as pessoas *trans* ainda enfrentam significativo preconceito, que, não raro, se manifesta através de violência verbal e física. Essas condutas, reprováveis por tantos motivos, abalam a autoestima e prejudicam o livre desenvolvimento de sua identidade de gênero, podendo, em última instância, contribuir para a tomada de decisões drásticas. Sob essa perspectiva, o direito ao esquecimento assume função especialmente relevante para proteção das informações relativas à transgeneridade

---

62. Vide voto do Ministro Luis Felipe Salomão no contexto do REsp. 1.335.153/RJ, 4ª T., Rel. Min. Luis Felipe Salomão, j. 28.05.2013.
63. Sobre dados sensíveis e transexualidade, vide SCHREIBER, Anderson. *Direitos da personalidade*, cit., pp. 161-162.

ao longo do tempo. Em razão da sensibilidade e do cunho íntimo dessas informações, devem ser tomadas medidas capazes de assegurar seu tratamento rigoroso, bem como impedir que sua utilização e divulgação submeta as pessoas *trans* à uma condição de vulnerabilidade ainda maior.

O que se pretende é permitir que as pessoas *trans* sigam suas vidas de acordo com a identidade de gênero que adotaram para si, o que parece impraticável se continuarem a ser constantemente lembradas e confrontadas com eventos que remontam à sua antiga identidade. Se assim não fosse, além de comprometer o efetivo desenvolvimento e concretização da identidade de gênero, restaria ameaçada sua integridade psicofísica e o seu tratamento isonômico, haja vista o ambiente ainda preconceituoso e intolerante em que vivemos: em última instância, arriscar-se-ia a própria dignidade humana das pessoas *trans*.

Considerando a sensibilidade desses dados, que fazem jus a uma proteção mais rígida de acordo com o ordenamento jurídico brasileiro, e o impacto que sua circulação pode causar aos atributos da personalidade do seu titular, parece legítimo assumir que eles não devem ser publicizados e que poderiam, na hipótese em questão, deixar de constar da matéria.

3.6. PARÂMETROS SUGERIDOS PARA ATUALIZAÇÃO DO CONTEÚDO

Como mencionado no Capítulo 2, a atualização do conteúdo é uma medida interessante que, diferentemente dos demais mecanismos de tutela aqui considerados, consiste na inclusão de dados, e não na sua remoção, demonstrando, com isso, a evolução histórica do fato e o contextualizando adequadamente. Além de viabilizar a coexistência dos direitos contrapostos, a atualização acaba por tornar o direito à informação mais eficaz na medida em que contribui para a transmissão de conteúdos que refletem a realidade dos fatos de forma mais completa e atual.

Pode-se notar, assim, que a atualidade desempenha um papel crucial na seleção e aplicação do remédio ora analisado, o qual, por não suprimir parte ou a totalidade do conteúdo, pode ser implementado mesmo quando se tratar de informação relevante. Aliás, pode-se argumentar que a atualização é especialmente recomendável em se tratando de fatos que tenham interesse público e sejam noticiáveis, mas se revelem desatualizados, pois, como mencionado acima, isso possibilitará a narrativa fiel do ocorrido.

a. Sensibilidade da informação

Em se tratando de conteúdo que contenha informações classificadas ou classificáveis como sensíveis, acredita-se que a atualização não será uma medida adequada para proteção do indivíduo a quem elas dizem respeito. Isso porque, como já dito, o ordenamento jurídico brasileiro é bastante restritivo com relação à divulgação desse tipo de dados, sendo desaconselhável, nessa hipótese, a inserção de ainda mais informações.

Em situações como essa, deve-se refletir sobre as circunstâncias do caso concreto e optar pelas medidas que assegurem o grau de proteção apropriado às informações e aos direitos fundamentais do seu titular, tais como a remoção, edição ou anonimização do conteúdo.

b. Atualidade da informação

Conforme mencionado acima, a análise da atualidade da informação é de suma importância para a adoção do mecanismo ora estudado. Tal qual mencionado no tocante à desindexação "parcial" – para a qual a atualidade também foi considerada um parâmetro-chave – isso não significa que ele seja menos importante para as demais medidas, apenas que desempenha um papel mais específico no que se refere à atualização do conteúdo.

Cumpre reiterar que o exame da atualidade não se resume à verificação da data do fato ou da informação que o relata, sendo necessário avaliar, na verdade, se a narrativa do ocorrido ou do contexto em que ele se insere corresponde à realidade dos fatos. Caso se verifique, em concreto, que a informação, apesar de relevante, não reflete a realidade, a atualização poderá ser uma alternativa interessante.

Novamente, não se trata de manipular o conteúdo ao bel-prazer do indivíduo a quem ele se refere e criar uma versão mais floreada de si ou do acontecimento que lhe diz respeito, e sim completa-lo com base em fatos atuais que alteram a forma como aquela pessoa e/ou do ocorrido são retratados pela notícia original.

c. Relevância da informação

Similarmente à redução ou edição de conteúdo, a relevância da informação não impossibilita a aplicação da atualização, podendo, ao contrário, reforçar a sua necessidade: como já dito, a retratação fiel e atualizada dos fatos é essencial para a concretização do direito à informação.

O exame da relevância, portanto, não é dispensável, e sim igualmente necessário como parte do processo de seleção do mecanismo de tutela adequado. Os aspectos que devem ser considerados e que orientam a sua verificação já foram objeto de discussão, motivo pelo qual se faz referência ao item 3.2.2(c) acima para uma análise mais detida sobre esse ponto.

d. Excessividade da informação

Acredita-se que os efeitos produzidos pela atualização não são aptos a solucionar questões decorrentes da excessividade da informação. Em um cenário de informações excedentes, incluir elementos adicionais seria como fazer uso de um remédio prescrito para sintomas completamente diferentes. Nesse caso, ou o resultado pretendido não seria alcançado, ou a situação se agravaria: em termos metafóricos, a atualização seria como enxugar gelo, em certas situações, ou atirar gasolina em um incêndio, em outras.

Assim, caso verifique-se que o conteúdo é relevante, desatualizado e excessivo, pode-se pensar na aplicação de outro remédio, ou na conjugação de mais de um mecanismo de tutela, como a edição de conteúdo combinada com a atualização, o que permitiria a supressão dos aspectos excessivos e a contextualização adequada da informação. Essa determinação dependerá, porém, da análise dos demais critérios e das circunstâncias concretas de cada caso.

3.6.1. Análise de casos concretos

a. Caso da prisão ilegal

Trata-se de ação movida por N.C.,[64] preso em 2009 por falência fraudulenta com base em mandado expedido há mais de vinte e um anos. A prisão foi objeto de matéria veiculada pelo jornal "O São Gonçalo", cuja manchete lia-se "preso em Maricá depois de vinte e um anos fugindo da polícia". A reportagem mencionada, ainda, que N.C. "estava levando vida boa em uma mansão de Maricá".[65]

De acordo com as alegações do autor, que ajuizou a ação com o objetivo de remover o conteúdo do site do jornal, sua prisão ocorreu com base em mandado de prisão expedido há duas décadas e fundamentou-se em dispositivo legal não recepcionado pela Constituição Federal de 1988, afirmando, ainda, que não tinha conhecimento do fato que lhe foi imputado.

Embora concorde-se que, tal qual mencionado pelo relator do caso, o jornal não tinha o dever de apurar a legalidade da prisão, tendo noticiado o ocorrido com base na atuação policial, acredita-se que o conteúdo poderia ser objeto de atualização posterior, inclusive para contextualização correta do fato.

Vale mencionar que os meios de comunicação já realizam esse tipo de atualização em suas versões eletrônicas, sendo possível observar, em muitas matérias online, a inclusão de notas de esclarecimento e até mesmo da data de atualização da notícia ao lado da data em que ela foi originalmente publicada.

b. Caso da denúncia rejeitada

No caso em questão, C.H.R.,[66] médico, ajuizou ação contra o Diário do Grande ABC objetivando a exclusão de matéria veiculada no site do último, a qual noticiava que o neurocirurgião havia sido acusado de cometer fraude contra o hospital em que trabalhava. Embora o autor tenha alegado que se tratava de informação inverídica, constatou-se que a denúncia de fato existiu, tendo sido, contudo, rejeitada por sua inépcia.

De acordo com a decisão, não houve excesso no direito de informar, tendo-se considerado o pedido do médico improcedente. Não obstante se possa discutir se o conteúdo deveria ou não ser retirado, acredita-se que a atualização seria uma medida oportuna para o caso em questão. Através dela, a matéria questionada poderia ser mantida, passando, todavia, a fazer referência à rejeição da denúncia. Com isso, a informação não deixaria de ser transmitida, sendo, ao revés, reportada de forma atualizada e completa.

---

64. Apelação cível n. 0280797-93.2008.8.19.0001, TJRJ, 9ª Câmara Cível, Rel. Des. Rogerio de Oliveira Souza, j. 15.02.2011.
65. Trecho da matéria extraído do relatório da Apelação cível n. 0280797-93.2008.8.19.0001, cit.
66. Apelação cível n. 0413363-30.2013.8.19.0001, 9ª Câmara Cível, Rel. Gilberto Dutra Moreira, j. 02.12.2014

3.7. PARÂMETROS SUGERIDOS PARA ANONIMIZAÇÃO DO CONTEÚDO

Conforme mencionado no Capítulo 2, a anonimização consiste na supressão de elementos que expõe a identidade do indivíduo, não interferindo, contudo, com aspectos substanciais e necessários para a transmissão da informação. Nesse caso, o conteúdo seguirá disponível, sem identificar a quem ele se refere.

Esse remédio, assim como a edição e atualização acima mencionadas, tem a vantagem de permitir a preservação de informações que, independentemente do transcurso do tempo, continuam sendo relevantes, sem descuidar, todavia, da tutela dos direitos personalíssimos do titular de tais informações. Nesse sentido, tal qual observado no tocante à atualização, a relevância do fato não é um empecilho para a anonimização, sendo necessário avaliar, dentre outros aspectos, se a desidentificação do sujeito prejudica ou inviabiliza a transmissão efetiva da informação.

A anonimização é, ainda, uma alternativa viável nas hipóteses de conteúdo envolvendo dados pessoais sensíveis, sendo, inclusive, uma solução interessante para permitir que as informações relevantes extraídas ou baseadas em tais dados possam ser compartilhadas com o público em geral sem, ao mesmo tempo, expor a identidade dos seus respectivos titulares.

Além disso, como se verá a seguir, a atualidade merece ser considerada, não como um critério determinante por si só – o que, repita-se, não é cabível para nenhum parâmetro, em hipótese alguma – mas para facilitar a delimitação objetiva de hipóteses que justificam o recurso à anonimização.

a. Sensibilidade da informação

Conforme já mencionado, o ordenamento jurídico brasileiro dispensa tratamento diferenciado e mais rígido para os dados pessoais sensíveis, o que se justifica pelo risco de que eles sejam usados de modo discriminatório. Sem prejuízo da indiscutível importância de se proteger fortemente esses dados, há que se reconhecer que, em alguns casos, eles também podem ser utilizados para fins nobres e socialmente úteis.

É o caso, por exemplo, dos dados de saúde que, embora claramente sensíveis, são de extrema valia para estudos e pesquisas médicas. Com a Internet, o compartilhamento dos resultados e conclusões desses trabalhos é facilitado, o que, por um lado, democratiza o conhecimento, mas, por outro, acentua o risco de que tais dados contribuam para a marginalização de certos indivíduos.

Para que isso não ocorra, é essencial que os dados pessoais sensíveis sejam anonimizados, o que não se esgota, necessariamente, com a supressão do nome do indivíduo. É preciso, pois, que os elementos que permitem a identificação do sujeito sejam removidos, de modo a inviabilizar a recondução de certas informações até a identidade do titular dos dados em questão.

Ainda assim, é importante atentar para o risco de que as informações de saúde, mesmo que anonimizadas, sejam usadas para criação de grupos que venham a ser identificados e tratados de maneira discriminatória, o que pode acabar se revelando prejudicial para os indivíduos que os integram.[67]

Considerando o exposto, acredita-se que a anonimização de conteúdo online envolvendo dados pessoais sensíveis será aplicável quando: (i) a informação for materialmente relevante; e (ii) concluir-se pela possibilidade de retirar completamente os elementos que identificam ou possibilitam a identificação do indivíduo, e, ainda, aqueles que permitiram a criação de grupos específicos, assegurando, assim, que as informações não sejam usadas para discriminação de tais sujeitos, individual ou conjuntamente.

b. Atualidade da informação

Conforme mencionado acima, a atualidade da informação pode ser útil para simplificar e objetivar, tanto quanto possível, a anonimização. Tal qual cogitado no Capítulo 2, acredita-se que a lei pode determinar prazos ou marcos relevantes para que certas informações se sujeitem à anonimização, sem prejuízo de estabelecer condições adicionais para adoção de tal medida e fazer as ressalvas necessárias quanto às hipóteses de aplicação dos períodos e critérios legalmente estabelecidos.

Pode-se pensar, por exemplo, em convencionar o cumprimento integral da pena ou absolvição como um dos requisitos para anonimização de conteúdo referente a condenações criminais, e, na esfera cível, a verificação do trânsito em julgado. Observadas essas condições e transcorrido um determinado período desde a sua ocorrência, o provedor de informação ou conteúdo teria o dever de desidentificar o sujeito, salvo nas hipóteses expressamente previstas por lei.

c. Relevância da informação

Assim como nos casos de atualização, a relevância da informação não inviabiliza a aplicação da anonimização. Isso porque, em algumas hipóteses, o fato pode ser narrado sem que se faça menção ao sujeito da informação. Nesse sentido, para além do exame da relevância, sempre indispensável para a seleção do mecanismo de tutela adequado, deve-se investigar se a identificação do indivíduo é, da mesma forma, relevante e indispensável para que o conteúdo cumpra a sua finalidade informativa. Se a resposta for negativa, a anonimização pode ser uma alternativa viável, observados os demais critérios e particularidades da situação sob análise.

Caso se verifique que a identidade do indivíduo é essencial ou parte imprescindível do fato, ou que ela própria guarda um valor histórico, a anonimização não será uma alternativa adequada. Não se pode pretender, por exemplo, narrar a Segunda Guerra Mundial sem que se faça referência à Hitler, sendo inviável, pois, que os relatos desse evento de extrema importância deixem de citá-lo expressamente.

---

67. BLANCHETTE, Jean-François; JOHNSON, Deborah J. Data retention and the panopticon society: the social benefits of forgetfulness. *The Information Society*, vol. 18, ed. 1, jan-2011. Disponível em: <https://www.ictlex.net//wp-content/retention.pdf>. Acesso em 14.09.2018.

d. Excessividade da informação

A avaliação da excessividade é de suma importância, não apenas para que se avalie se a anonimização é uma medida adequada para o caso concreto, mas também para que se apure se ela será, de fato, viável e efetiva. Em algumas situações, mesmo que haja excessividade, os pormenores excessivos podem perder o caráter lesivo a partir do momento em que o sujeito deixa de ser identificado. Nesses casos, a anonimização pode ser uma medida eficaz para equilibrar os interesses contrastantes.

Em outros, todavia, pode-se verificar que a ausência de menção expressa ao indivíduo é insuficiente para proteção efetiva do sujeito da informação, que acaba sendo identificado e exposto pelas demais informações constantes do conteúdo. Assim, caso se conclua pela manifesta excessividade do próprio conteúdo, a anonimização pura e simples não será suficiente para produzir os efeitos pretendidos.

Em tais hipóteses, pode-se refletir sobre a aplicação de outro mecanismo de tutela que se revele mais eficaz, ou na conjugação de mais de um remédio, como a edição de conteúdo combinada com a anonimização, o que instrumentalizaria, de fato, a desidentificação do sujeito. Essa determinação dependerá, porém, da análise dos demais critérios e das circunstâncias concretas de cada caso.

3.7.1. Análise de casos concretos

a. Caso Le Soir

O caso em epígrafe corresponde a um precedente da Corte de Cassação da Bélgica que, em 2016, determinou a anonimização de um artigo dos anos 90 disponível na versão eletrônica do jornal Le Soir. A matéria relatava um acidente de trânsito ocorrido em 1994 e causado por O.G.,[68] o qual fora condenado, à época, por dirigir embriagado. Em 2008, o jornal passou a disponibilizar gratuitamente alguns de seus arquivos, dentre eles o artigo acima, que citava O.G. nominalmente. Ao pesquisar o nome do médico no site do Le Soir ou no Google, o link de tal artigo surgia dentre os resultados sugeridos, o que motivou o autor a solicitar a supressão de seu nome e sobrenome.

Após ter seu pedido recusado pelo jornal, O.G. submeteu o caso aos tribunais belgas que, em 2013, determinaram a substituição de seu nome por "X". O Le Soir recorreu, mas tal recurso foi indeferido pelo Tribunal Superior de Liege que, em decisão de 2014, entendeu que o fato não era noticiável e que não havia interesse público em saber a identidade do responsável por um acidente de trânsito que se passou há mais de vinte anos, reconhecendo, ainda, que a remoção do nome e sobrenome do motorista não teria impacto na substância da informação trazida pelo artigo.

O jornal levou o caso à Corte de Cassação belga, que manteve a decisão proferida pela corte de Liege. Argumentou-se, para tanto, que a manutenção do artigo em versão eletrônica tantos anos após o acidente provavelmente causava danos desproporcionais

---

68. Caso n. C.15.0052.F, Corte de Cassação da Bélgica, j. 26.04.2016. Decisão disponível em: <https://inforrm.files.wordpress.com/2016/07/ph-v-og.pdf >. Acesso em 20.12.2018.

ao autor em comparação aos benefícios decorrentes do estrito respeito à liberdade de expressão.

Vale observar que o precedente acima levou em consideração os critérios aqui sugeridos e traz uma visão interessante sobre os arquivos online de meios de comunicação, reconhecendo que a disponibilização de certas informações pode se sujeitar a restrições que não se aplicam a arquivos físicos justamente pelas particularidades da Internet.

b. Caso El Pais

O caso em questão foi objeto de decisão da Suprema Corte espanhola em 2015, tendo sido iniciado por A. e B.[69] contra o jornal El Pais, que mantinha em seus arquivos online um artigo referente à condenação, prisão e tratamento de ambos por tráfico de drogas nos anos 80.

Similarmente ao Caso Le Soir, os autores se insurgiram contra o fato de que os arquivos eletrônicos do jornal preservaram a notícia com referência expressa aos seus respectivos nomes, tendo solicitado, em juízo, a desindexação dos resultados de busca dos provedores de pesquisa, do mecanismo de busca interno do site e a substituição de seus nomes por iniciais.

Apesar de ter ratificado a posição favorável assumida pelos tribunais de primeira e segunda instância quanto à desindexação do resultado perante os buscadores, a Suprema Corte da Espanha se opõe à anonimização do artigo, o que seria, no entendimento da mesma, desproporcional. Determinou, assim, que o conteúdo fosse mantido no site do El Pais na íntegra, mas que deixasse de constar dos resultados de pesquisas realizadas através de motores de busca externos.[70]

É interessante notar que o presente caso, apesar de bastante similar ao estudado no item (a) acima, foi decidido de modo diametralmente oposto. Embora não se possa opinar categoricamente sobre a decisão (o que exigiria o domínio da legislação estrangeira), acredita-se que a anonimização não seria uma forma de censura ou prejudicaria o caráter informativo do conteúdo, parecendo ser, do ponto de vista do direito brasileiro, uma medida razoável para conjugação dos direitos da personalidade, liberdade de imprensa e direito à informação.

---

69. Roj: STS 4132/2015, Tribunal Supremo, Madrid, j. 15.10.2015.
70. Vale notar que a decisão foi contrária à desindexação no mecanismo de busca interno, disponibilizado pelo site para pesquisa em seus próprios arquivos. Assim, o link do artigo continuará sendo sugerido para os usuários que realizarem buscas pelo nome dos autores no site do El Pais.

Conclusão

> Lembre-se de esquecer
> - Immanuel Kant

Após tantas considerações, buscar-se-á resumir, abaixo, alguns dos principais pontos explorados e as conclusões que podem ser extraídas a respeito do tema aqui tratado. A primeira delas, cuja menção nas páginas de encerramento deste trabalho pode parecer um contrassenso, é a de que o debate sobre o direito ao esquecimento na Internet está muito longe de chegar ao fim.

Por se tratar de um tema incipiente e de um ambiente volátil, tem-se consciência de que as considerações ora traçadas podem se revelar, com o tempo, incorretas ou insuficientes. O objetivo maior, porém, não é capturar absolutamente o assunto nessas muitas páginas ou antever todas as questões – e soluções – que lhe competem, mas contribuir, de alguma forma, para a continuidade de uma discussão que não se esgota aqui.

I. QUANTO À CONCEPÇÃO ADEQUADA DO DIREITO AO ESQUECIMENTO:

1. Entendeu-se que o direito ao esquecimento se identifica com a pretensão de ter sua imagem atual desvinculada de um fato passado desatualizado, não necessariamente por força de arrependimento ou por querer renegá-lo, mas de modo a não ser definido ou limitado por ele.

2. Deve-se distanciar a noção jurídica do direito ao esquecimento do campo estritamente subjetivo. Há que se admitir, ainda, que ele não é compatível com a visão voluntarista, sob pena de se conferir, com isso, um poder extremamente amplo e um direito inexequível. Sua aplicação não está atrelada ao sentimento despertado pela divulgação do fato ou fundada na vontade pura e simples do indivíduo, mas vinculada à ameaça ou violação do direito fundamental à existência digna com base em parâmetros objetivos, sujeitando-se, na hipótese de colisão com outros interesses protegidos pelo ordenamento jurídico, à ponderação.

II. QUANTO AO TRATAMENTO DO TEMA NAS EXPERIÊNCIAS NORTE-AMERICANA E EUROPEIA:

3. Embora a legislação dos EUA ainda não reconheça o direito ao esquecimento expressamente, há iniciativas legislativas acerca do tema, como o Projeto de Lei nova iorquino que visa alterar a *Civil Rights Law* (Lei de Direitos Civis, em tradução livre) e *Civil Practice Law* (Lei de Prática Civil, em tradução livre) e criar propriamente um "*right to be*

forgotten act" (ato de direito ao esquecimento, em tradução livre). Na esfera judicial, há uma tradição consolidada de proteção mais forte da liberdade de expressão, considerado um direito preferencial (*preferred right*) na realidade jurídica norte-americana.

4. Na Europa, o tema se encontra mais desenvolvido, tanto no âmbito legislativo quanto jurisprudencial. Quanto ao primeiro, a GDPR, que entrou em vigor em meados de 2018, identifica um direito de apagamento ou direito a ser esquecido. Não obstante, parece questionável afirmar que ela trata propriamente do direito ao esquecimento, uma vez que o artigo 17 se refere, essencialmente, ao direito de *apagamento* (erasure) dos dados pessoais. Na realidade, como buscou-se demonstrar ao longo deste trabalho, a remoção de informações é um dos possíveis instrumentos para implementar, na prática, o direito ao esquecimento, mas não o único. Não se deve confundi-lo, portanto, com os seus mecanismos de tutela. Em sede jurisprudencial, os tribunais europeus também já se manifestaram sobre o tema em algumas ocasiões, sendo a decisão proferida pelo ECJ em 2014 no caso M.C.G. a mais emblemática, a partir da qual o Google implementou um mecanismo próprio de desindexação total. Apesar de ter sido concebido como uma solução, ele enseja uma série de problemas e desafios, a exemplo das controvérsias sobre a atribuição do poder decisório justamente aos provedores de busca e o alcance territorial da decisão de desindexar.

III. QUANTO AO TRATAMENTO CONFERIDO AO TEMA NO BRASIL:

5. Ainda que o recurso ao esquecimento não seja uma noção estranha ao direito brasileiro, o ordenamento jurídico pátrio ainda não estabelece um direito ao esquecimento propriamente dito. Há iniciativas legislativas nesse sentido, como o Projeto de Lei n. 1.676/2015. Embora represente um esforço rumo à regulamentação do tema, o projeto não trata de pontos de suma importância prática, além de conferir aos provedores o poder decisório de exclusão do conteúdo, questão bastante controversa e que foi objeto de discussão no Capítulo 2.

6. Malgrado não se encontre expressamente positivado, acredita-se que o direito ao esquecimento se mostra afinado com a metodologia civil-constitucional, inclusive na medida em que, ao analisa-lo sob o aspecto funcional (ou seja, para que ele serve), verifica-se a sua compatibilidade com os valores constitucionais. Além disso, outros institutos que também não possuem previsão legal correspondente (e de noção igualmente fluida) são amplamente reconhecidos e aplicados, a exemplo do princípio da segurança jurídica. Negar a existência do direito ao esquecimento em caráter absoluto somente pela falta de previsão legal parece, portanto, pouco útil ou mesmo factível, sendo mais produtivo refletir criticamente sobre sua a definição, as hipóteses de aplicação e os critérios para tanto.

7. Não obstante o reconhecimento legal não seja condição *sine qua non* para o reconhecimento do direito ao esquecimento no Brasil, acredita-se que a legislação pode ajudar a defini-lo e aplica-lo de modo mais claro e consistente. É imperioso, todavia, que seja mantido certo grau de fluidez, permitindo, pois, a consideração das circunstâncias do caso concreto para a tomada de decisões adequadas e aptas a produzir os efeitos pretendidos. Como já mencionado, o direito ao esquecimento é um tema relativamente novo e ainda em desenvolvimento, que envolve aspectos diversos e complexos, mui-

tos deles, inclusive, não-jurídicos. Além disso, as constantes transformações do meio digital e o contínuo surgimento de novas tecnologias rapidamente tornariam qualquer dispositivo regulamentar desatualizado e insuficiente. As previsões regulamentares seriam, portanto, inadequadas para regular devida e completamente um tema como o do direito ao esquecimento. Nesse sentido, e considerando, ainda, a exigência legal de fundamentação adequada das decisões, acredita-se que a regulação mais apropriada da matéria, se feita pela via legislativa, seria alcançada por meio de cláusulas gerais.

IV. QUANTO AOS FUNDAMENTOS DO DIREITO AO ESQUECIMENTO NO ORDENAMENTO JURÍDICO BRASILEIRO:

8. Considerou-se, dentre os fundamentos do direito ao esquecimento no Brasil, o direito à privacidade, à imagem e a dignidade humana, todos reconhecidos constitucionalmente.

9. Quanto ao primeiro, buscou-se demonstrar a evolução conceitual da privacidade, que deixa de ser enxergada como um direito a ser deixado só ou de excluir o outro, e passa a ser visto como um direito ao livre e pleno desenvolvimento dos indivíduos, que só pode ocorrer a partir da autodeterminação informativa. Desvincula-se, por assim dizer, a concepção de privacidade da ideia de sigilo ou ausência de informação, sendo essencial pensar nela também e justamente em hipóteses em que as informações pessoais vêm à tona, voluntariamente ou não. Perceber a privacidade de forma diversa de sua concepção original não significa, contudo, que a vida privada passou a exigir menos proteção; ao contrário, faz-se necessário, cada vez mais, repensar os instrumentos aptos a realizar a tutela adequada do direito à privacidade. É nesse contexto, inclusive, que se insere a discussão sobre o direito ao esquecimento.

10. Com relação ao segundo fundamento, partiu-se da concepção de que a imagem deve ser entendida como um conjunto de características comportamentais individuais que compõem a representação de cada um no meio social. Com isso, percebe-se que, além da divulgação não autorizada, o uso da imagem de forma incompatível com a identidade socialmente construída pelo sujeito retratado também viola o seu direito à imagem. Assim entendido, o direito à imagem se relaciona profundamente com o direito ao esquecimento, que atua justamente como um instrumento através do qual o indivíduo é capaz de corrigir e reprojetar sua imagem atualizada perante a sociedade. Analisado sob essa ótica, o direito ao esquecimento confere efetividade ao direito à imagem em sua dimensão mais dinâmica, permitindo justamente um processo contínuo de (re)construção da imagem individual.

11. Para tratar da dignidade humana, considerou-se a identificação de seus quatro substratos (i.e., igualdade material, liberdade individual, solidariedade e integridade psicofísica)[1] com o direito ao esquecimento. Com essa análise, conclui-se que o direito ao esquecimento: (a) se revela um instrumento útil à proteção e promoção do direito à igualdade material na medida em que permite que os indivíduos recons-

---

1. BODIN DE MORAES, Maria Celina. *Danos à pessoa humana*, cit., p. 85.

truam externamente suas próprias identidades ao longo do tempo; (b) é capaz de instrumentalizar a preservação da integridade psicofísica, evitando que informações desatualizadas tenham reflexos negativos ou indesejados na percepção externa do indivíduo e, consequentemente, impactem o seu bem-estar psicofísico e social; (c) atua como um instrumento de liberdade individual, por meio do qual não se permite apenas a livre construção da identidade de cada um, mas que também confere um efetivo poder de gerenciamento autônomo das informações pessoais; e (d) opera como uma importante ferramenta para a (re)construção da identidade individual e, portanto, não é apenas compatível com o princípio da solidariedade, mas também um indício da sua materialização.

V. QUANTO AO ENTENDIMENTO JURISPRUDENCIAL DO TEMA NO BRASIL:

12. No âmbito jurisprudencial brasileiro, a ausência de previsão legal não impediu o reconhecimento do direito ao esquecimento em alguns casos. Como se buscou demonstrar a partir da análise de diversos precedentes, a posição da jurisprudência ainda é inconstante e costuma tratar, essencialmente, da desindexação de resultados – sendo, muitas delas, em sentido contrário, mas algumas, em especial recentemente, receptivas à supressão – e da remoção de conteúdo, que é, via de regra, indeferida pelos tribunais brasileiros.

13. Considerando que, em muitos casos, o autor desconhece outros remédios aptos a concretizar a tutela pretendida, tampouco possui conhecimento técnico (ou competência) para discernir o mecanismo mais adequado para atender a sua demanda, é possível argumentar que o juiz poderá avaliar e aplicar, no caso concreto, o remédio que melhor realizar os interesses merecedores de tutela, ainda que, eventualmente, ele não corresponda ao remédio sugerido pela parte autora. Embora isso possa levantar algumas preocupações, como a possibilidade de violar o princípio da congruência e conferir um poder excessivo ao juiz, acredita-se que há mecanismos que mitigam esses riscos. Com relação ao primeiro, pode-se pensar sobre a aplicabilidade do § 1º do artigo 324 do CPC/15, que trata das hipóteses de pedido genérico, aos casos envolvendo o direito ao esquecimento. Além disso, com base na lógica adotada para a indenização não pecuniária em sede de responsabilidade civil, pode-se argumentar que as restrições impostas pelo princípio da congruência devem se relacionar com a tutela do direito material do autor, e não com o remédio pleiteado. Sob essa ótica – e considerando que, nos casos envolvendo o direito ao esquecimento, o direito material do autor consiste na proteção de seus direitos fundamentais personalíssimos – caberá ao julgador avaliar e determinar, em concreto, a medida que melhor atende a essa pretensão. Quanto à suposta excessividade de poder do juiz, entende-se que reconhecer o óbvio – qual seja, que é o julgador a figura competente para analisar e decidir o caso concreto – não equivale a conferir a ele poderes amplos e irrestritos. Em todas as situações, o juiz deve seguir critérios claros e decidir de maneira fundamentada.

14. Embora, à primeira vista, a decisão do STF – e a tese fixada – no caso A.C. represente um precedente desfavorável ao direito ao esquecimento, entende-se que ela não impede que o tema volte a ser analisado pelo judiciário brasileiro, inclusive pelo próprio STF. Isso porque, como mencionado no Capítulo I, a referida tese se baseou em uma

noção desatualizada de direito ao esquecimento e, além disso, reconheceu a necessidade de avaliação casuística de situações excessivas ou abusivas. De acordo com o STF, nesses casos, devem ser considerados parâmetros constitucionais como proteção da honra, da imagem, da privacidade e da personalidade em geral, que são justamente os parâmetros que amparam o reconhecimento do direito ao esquecimento.

VI. QUANTO À IMPRECISÃO DO TERMO *ESQUECIMENTO*:

15. Ainda que se concorde com as críticas formuladas ao termo *esquecimento*, o qual se revela claramente inadequado para os fins pretendidos, acredita-se que os questionamentos sobre a precisão terminológica não legitimam a sua rejeição de plano, sob pena de, com isso, jogar o bebê fora com a água do banho. Para superá-la, entende-se que a ressignificação da expressão é a alternativa mais conveniente, especialmente no contexto da metodologia civil-constitucional, que prioriza a análise funcional dos institutos. Com isso, a referência ao termo usual pode ser mantida, conferindo-se, contudo, uma interpretação mais adequada aos fins realmente objetivados.

VII. QUANTO À QUALIFICAÇÃO DO DIREITO AO ESQUECIMENTO:

16. Considerou-se questionável a afirmativa de que o direito ao esquecimento seria apenas uma nomenclatura diferente para lesões a outros direitos fundamentais, o que, inclusive, reduziria a sua aplicabilidade ao momento patológico, ou seja, às hipóteses em que os direitos fundamentas já foram violados. Entende-se que ele se aproxima mais da figura do direito acessório, na medida em que instrumentaliza a efetiva proteção e promoção de direitos fundamentais como privacidade e imagem e, principalmente, da dignidade humana, considerada o valor maior tutelado pelo ordenamento jurídico brasileiro.

VIII. QUANTO AOS MECANISMOS DE TUTELA DO DIREITO AO ESQUECIMENTO NA INTERNET:

17. Buscou-se avaliar os mecanismos apropriados para as diferentes espécies de provedores de aplicações da Internet de acordo com as atividades por eles desempenhadas. No tocante aos provedores de busca, concluiu-se que a desindexação é um remédio interessante para instrumentalizar os interesses subjacentes ao direito ao esquecimento, diferenciando-se, contudo, a desindexação total da "parcial". Enquanto a primeira envolve a remoção de resultados, a última consiste na alteração do ranking ou reposicionamento do resultado questionado. Em ambas, contudo, o conteúdo em si permanecerá disponível no respectivo provedor de informação e conteúdo, podendo ser acessado diretamente através deles por qualquer um, a qualquer tempo. A aplicação de remédios que envolvem os buscadores é justificável tendo em vista a relevância da atividade por eles desempenhada e o impacto gerados pelos resultados de pesquisa. Sob o ponto de vista técnico, observou-se que os buscadores já exercem um controle do que e de como cada resultado é exibido. Logo, conclui-se que tanto a desindexação total

quanto a "parcial" correspondem a mecanismos que já são utilizados pelos provedores de busca com base em critérios próprios.

18. Não obstante as vantagens dos mecanismos de tutela acima, há que se enfrentar seus aspectos negativos e os riscos a eles inerentes, como a atribuição do poder decisório aos buscadores, a extraterritorialidade e a efetividade da decisão de desindexar. Quanto ao primeiro ponto, entendeu-se que os motores de busca não possuem legitimidade para determinar o que permanecerá ou não acessível, seja porque isso os colocaria em uma posição de conflito de interesses, seja porque os valores que orientam as suas atividades são diferentes dos que amparam esse tipo de determinação. Sobre o segundo ponto, concluiu-se que a extraterritorialidade não parece ser a resposta adequada para as dificuldades impostas pela desindexação, podendo se tornar, ao revés, fonte de abusos e outros problemas graves. Com relação ao último ponto, entendeu-se que a desindexação pode acabar evitando, em certa medida, que o sujeito pesquisado seja automaticamente associado a uma informação desatualizada, descontextualizada, excessiva, irrelevante ou incompleta e, portanto, é um remédio apto a implementar o direito ao esquecimento em determinadas situações. Sua aplicação, contudo, deve ser feita de forma cuidadosa, inclusive para evitar o esvaziamento dos efeitos que se pretende produzir.

19. No que se refere aos provedores de informação e conteúdo, foram cogitados os seguintes remédios: remoção, redução ou edição, anonimização e atualização do conteúdo. O primeiro é, certamente, o mecanismo mais radical e que restringe o direito à informação, as liberdades de expressão e de imprensa de modo mais significativo. Isso não significa, porém, que a sua determinação não será legítima em certos casos ou que ele deve ser reservado a situações excepcionais, e sim que sua aplicação deverá ocorrer quando as circunstâncias do caso concreto justificarem uma interferência mais extrema na esfera de proteção de tais direitos. A redução ou edição do conteúdo permite a exclusão ou indisponibilização de pormenores que não sejam essenciais para transmitir a informação em si. Já a anonimização promove a remoção de dados que identifiquem ou permitam a identificação de um determinado indivíduo. Embora se trate de uma espécie de edição do conteúdo, os ajustes produzidos para fins de anonimização voltam-se única e exclusivamente para os elementos que expõe a identidade do indivíduo, não interferindo, pois, com aspectos substanciais do conteúdo. A atualização, diferentemente da anonimização e da redução ou edição de conteúdo, envolve a inclusão de dados adicionais, com o objetivo de contextualizar o fato adequadamente.

20. Observou-se que os três últimos mecanismos (i.e., edição, anonimização e atualização) são menos extremos do que a remoção do conteúdo, uma vez que a informação, nesses casos, será preservada em certa medida. Não obstante, eles também representam uma interferência nas liberdades comunicativas, em menor ou maior grau. Além disso, todos esses remédios exigem a consideração de questões e dificuldades práticas, que devem ser enfrentadas para assegurar que eles sejam aplicados de maneira adequada e proporcional.

IX. QUANTO À SELEÇÃO E APLICAÇÃO DOS MECANISMOS DE TUTELA DO DIREITO AO ESQUECIMENTO NA INTERNET:

21. Foram indicados parâmetros comuns que podem orientar o processo de seleção e aplicação de tais mecanismos, os quais assumirão, contudo, maior ou menor relevância e indicarão se uma medida é mais ou menos adequada a depender das circunstâncias concretas e do mecanismo de tutela considerado.

22. No tocante à desindexação total e "parcial", sugeriu-se os seguintes critérios: a correspondência do resultado com critérios de busca que identifiquem o solicitante, a sensibilidade, relevância e excessividade da informação, sendo que, para a desindexação "parcial", considerou-se a avaliação do critério da atualidade separadamente da análise da relevância. Isso não significa que ele seja menos importante para fins de remoção de resultados, e sim que exerce um papel mais específico no que se refere à alteração de ranking, podendo ser aproveitado para a dosagem apropriada deste remédio.

23. Os critérios considerados para a remoção, edição, anonimização e atualização do conteúdo foram essencialmente os mesmos que os mencionados acima, com exceção da correspondência do resultado com critérios de busca que identifiquem o solicitante. Além disso, no caso da atualização e da anonimização, a atualidade também foi incluída como um parâmetro separado da relevância, pois, similarmente à desindexação "parcial", desempenha um papel mais específico no que se refere à aplicação dessas medidas. Para facilitar a visualização de como esses remédios seriam selecionados e aplicados, buscou-se analisar casos concretos que podem ser solucionados através de tais mecanismos.

X. QUANTO À EFICÁCIA DOS MECANISMOS DE TUTELA DO DIREITO AO ESQUECIMENTO NA INTERNET:

24. Concluiu-se que os mecanismos de tutela ora considerados são, muitas vezes, complementares, sendo possível, assim, optar pela aplicação combinada de mais de uma medida, como, por exemplo, a anonimização e edição de conteúdo. Acredita-se que, através dessa combinação, pode-se produzir resultados mais efetivos e, inclusive, menos restritivos aos direitos contrapostos.

Ainda que o primeiro precedente do STF não o tenha acolhido expressamente, fato é que o direito ao esquecimento já foi reconhecido e vem sendo regulado mundo afora. Assim, parece que a discussão sobre o seu reconhecimento já está, em certa medida, ultrapassada. Tendo em vista a repercussão do tema, acredita-se que seria mais proveitoso abandonar o debate acerca da sua existência e concentrar os esforços nas questões práticas: quando e como aplicá-lo.

Por fim, vale destacar que o direito ao esquecimento, como se buscou demonstrar, não é inimigo da liberdade de expressão, do direito à informação ou da memória social. Embora a concepção filosófica do esquecimento seja, como observa Paul Ricoeur, deplorada como o envelhecimento ou a morte,[2] a sua acepção jurídica deve se afastar

---

2. *A memória, a história, o esquecimento*. São Paulo: Unicamp, 2017, p. 435.

da ideia de fim e se aproximar da noção de renovação, conceito de suma importância para o direito e para a vida: como ensina Gaston Bachelard, "ver diferente é a condição necessária para continuar a ver".[3]

Talvez a citação que precede esta conclusão – e inspira enormemente o presente trabalho – tenha adiantado a mensagem final que se pretende transmitir nessas últimas linhas; na "Era da Informação",[4] há mesmo que se acostumar com *spoilers*. Por todos os motivos já expostos, acredita-se que a memória e o esquecimento não são recursos incompatíveis, ao contrário, podem e devem coexistir. É impossível e até indesejável lembrar de tudo, e inconcebível não lembrar de nada: resta-nos descobrir, em cada caso, a justa medida entre ambos[5] e os meios adequados para alcançá-la.

---

3. *A Formação do espírito científico*: contribuição para uma psicanálise do conhecimento. Trad. Estela dos Santos Abreu. Rio de Janeiro: Contraponto, 1996.
4. Expressão de Manuel CASTELLS. *A Era da Informação*: economia, sociedade e cultura, 2 v. Trad. Klauss Brandini Gehardt. São Paulo: Paz e Terra, 2006.
5. RODOTÁ, Stefano. *Direito à Verdade*, cit., p. 5.

Posfácio

O direito ao esquecimento é um instituto novo, cujos contornos e âmbito de aplicação são bastante variáveis. Desde suas primeiras evocações, passando pela decisão da Corte de Justiça da União Europeia de 2014 que foi, de certa forma, um verdadeiro "batismo de fogo", esta sua fluidez parece não arrefecer até hoje – ao contrário, talvez seja mesmo uma das características principais deste direito.

A bem da verdade, não é pouco usual que direitos que reflitam diretamente novas situações proporcionadas dentro do contexto do desenvolvimento tecnológico pareçam estar sendo forjadas e redefinidas quase que cotidianamente. Tais direitos, várias vezes, não se enquadram com justeza na ordem anterior, refletem interesses de ordens diversas e não raro antagônicos, e produzem seus efeitos de forma veloz e direta. E, ainda, podem ser propulsionados por tecnologias e fenômenos de aceitação e utilização amplas pela sociedade, como, no caso do direito ao esquecimento, as comunicações realizadas pela Internet.

Este estado, de uma indefinição quase que conjuntural, não deixa de ter uma certa razão de ser. Por vezes, mais até do que um conceito, o direito ao esquecimento parece soar como um sinal de alerta para que a atenção do jurista seja voltada para a reflexão sobre situações que envolvem a evocação de reminiscências e memórias sobre uma pessoa em contextos que possam lhe prejudicar e que carreguem conotação de abusividade.

Não é que a situação seja propriamente inédita. Novos são os meios e os efeitos da sua utilização. A bem da verdade, a importância da memória e do registro de fatos se faz presente em nossa cultura desde há muito tempo. Por exemplo, *Mnemosine*, a deusa grega associada à memória, filha de Urano e de Gaia e mãe das nove musas, teve entre seus feitos nada menos do que inventar as línguas, as palavras e dar um nome a cada coisa na Terra.

Matin Heidegger, em seu ensaio *Que chamamos pensar?*, ao evocar poema de Friedrich Holderin, identificava justamente a perda da Mnemosyne como um dano irremediável à própria condição humana. Assim, as consequências, sociais ou individuais, da perda, manipulação ou mesmo da ampliação da memória se fazem presentes desde as manipulações de registros documentais realizadas por governos autoritários até a ficção, como no célebre conto de Borges, *Funes el memorioso*.

A ligação entre o tema da memória e a proteção de dados pessoais é estreita, e se fez perceber já bem antes de que o termo "direito ao esquecimento" estivesse em voga. As bases desta ligação são bem claras: o direito à proteção de dados, durante o seu desenvolvimento, veio a estabelecer mecanismos que ampliam a possibilidade de controle do cidadão sobre os seus próprios dados pessoais, ao mesmo tempo que a variedade de meios disponíveis para a divulgação de informação veio a se multiplicar com as tecnologias da informação e, especificamente, com a Internet. Não tardou a que algumas destas ferramentas de controle sobre a informação pessoal fossem utilizadas para a retirada de informação.

Pessoalmente, lembro da primeira vez que me dei conta da importância do tema, que foi justamente em uma decisão da Autoridade Garante para a Proteção de Dados italiana, no início da década de 2000, então sob a presidência do professor Stefano Rodotà. O *Garante* foi chamado a decidir sobre um caso similar ao caso *Costeja*, que foi justamente o que posteriormente levou o Tribunal de Justiça da União Europeia a reconhecer a existência de um "direito ao esquecimento". O caso italiano tratava do pedido de um titular de dados de retirar uma notícia que havia sido publicada em um jornal a seu respeito que, posteriormente, verificou-se inverídica. O dilema estava posto: a informação era pessoal, não era verdadeira e causava prejuízo ao titular – porém fora publicado em um meio de comunicação social, em atividade jornalística.

A decisão do *Garante* foi interessante e foi um prenúncio de outras tantas: foi decidido que o jornal não teria que retirar a informação publicada, porém o mecanismo de busca interno no sítio do jornal não poderia mais ligar o nome do titular à notícia inverídica, que somente seria visível para quem fizesse a leitura linear do jornal. Era, à época, uma das primeiras tentativas de simular com meios informáticos uma leitura sequencial – e "tradicional" – da informação, como contraste com os efeitos da informação indexada em volume jamais antes vislumbrado.

Uma tal solução, como o próprio Rodotà observara mais tarde, mais do que estabelecer um procedimento claro a ser seguido, foi uma espécie de antessala para questões que viriam a se propor com maior força a seguir, com a utilização cada vez mais massiva dos motores de busca como verdadeiros indexadores da Web.

Em meio às diversas conotações e contextos dentro dos quais o "direito ao esquecimento" passou a ser então utilizado, ficou patente a necessidade de que o tema fosse tratado de forma sóbria e sistemática, reconhecendo que sua análise demanda domínio pleno de outras questões como a desindexação de motores de busca, a remoção de conteúdos, a liberdade de imprensa e outros. E, nesta sede, cumpre destacar que o livro de Júlia Costa de Oliveira Coelho proporciona um mapeamento e reflexão que não somente são muito pertinentes e bem-vindos como são dos mais interessantes e competentes que tive oportunidade de conhecer sobre a matéria.

Participei da banca de defesa de mestrado de Júlia Costa de Oliveira Coelho, a convite de seu orientador, Prof. Dr. Anderson Schreiber e na companhia do Prof. Dr. Carlos Affonso de Souza Pereira na Faculdade de Direito da Universidade do Estado do Rio de Janeiro, instituição pioneira no Brasil na pesquisa em tema de proteção de dados pessoais e que, com trabalhos como o que resultou neste livro, demonstra manter a liderança na matéria.

Estou convicto do grande destaque desta obra na literatura de direito ao esquecimento e proteção de dados no Brasil e ainda aproveito o final deste posfácio para fazer votos que a autora continue a trabalhar com o tema.

Danilo Doneda
Abril de 2020

Referências

ALTMAN, Irwin. *The environment and social behavior*: privacy, personal space, territory and crowding. Califórnia: Brooks/Cole Pub. Co., 1975.

ALVES, Rubem. *O amor que acende a lua*. São Paulo: Papirus, 1999.

ANDRADE, Norberto Nuno Gomes de. *Oblivion*: the right to be different... from oneself. Reproposing the right to be forgotten. *Revista de los Estudios de Derecho y Ciencia Política de la UOC*, n. 13, fev. 2012.

ARREBOLA, Carlos; MAURICIO, Ana Julia; PORTILLA, Héctor Jiménez. An econometric analysis of the influence of the Advocate General on the Court of Justice of the European Union. *Legal Studies Research Paper Series*, paper n. 03/2016, jan.2016, p. 38. Disponível em: https://papers.ssrn.com/sol3/papers.cfm?abstract_id=2714259. Acesso em 15.01.2019.

BACHELARD, Gaston. *A Formação do espírito científico*: contribuição para uma psicanálise do conhecimento. Trad. Estela dos Santos Abreu. Rio de Janeiro: Contraponto, 1996.

BARBOSA, Heloísa Helena. Proteção dos vulneráveis na constituição de 1988: Uma questão de igualdade. In. NEVES, Thiago Ferreira Cardoso (Coord.). *Direito & Justiça Social: Por uma sociedade mais justa, livre e solidária*. São Paulo: Atlas, 2013.

BARBOSA-FOHRMANN, Ana Paula e SILVA JR., Antonio dos Reis. O discurso do ódio na Internet. In. MARTINS, Guilherme Magalhães (Coord.). *Direito Privado e Internet*. Atlas: São Paulo, 2014.

BARCELLOS, Ana Paula. *Intimidade e pessoas notórias. Liberdades de expressão e de informação e biografias. Conflito entre direitos fundamentais. Ponderação, caso concreto e acesso à justiça. Tutelas específica e indenizatória*. Parecer jurídico. Disponível em: < https://www.migalhas.com.br/arquivos/2014/5/art20140522-01.pdf>. Acesso em 10.05.2018.

BARROSO, Luís Roberto. Liberdade de expressão *versus* direitos da personalidade: colisão de direitos fundamentais e critérios de ponderação. In. *Temas de direito constitucional*. T.3. Rio de Janeiro: Renovar, 2005.

_____. Colisão entre liberdade de expressão e direitos da personalidade. Critérios de ponderação. Interpretação constitucionalmente adequada do Código Civil e da Lei de Imprensa. *Revista de direito administrativo*, Rio de Janeiro, 235, jan./mar. 2004, pp. 1 – 36.

_____. Fundamentos teóricos e filosóficos do novo direito constitucional brasileiro. In. *Temas de direito constitucional*. T.2. Rio de Janeiro: Renovar, 2005.

_____. *A Judicialização da Vida*. Revista Consultor Jurídico, 2008. Disponível em < http://www.conjur.com.br/2008-dez-22/judicializacao_ativismo_legitimidade_democratica?pagina=2 >. Acesso em 03.10.2017.

BASTOS, Celso Ribeiro. Os limites à liberdade de expressão na Constituição da República. *Revista Forense*, Vol. 349 Doutrina.

BAUMAN, Zygmunt. *Modernidade Líquida*. Trad. Plínio Dentzien. Rio de Janeiro: Zahar, 2001.

BENTHAM, Jeremy. O Panóptico ou a Casa de Inspeção. In. SILVA, Tomaz Tadeu da (Org.). *O Panóptico*. Belo Horizonte: Autêntica, 2000.

BERTONI, Eduardo Bertoni. *El Derecho al Olvido*: um insulto a la historia latino-americana. Disponível em < https://www.huffingtonpost.com/eduardo-bertoni/the-right-to-be-forgotten_b_5870664.html>. Acesso em 15.05.2017

BERTRAM, Theo; BURSZTEIN, Elie; CARO, Stephanie; CHAO, Hubert; FEMAN, Rutledge Chin; FLEISCHER, Peter; GUSTAFSSON, Albin; HEMERLY, Jess; HIBBERT, Chris; INVERNIZZI, Luca; DONNELLY, Lanah Kammourieh; KETOVER, Jason; LAEFER, Jay; NICHOLAS, Paul; NIU, Yuan; OBHI, Harjinder; PRICE, David; STRAIT, Andrew; THOMAS, Kurt; VERNEY, Al. *Three years of the Right to be Forgotten*. Disponível em: < https://elie.net/static/files/three-years-of-the-right-to-be-forgotten/three-years-of-the-right-to-be-forgotten-paper.pdf >. Acesso em 17.12.2018.

BINENBOJM, Gustavo. *Uma teoria do Direito Administrativo – Direitos Fundamentais, Democracia e Constitucionalização*. Rio de Janeiro. Renovar, 2014.

_____. *Direito ao Esquecimento: a censura no retrovisor*. Disponível em < https://jota.info/artigos/direito-ao-esquecimento-censura-retrovisor-16102014 >. Acesso em 08.05.2017.

BLANCHETTE, Jean-François; JOHNSON, Deborah J. Data retention and the panopticon society: the social benefits of forgetfulness. *The Information Society*, vol. 18, ed. 1, jan-2011. Disponível em: <https://www.ictlex.net//wp-content/retention.pdf>. Acesso em 14.09.2018.

BOBBIO, Norberto. *A Era dos Direitos*. 7ª reimpressão. Rio de Janeiro: Elsevier, 2004.

BODIN DE MORAES, Maria Celina. O princípio da solidariedade. In. MATOS, Ana Carla Harmatiuk (Org.). *A construção dos novos direitos*. Porto Alegre: Nuria Fabris, 2008.

_____. Liberdade individual, acrasia e proteção da saúde. In LOPEZ, Teresa Ancona (coord.). *Estudos e Pareceres sobre Livre-Arbítrio, Responsabilidade e Produto de Risco Inerente: o paradigma do tabaco – aspectos civis e processuais*. Rio de Janeiro: Renovar, 2009.

_____. *Danos à pessoa humana*: uma leitura civil-constitucional dos danos morais. Rio de Janeiro: Processo, 2017.

_____; KONDER, Carlos Nelson. *Dilemas de direito civil-constitucional*. Rio de Janeiro: Renovar, 2012.

BORGES, Jorge Luis. Funes, o memorioso. In. *Ficções*. São Paulo: Globo, 1999.

BOTTON, Alain. *The News: A User's Manual*, 2014.

BRANCO, Sérgio. *Memória e esquecimento na Internet*. Porto Alegre: Arquipélago Editorial, 2017.

BROCK, George. *The right to be forgotten*: privacy and the media in the digital age. Londres: I.B. Tauris & Co., 2016, versão eletrônica.

BUCAR, Daniel. Controle temporal de dados: o direito ao esquecimento. *Civilística.com*. Rio de Janeiro, a. 2, n. 3, jul.-set./2013. Disponível em: <http://civilistica.com/controle-temporal-dedados-o-direito-ao-esquecimento/>. Acesso em 02.04.17.

CALAMANDREI, Piero. *Eles, os juízes, vistos por nós, os advogados*. São Paulo: Pillares, 2013.

CANOTILHO, J. J. Gomes; MACHADO, Jónatas E.M. Constituição e código civil brasileiro: âmbito de proteção de biografias não autorizadas. In JÚNIOR, Antônio Pereira Gaio; SANTOS, Márcio Gil Tostes. *Constituição Brasileira de 1988. Reflexões em comemoração ao seu 25° aniversário*. Curitiba: Juruá, 2014.

CARVALHO, Lucas Borges de. A censura política à imprensa na ditadura militar: fundamentos e controvérsias. *Revista da Faculdade de Direito – UFPR*, Curitiba, vol. 59, n. 1, p. 79-100, 2014.

CASTELLS, Manuel. *A Era da Informação*: economia, sociedade e cultura, 2 v. Trad. Klauss Brandini Gehardt. São Paulo: Paz e Terra, 2006.

_____. *A sociedade em rede: do conhecimento à política*. Disponível em http://www.egov.ufsc.br/portal/sites/default/files/anexos/a_sociedade_em_rede_-_do_conhecimento_a_acao_politica.pdf. Acesso em 20.10.2018.

_____. *A sociedade em rede*. 17. ed. São Paulo: Paz e Terra, 2016.

CEROY, Frederico Meinberg. *Os conceitos de provedores no Marco Civil da Internet*. Disponível em: https://www.migalhas.com.br/dePeso/16,MI211753,51045Os+conceitos+de+provedores+no+Marco+Civil+da+Internet. Acesso em 15.12.2018.

CHOUDHURY, Paul. Digital legacy: the fate of your online soul. Disponível em: https://www.newscientist.com/article/mg21028091-400-digital-legacy-the-fate-of-your-online-soul/. Acesso em 19.12.2018.

CINTRA, Antônio Carlos de Araújo; GRINOVER, Ada Pellegrini; DINAMARCO, Cândido Rangel. *Teoria Geral do Processo*, 17. ed. São Paulo: Malheiros, 2001.

CORDEIRO, Carlos José; PAULA NETO, Joaquim José. A concretização de um novo direito da personalidade: o direito ao esquecimento. *Civilistica.com*. Rio de Janeiro, a. 4, n. 2, 2015. Disponível em: <http://civilistica.com/a-concretizacao-de-um-novo-direito-da-personalidade/>. Acesso em 04.04.17.

COSTA, André Brandão Nery. Direito ao esquecimento na internet: a Scarlet Letter digital. In. SCHREIBER, Anderson (Coord.). *Direito e mídia*. São Paulo: Atlas, 2013.

CRANOR, Lorrie Faith; MCDONALD, Aleecia. *The cost of reading privacy policies*. Disponível em: < http://lorrie.cranor.org/pubs/readingPolicyCost-authorDraft.pdf >. Acesso em 12.10.2018.

DONEDA, Danilo. *Da privacidade à proteção de dados pessoais*. Rio de Janeiro: Renovar, 2006.

ECO, Umberto. *Pape Satàn Aleppe*: crônicas de uma sociedade líquida. Rio de Janeiro: Record, 2017.

FACHIN, Luis Edson. O corpo do registro no registro do corpo; Mudança de nome e sexo sem cirurgia de redesignação. *Revista Brasileira de Direito Civil*. vol. 1 – jul/set 2014.

FLEISCHER, Peter. *Adapting our approach to the European right to be forgotten*. Publicado em 04.03.2016. Disponível em: < https://blog.google/around-the-globe/google-europe/adapting-our-approach-to-european-rig/>. Acesso em 01.11.2018.

FLORIDI, Luciano. *The 4th revolution*. Reino Unido: Oxford University Press, 2014.

_____. *Protection of information and the right to privacy* – a new equilibrium? Springer International Publishing, 2014.

_____. *The right to be forgotten: a philosophical view*. Disponível em: https://www.academia.edu/16491066/_The_Right_to_Be_Forgotten_a_Philosophical_View_-_forthcoming_in_Annual_Review_of_Law_and_Ethics. Acesso em 01.03.2018.

FOUCAULT, Michel. *Vigiar e Punir: nascimento da prisão*. Petrópolis: Vozes, 2009.

FRIED, Charles. Privacy. *The Yale Law Journal*, vol. 77, n. 3, jan. 1968.

HEYLLIARD, Charlotte. *Le droit à l'oubli sur Internet: Mémoire de Master 2 recherche, Mention DNP*. Universite Paris-Sud, Faculté Jean Monnet – Droit, Économie, Gestion. Apresentado em 6.04.2012. Disponível em: <https://docplayer.fr/1188196-Le-droit-a-l-oubli-sur-Internet.html>. Acesso em 27.11.2018.

JONES, Meg Leta. *Crtl+Z: the right to be forgotten*. Nova Iorque: New York University Press, 2016.

KONDER, Carlos Nelson. Desafios da constitucionalização do direito civil. In. AZAR, Celso Martins; FONSECA, Maria Guadalupe Piragibe da. *Constituição, Estado e Direito: reflexões contemporâneas*. Rio de Janeiro: Qualitymark, 2009.

MALDONADO, Viviane Nóbrega. *Direito ao esquecimento*. São Paulo: Novo Século, 2017.

MARINONI, Luiz Guilherme. A legitimidade da atuação do juiz a partir do direito fundamental à tutela jurisdicional efetiva. *Revista de Doutrina da 4ª Região*, Porto Alegre, n. 15, novembro 2006. Disponível em: http://www.revistadoutrina.trf4.jus.br/artigos/edicao015/Luiz_Marinoni.htm. Acesso em 19.01.2019.

_____; ARENHART, Sérgio Cruz; MITIDIERO, Daniel. *Código de Processo Civil comentado*, 4ª ed. São Paulo: Thomson Reuters Brasil, 2018, versão eletrônica.

MARX, Gary T. *Undercover*: police surveillance in America. Berkeley: University of California Press, 1988.

MAYER-SCHÖNBERGER, Viktor. *Delete* – the virtue of forgetting in the digital age. New Jersey: Princeton University Press, 2009.

MENDES, Gilmar Ferreira [et. al.]. Curso de direito constitucional. São Paulo: Saraiva, 2007.

_____. *Colisão de direitos fundamentais: liberdade de expressão e de comunicação e direito à honra e à imagem*. Revista de Informação Legislativa, Brasília, Ano 31, nº 122. Abril/junho 1994

MITROU, Lilian; Karyda, Maria. EU's data protection regulation and the right to be forgotten: a legal response to a technological challenge? 5th International Conference of Information Law and Ethics 2012, Corfu-Greece, June 29-30, 2012. Disponível em: https://ssrn.com/abstract=2165245. Acesso em 21.04.2018.

MUMFORD, Lewis. *A cidade na história: sua origem, transformações e perspectivas*. São Paulo: Martins Fontes, 1998.

_____. *The Culture of Cities*. Florida: Harcourt Brace Jovanovich, 1970.

NERY JUNIOR; Nelson; NERY, Rosa Maria de Andrade. *Código de processo civil comentado*. São Paulo: Revista dos Tribunais, 2016.

NIETZSCHE, Frédéric. *On the advantage and disadvantage of history for life*. Trad. Peter Preuss. Indianapolis, Indiana: Hackett Publishing Company Inc., 1980.

NOCKLEBY, John T. *Privacy: Circa 2002*. Disponível em: https://cyber.harvard.edu/privacy/PrivacyCirca2002.htm#_ftn25. Acesso em 06.01.2019.

ORWELL, George. *1984*. 29ª ed. São Paulo: Companhia Editora Nacional, 2005.

OST, François. *O tempo do Direito*. Tradução Élcio Fernandes. Bauru, SP: Edusc, 2005.

PANIAGUA, Enrique Linde. Algunas novedades sobre la protección de los consumidores y usuarios. *Revista del Derecho de la Unión Europea*, n. 26, 2014.

PEREIRA, Ângela Guimarães; VESNI-ALUJEVI, Lucia; GHEZZI, Alessia. The ethics of forgetting and remembering in the digital world through the eye of the media. In. GHEZZI, Alessia; PEREIRA, Ângela Guimarães; VESNI-ALUJEVI, Lucia (Coord.) *The ethics of memory in a digital age*: interrogating the right to be forgotten. Inglaterra: Palgrave Macmillan, 2014.

PERLINGIERI, Pietro. Normas constitucionais nas relações privadas. *Revista da Faculdade de direito da UERJ*, n. 6 e 7, 1998/1999.

_____. *Perfis do direito civil*: introdução ao direito civil constitucional. Rio de Janeiro: Renovar, 2007.

_____. *O direito civil na legalidade constitucional*. Rio de Janeiro: Renovar, 2008.

PINO, Giorgio. The right to personal identity in Italian private law: Constitutional interpretation and judge-made rights. In. VAN HOECKE, Mark; OST, François. (Ed.) *The harmonization of private law in Europe*. Oxford: Hart Publishing, 2000.

PIOVESAN, Flávia. Ações afirmativas no Brasil: desafios e perspectivas. In. MATOS, Ana Carla Harmatiuk (Org.). *A construção dos novos direitos*. Porto Alegre: Núria Fabris, 2008.

REGAN, Priscilla M. *Legislating privacy*: technology, social values, and public policy. EUA: The University of North Carolina Press, 1995.

RESTA, Giorgio; ZENO-ZENCOVICH, Vicenzo. *Il diritto all'oblio su internet dopo la sentenza Google Spain*. Roma: Roma Tre-Press, 2015.

RICOEUR, Paul. *A memória, a história, o esquecimento*. São Paulo: Unicamp, 2017.

RODOTÀ, Stefano. Ideologie e techniche della riforma del diritto civile. *Rivista del Diritto Commerciale*, anno LXV, n. I, 1967.

_____.Intervista su Privacy e Libertà. *A cura di Paolo Conti*. Editori Laterza, 2005.

_____. *A vida na sociedade de vigilância*: a privacidade hoje. Rio de Janeiro: Renovar, 2008.

_____. *Privacy, freedom and dignity*. Notas conclusivas da 26ª Conferência Internacional de Privacidade e Proteção de Dados Pessoais em Wroclaw, Polônia, 16.09.2004.

_____. *Dai ricordi ai dati l"oblio è un diritto?* Disponível em: <http://ricerca.repubblica.it/repubblica/archivio/repubblica/2012/01/30/dai-ricordi-ai-dati-oblio-un.html>. Acesso em 12.05.2017.

_____. O direito à verdade. Trad. Maria Celina Bodin de Moraes e Fernanda Nunes Barbosa. *Civilistica.com*. Rio de Janeiro, a. 2, n. 3, jul.-set./2013. Disponível em: <http://civilistica.com/o-direito-a-verdade/ >. Acesso em 02.05.2017.

_____. *Solidarietà: un'utopia necessaria*. Bari: Laterza, 2014.

SANTOS, Boaventura de Sousa. *Reconhecer para libertar*: os caminhos do cosmopolitanismo multicultural. Introdução: para ampliar o cânone do reconhecimento, da diferença e da igualdade. Rio de Janeiro: Civilização Brasileira, 2003.

SARLET, Ingo Wolfgang; FERREIRA NETO, Arthur M. *O direito ao "esquecimento" na sociedade da informação*. Porto Alegre: Livraria do Advogado, 2019.

SARMENTO, Daniel. Supremacia do interesse público? As colisões entre direitos fundamentais e interesses da coletividade. In. ARAGÃO, Alexandre Santos de; NETO, Floriano de Azevedo Marques. (Coord.) *Direito Administrativo e seus novos paradigmas*. Belo Horizonte: Forum, 2008.

_____. *A liberdade de expressão e o problema do hate speech*. Revista de Direito do Estado, Rio de Janeiro, v. 01, n. 04, p. 53-105, out./dez. 2006.

_____. *Liberdades Comunicativas e "Direito ao Esquecimento" na ordem constitucional brasileira*. Disponível em: <http://www.migalhas.com.br/arquivos/2015/2/art20150213-09.pdf >. Acesso em 02.05.2017.

SCHREIBER, Anderson. *Direitos da Personalidade*. São Paulo: Atlas, 2014.

_____. *Manual de direito civil contemporâneo*. São Paulo: Saraiva Educação, 2018.

_____. *Nossa ordem jurídica não admite proprietários de passado*. Disponível em: <https://www.conjur.com.br/2017-jun-12/anderson-schreiber-nossas-leis-nao-admitem-proprietarios-passado>. Acesso em 20.03.2018.

_____. *Direito ao esquecimento*: críticas e respostas. Disponível em: http://www.cartaforense.com.br/conteudo/colunas/direito-ao-esquecimento-criticas-e-respostas/17830 Acesso em 30.04.2018.

_____. *Reparação não pecuniária dos danos morais*. *Direito Civil e Constituição*. 1. ed. São Paulo: Atlas, 2013.

_____. Marco civil da Internet: avanço ou retrocesso? A responsabilidade civil por dano derivado do conteúdo gerado por terceiro. In. DE LUCCA, Newton; SIMÃO FILHO, Adalberto; LIMA, Cintia Rosa Pereira de (Coord.). *Direito & Internet III – Tomo II: Marco Civil da Internet (Lei n. 12.965/2014)*. São Paulo: Quartier Latin, 2015.

_____. Contratos eletrônicos e consumo. *Revista Brasileira de Direito Civil*, Volume 1, jul/set 2014.

_____; KONDER, Carlos Nelson. Uma agenda para o direito civil-constitucional. *Revista brasileira de direito civil*, vol. 10, out.-dez./2016.

_____; _____. Uma agenda para o direito civil-constitucional. *Revista brasileira de direito civil*, vol. 10, out.-dez./2016.

SCHREIBER, Simone. *A publicidade opressiva de julgamentos criminais*. Rio de Janeiro: Renovar, 2008.

SILVA, João Luís da. *Suicídios invisibilizados: Investigação dos óbitos de adolescentes com intencionalidade indeterminada*. 2017. Tese (Doutorado em Epidemiologia). Faculdade de Saúde Pública, Universidade de São Paulo, São Paulo.

SILVA, José Afonso da. *Comentário contextual à Constituição*. São Paulo: Malheiros, 2014.

SMORTO, Guido. Il linguaggio dei diritti e il linguaggio dei rimedi. In. GRAZIADEI, Michele; POZZO, Barbara (Coord.). *Categorie e terminologie dek diritto nella prosppettiva della comparazione*. Milano: Giuffrè, 2015.

SOLOVE, Daniel J.; SCHWARTZ, Paul M. *Information privacy law*. Nova Iorque: Wolters Kluwer, 2018.

SOUZA, Carlos Affonso Pereira de. Contornos atuais do direito à imagem. *Revista Trimestral de Direito Civil*, v. 13, jan/mar 2003, p. 33-71.

_____. Dez dilemas sobre o chamado direito ao esquecimento. Disponível em: <https://itsrio.org/wp-content/uploads/2017/06/ITS-Rio-Audiencia-Publica-STF-Direito-ao-Esquecimento-Versao-Publica-1.pdf>. Acesso em 29.10.2018.

_____. *Direito ao esquecimento*: o mundo todo precisa esquecer? Disponível em: <https://www.huffpostbrasil.com/instituto-de-tecnologia-e-sociedade/direito-ao-esquecimento-o-mundo-todo-precisa-esquecer_a_21691049/> Acesso em 28.11.2018.

_____; LEMOS, Ronaldo. *Marco Civil da Internet*: construção e aplicação. Juiz de Fora: Editar, 2016.

SOUZA, Tayná Bastos de. A reparação não pecuniária dos danos: aplicabilidade no direito brasileiro. In. SOUZA, Eduardo Nunes de; SILVA, Rodrigo da Guia. (Coord.) *Controvérsias atuais em responsabilidade civil*. São Paulo: Almedina, 2018.

SOUZA NETO, Cláudio Pereira de; SARMENTO, Daniel. *Direito Constitucional*: teoria, história e métodos de trabalho. Belo Horizonte: Fórum, 2012.

STUART, Allyson Haynes. Google Search Results: Buried If Not Forgotten. *North Carolina Journal of Law & Technology*, v. 15, ed. 3, art. 4, 2014.

SUNSTEIN, Cass S.; THALER, Richard H. *O paternalismo libertário não é uma contradição em termos*. Trad. Fernanda Cohen. Civilistica.com. Revista eletrônica de direito civil. Rio de Janeiro: a. 4, n. 2, 2015. Disponível em: <http://civilistica.com/o-paternalismo-libertario-nao-e-uma-contradicao>. Acesso em 04.05.2017.

SZEKELY, Ivan. Right to be forgotten and the new archival paradigm. In. GHEZZI, Alessia; PEREIRA, Ângela Guimarães; VESNI-ALUJEVI, Lucia (Coord.) *The ethics of memory in a digital age*: interrogating the right to be forgotten. Inglaterra: Palgrave Macmillan, 2014.

_____. The right to forget, the right to be forgotten: personal reflections on the fate of personal data in the information society. In. GUTWIRTH, Serge; LEENES, Ronald; DE HERT, Paul; POULLET, Yves (Eds.). *European Data Protection: In Good Health?* Springer: Londres, 2012.

TEPEDINO, Gustavo. A tutela da personalidade no ordenamento civil-constitucional brasileiro. In TEPEDINO, Gustavo (Coord.). *Temas de Direito Civil*, 3ª ed. Rio de Janeiro: Renovar, 2004.

_____. A função social nas relações patrimoniais. In: MORAES, Carlos Eduardo Guerra de; RIBEIRO, Ricardo Lodi (Coord.). *Direito civil*. Rio de Janeiro: Freitas Bastos, 2015.

_____. A razoabilidade na experiência brasileira. In. TEPEDINO, Gustavo; TEIXEIRA, Ana Carolina Brochado; ALMEIDA, Vitor (Coord.) *Da dogmática à efetividade do Direito Civil*: Anais do Congresso Internacional de Direito Civil Constitucional – IV Congresso do IBDCIVIL. Belo Horizonte: Fórum, 2017.

TERWANGNE, Cécile de. The right to be forgotten and informational autonomy in the digital environment. In. GHEZZI, Alessia; PEREIRA, Ângela Guimarães; VESNI -ALUJEVI , Lucia (Coord.) *The ethics of memory in a digital age*: interrogating the right to be forgotten. Inglaterra: Palgrave Macmillan, 2014.

VARNER, Eric R. *Mutilation and transformation*: *damnatio memoriae* and Roman imperial portraiture. Brill Leiden: Boston, 2004.

WARREN, Samuel D. e BRANDEIS, Louis D. The right to Privacy. *Harvard Law Review*, n. 4, 193, 1890.

ZITTRAIN, Jonathan. Meme patrol: "When something online is free, you're not the customer, you're the product." Disponível em: http://blogs.harvard.edu/futureoftheInternet/2012/03/21/meme--patrol-when-something-online-is-free-youre-not-the-customer-youre-the-product. Acesso em 29.10.2018.

_____. Righting the right to be forgotten. Disponível em: < http://blogs.harvard.edu/futureoftheInternet/2014/07/14/righting-the-right-to-be-forgotten/>. Acesso em 29.10.2018.

_____. Is the EU compelling Google to become about.me? Disponível em: <http://blogs.harvard.edu/futureoftheInternet/2014/05/13/is-the-eu-compelling-google-to-become-about-me/>. Acesso em 29.10.2018.

Anotações